休谟《人性论》中的底层机制理论

黄　昉　著

中国社会科学出版社

图书在版编目(CIP)数据

休谟《人性论》中的底层机制理论／黄昉著．—北京：中国社会科学出版社，2021.11

ISBN 978－7－5203－8896－2

Ⅰ.①休… Ⅱ.①黄… Ⅲ.①休谟(Hume,David 1711－1776)—人性论—研究 Ⅳ.①B561.291②B82－061

中国版本图书馆 CIP 数据核字(2021)第 159625 号

出 版 人 赵剑英
责任编辑 刘亚楠
责任校对 张爱华
责任印制 张雪娇

出　　版 中国社会科学出版社
社　　址 北京鼓楼西大街甲 158 号
邮　　编 100720
网　　址 http://www.csspw.cn
发 行 部 010－84083685
门 市 部 010－84029450
经　　销 新华书店及其他书店

印　　刷 北京君升印刷有限公司
装　　订 廊坊市广阳区广增装订厂
版　　次 2021 年 11 月第 1 版
印　　次 2021 年 11 月第 1 次印刷

开　　本 710×1000 1/16
印　　张 15
插　　页 2
字　　数 213 千字
定　　价 88.00 元

目　　录

第一章　绪论

近几十年来，休谟哲学中的建构性成分开始受到越来越多的重视。人们开始意识到休谟的哲学，尤其是他在《人性论》中所表达的思想并非只是解构一切的怀疑论，与之具有至少同等分量的是他的自然主义思想，亦即仅以尽可能基础的经验作为要素来描述和解释人从个人到社会各个不同层面的活动的机制和性质的理论。这其中最为重要的（虽然未必是受到最多重视的）层面当属休谟关于心灵能力和性质的理论，也就是他的心灵哲学。他对认识论、形而上学和伦理学等方面的讨论最终都以其心灵哲学为依托。本书即聚焦于《人性论》中与心灵基本能力和性质相关的理论，亦即我们所谓的“底层机制理论”。我们在此将休谟思想中的底层机制理论定义为：休谟关于人类心灵基本能力与性质的理论。该理论论述了人类心灵一共具有哪些基本的能力，这些能力有着哪些具体性质和活动方式，在人类日常活动中又有着怎样的具体表现。在正式讨论开始之前，我们在本章中先进行一些准备性的工作。首先，我们将简要介绍从《人性论》面世至今这将近三百年的时间中世人眼中休谟形象的演变以及当今休谟理论哲学的研究现状。其次，我们将表明呈现出一个清楚完整的底层机制理论之于《人性论》研究的重要意义。最后，我们会对正式讨论的脉络做一大致说明。

第一节　研究背景

直到20世纪上半叶，休谟的主要形象始终是一个消极的、极具破坏性的怀疑论者。在《人性论》问世之初，休谟即被评价为“怀有恶意的自由思想者”和“自相矛盾且武断的皮朗主义者”。[①] 他的堂兄凯姆斯勋爵（L. Kames）在自己的书著中也批评休谟有着过强的怀疑主义倾向。在他看来，休谟接受了贝克莱对物质存在的否定，并进而将心灵的存在也一并否定，却唯独对幻象网开一面，从而“在一片空虚中漂浮无依”，而这无疑是“其他人想都未曾想过的、远离常识的荒谬观点”。[②] 里德接受了这一观点，并将其进一步表述为：休谟在接受了笛卡尔和洛克的观念理论（the theory of ideas）之后，“极其敏锐地培育出一个绝对怀疑论体系，使我们没有合理的基础相信任何一个命题”。[③] 这一观点为比蒂（J. Beattie）在其著作《论真理的本性和永恒性：反对诡辩和怀疑论》（*An Essay on the Nature and Immutability of Truth, in Opposition to Sophistry and Scepticism*）中所重申。该书在出版之后的十年中重印了十一次并在 19 世纪前被两次翻译为德语，它的广为流传使得完全消极的怀疑论者成为休谟的标准形象。[④] 虽然不同意于里德和比蒂的具体分析并对休谟有着更高的评价，康德对休谟哲学的总体看法并未改变，他同样将休谟的哲学视为危险的、因而需要被克服的怀疑论。[⑤]

对休谟的这一看法贯穿了整个 19 世纪。密尔和贝恩（A. Bain）等联想主义心理学（associationist psychology）的支持者们虽然注意到了休谟对联结原则的使用，却更愿意将他们的理论源头追溯至休谟的

---

① David Norton, *David Hume: Common-Sense Moralist, Sceptical. Metaphysician*, New Jersey: Princeton University Press, 1982, p. 3.

② Lord Kames, *Essays on the Principles of Morality and Natural Religion*, Liberty Fund, 2005, p. 170.

③ ［英］托马斯·里德：《论人的理智能力》，李涤非译，浙江大学出版社 2010 年版，第 105、110 页。

④ Norman Kemp Smith, *The Philosophy of David Hume*, New York: Palgrave Macmillan, 1941, p. 6.

⑤ ［德］康德：《未来形而上学导论》，李秋零译，《康德著作全集·第四卷》，李秋零主编，中国人民大学出版社 2005 年版，第 259—263 页。

同时代人哈特莱（D. Hartley）而非休谟，对于休谟他们则主要持批评的态度。[①] 19世纪下半叶，观念论（idealism）在英国占据主导地位。深受黑格尔影响的英国观念论者们认为思想的发展变化实际上是一系列必然的历史阶段，它们体现的是绝对精神的展开这一预先决定好的进程。在这一进程中，“指定给休谟的角色是把洛克和巴克莱的经验哲学推进到它的逻辑的、难以置信的结局，从而为康德，最终为黑格尔学派的最后解放创造了环境”[②]。因此，“研究休谟哲学的目的仅在于表明其永远不再需要被研究”[③]。这一观点被格林（T. H. Green）表述于他为《人性论》所撰写的导言中，在坎普·史密斯（N. Kemp Smith）于1941年出版《大卫·休谟的哲学》（*The Philosophy of David Hume*）之前，这篇导言一直是最有影响力的休谟哲学研究。[④] 格林的这一本质上与里德相同的观点在很长一段时间内成了定论。直到20世纪30年代初，休谟的论证仍未被大多数学院派哲学家所重视，“它们被视为每个学生都应该轻易揭露的似是而非的诡辩，它们的结论则只是没有人会认真对待的怀疑论的放肆言行”[⑤]。

但几年后，“突然间，至少在英国，所有这一切都发生了改变”[⑥]。休谟的哲学在此时开始受到更多的重视并得到更高的评价。但正如斯特德（B. Stroud）所指出的，这并不一定是因为休谟哲学的“真正意义和重要性已为人所正确理解，并得到了恰当的评价”；而可能是因为当代

---

① Don Garrett, “Introduction”, in Norman Kemp Smith, *The Philosophy of David Hume*, New York: Palgrave Macmillan, 2005, p. xxvi.

② ［美］巴里·斯特德：《休谟》，周晓亮等译，山东人民出版社1990年版，第1页。

③ Don Garrett, “Introduction”, in Norman Kemp Smith, *The Philosophy of David Hume*, New York: Palgrave Macmillan, 2005, p. xxvii.

④ ［美］唐纳德·利文斯顿：《休谟的日常生活哲学》，李伟斌译，华东师范大学出版社2018年版，第11—12页。

⑤ Stuart Hampshire, “Hume's Place in Philosophy”, in David Pears, eds., *David Hume: A Symposium*, London: Palgrave Macmillan, 1963, p. 3.

⑥ Stuart Hampshire, “Hume's Place in Philosophy”, in David Pears, eds., *David Hume: A Symposium*, London: Palgrave Macmillan, 1963, p. 3.

哲学家“声称从他的哲学中找到了当代重要思想的最明显的来源”。[①]这些“当代哲学家”首先是罗素，然后是逻辑实证主义者们。罗素将休谟对归纳推理的解释重新带回到大众的视野中；同时，罗素将感觉材料视为亲知的对象（objects of immediate acquaintance），这则会让人联想到休谟对知觉的解释。[②] 另一方面，在他的《西方哲学史》介绍休谟的那一章中，我们仍然能看到熟悉观点的表达：休谟“把洛克和贝克莱的经验主义哲学发展到了它的逻辑终局，由于把这种哲学作得自相一致，使它成了难以相信的东西。从某种意义上讲，他代表着一条死胡同：沿他的方向，不可能再往前进”[③]。

逻辑实证主义者们对休谟的接受同样与格林有关。因为观念理论在《人性论》中的核心地位，从里德开始休谟哲学就一直被解读为“现象主义”（phenomenalism）的一种表现形式。这种现象主义式的解读在格林的导言中得到进一步的确立。而因为有不少逻辑实证主义者持有现象主义的观点，所以他们很自然地将格林所诠释的休谟引为同道。在1929年维也纳学派所出版的宣言中，休谟甚至被正式追认为这一学派的先驱。[④] 虽然休谟的思想与逻辑实证主义这一思潮的确有诸多相似之处，但逻辑实证主义版本的休谟仍然包含了对休谟哲学的根本性的曲解。[⑤] 而且正是因为这两种思想之间的相近，逻辑实证主义对休谟的解读似乎显得颇具合理之处，从而使得这一版本的解读反而成为正确理解休谟哲学的最大障碍。[⑥]

逻辑实证主义者和休谟的最一致之处在于他们对经验在知识中的基

---

① ［美］巴里·斯特德：《休谟》，周晓亮等译，山东人民出版社1990年版，第286页。

② Don Garrett, “Introduction”, in Norman Kemp Smith, *The Philosophy of David Hume*, New York: Palgrave Macmillan, 2005, p. xxviii.

③ ［英］罗素：《西方哲学史》（下卷），马元德译，商务印书馆1982年版，第196页。

④ ［美］唐纳德·利文斯顿：《休谟的日常生活哲学》，李伟斌译，华东师范大学出版社2018年版，第12页。

⑤ ［美］巴里·斯特德：《休谟》，周晓亮等译，山东人民出版社1990年版，第286页。

⑥ ［美］唐纳德·利文斯顿：《休谟的日常生活哲学》，李伟斌译，华东师范大学出版社2018年版，第12页。

础地位的强调。但在逻辑实证主义者以此为基础而对人类全部知识所做的划分中，他们与休谟的观点的本质性区别开始浮现。在他们看来，能够真正为我们提供知识的只有数学和经验科学，而哲学的任务则在于逻辑或概念分析。因此，一方面，哲学不同于科学，前者考虑的是先验的而非经验的命题；另一方面，哲学服务于科学，因为唯一有意义的哲学活动只能是对科学概念和程序的分析。由此，科学和哲学被逻辑实证主义者视为两个截然分离的领域中的两种有着本质区别的活动。[①] 在他们看来，休谟的"人性科学"，作为哲学和心理学的混合物，尽管哲学的部分充满了洞察力并预见了两百年之后的哲学进展，心理学的部分却是毫无哲学价值因而并不值得重视的。

休谟显然不会同意这种观点。在他看来，概念的内容和概念间的逻辑关系远非最根本的哲学问题，更基础的问题在于人们如何拥有和运用概念，这类问题只能通过对经验的观察和以此为基础的推理而得到答案。所以对于休谟来说，经验性的研究非但不是有别于哲学的另外的活动，而且是哲学研究的根本方法。这个层面正就是自里德以来、直到逻辑实证主义都一直被休谟的诠释者们（尽管是出于不同的理由）所忽略的休谟哲学中的自然主义（naturalism）：在经验许可的范围内为心灵的各种根本活动提供解释，从而最终呈现出以最基础经验为最根本解释要素的、完整的人性机制。

直到坎普·史密斯出版了《大卫·休谟的哲学》之后，休谟哲学中的自然主义才开始受到重视。在坎普·史密斯看来，休谟哲学的核心观点应该是理性对情感、感觉和本能的从属。通过它，休谟所希望实现的是建立一套新的人性理论。所以休谟哲学从根本上说是自然主义的而非怀疑论的，后者"仅充当着助手的角色，处于从属地位"[②]。

---

① ［美］巴里·斯特德：《休谟》，周晓亮等译，山东人民出版社 1990 年版，第 288—289 页。

② Norman Kemp Smith, *The Philosophy of David Hume*, New York: Palgrave Macmillan, 1941, pp. 132、154 – 155.

由此，一个延续至今的争论得以开启，亦即休谟哲学中的怀疑论与自然主义究竟有何关系？对此所有可能的答案也都已经被提出和讨论过：他的自然主义战胜了他的怀疑论；他的怀疑论战胜了他的自然主义；他同时接受自然主义和怀疑论而忽视了它们的不相容；它们相容甚至相互支持。①

第二节 研究现状

一 国外研究现状

当今英美学界的休谟研究大都以坎普·史密斯的《大卫·休谟的哲学》为起点，但坎普·史密斯对休谟的诸多解读也在这些研究中陆续受到质疑或被推翻。至今仍较有影响力的六七十年代著作有帕斯莫尔（J. Passmore）和班尼特（J. Bennett）的作品。② 帕斯莫尔在著作中考察了休谟的经验主义、现象学、逻辑实证主义等多个方面的面向。班尼特的观点则至今仍为不少文献所引用。20 世纪 80 年代最主要的且至今仍有重要影响力的著作是斯特德的《休谟》，斯特德在其中对休谟的观念理论展开了激烈的批评。③

90 年代至今，最为重要的休谟研究者非加勒德（D. Garrett）莫属，他是为休谟辩护并为其做系统化解释的代表人物，他的两部最重要的休谟研究分别是 *Cognition and Commitment in Hume's Philosophy* 和 *Hume*。④ 此外，为休谟思想做系统化解释的学者还有皮尔斯（D. Pears）、贝尔（A. Baier）、维克斯曼（W. Waxman）和怀特

---

① Don Garrett, "Introduction", in Norman Kemp Smith, *The Philosophy of David Hume*, New York: Palgrave Macmillan, 2005, p. xxxiv.

② John Passmore, *Hume's Intentions*, Cambridge: Cambridge University Press, 2013; Jonathan Bennett, *Locke, Berkeley, Hume: Central Themes*, New York: Oxford University Press, 1971.

③ ［美］巴里·斯特德：《休谟》，周晓亮等译，山东人民出版社 1990 年版。

④ Don Garrett, *Cognition and Commitment in Hume's Philosophy*, New York: Oxford University Press, 1997; Don Garrett, *Hume*, New York: Routledge, 2014.

(J. Wright) 等人。[①] 其中，皮尔斯的著作很典型地体现了从语言哲学立场出发解读休谟会有怎样的结果。维克斯曼则与加勒德更为接近，他主要持有为休谟辩护的立场。贝尔认为情感才是休谟人性学说的基础，并以此出发结合全部三卷《人性论》来阐释休谟的认识论和心灵哲学，而非像大多数学者一样仅以第一卷作为休谟这方面思想的主要表达。

此外，也有不少学者从休谟人性学说的某个特定方面做出重要讨论，如欧文（D. Owen）专门讨论了休谟思想中的理性概念。[②] 曼斯（H. Mounce）讨论了休谟的自然主义。[③] 福格林（R. Fogelin）讨论了休谟的怀疑主义。[④] 施密特（F. Schmitt）和皮里斯（G. D. Pierris）从怀疑主义和自然主义的层面讨论了休谟思想中的认识论层面。[⑤] 迪克（G. Dicker）则考察了休谟的形而上学和认识论。[⑥] 同样讨论休谟的认识论的还有洛布（L. Loeb）。[⑦] 此外，还有学者从实在论或准实在论的角度对休谟的因果理论进行解读，如斯特劳森（G. Strawson）、考文垂（A. Coventry）和凯尔（P. J. E. Kail）等。[⑧] 最后，还有不少学者进行休谟与康德的比较研究，如维克斯曼、埃里森（H. Allison）、盖

---

① David Pears, *Hume's System: An Examination of the First Book of His Treatise*, New York: OxfordUniversity Press, 1990; Annette Baier, *A Progress of Sentiments*, Cambridge: Harvard University Press, 1991; Wayne Waxman, *Hume's Theory of Consciousness*, Cambridge: Cambridge University Press, 1994; John Wright, *Hume's 'A Treatise of Human Nature': An Introduction*, New York: Cambridge UniversityPress, 2009.

② David Owen, *Hume's Reason*, New York: Oxford University Press, 1999.

③ Howard Mounce, *Hume's Naturalism*, New York: Routledge, 2002.

④ Robert Fogelin, *Hume's Skeptical Crisis*, New York: Oxford University Press, 2009.

⑤ Frederick Schmitt, *Hume's Epistemology in the Treatise*, Oxford: Oxford University, 2014; Graciela De Pierris, *Ideas, Evidence, and Method: Hume's Skepticism and Naturalism Concerning Knowledge and Causation*, Oxford: Oxford University Press, 2015.

⑥ Georges Dicker, *Hume's Epistemology and Metaphysics: An Introduction*, New York: Routledge, 2002.

⑦ Louis Loeb, *Stability and Justification in Hume's Treatise*, New York: Oxford University Press, 2002.

⑧ Galen Strawson, *The Secret Connexion: Causation, Realism, and David Hume: Revised Edition*, Oxford: Oxford University Press, 2014; Angela Coventry, *Hume's Theory of Causation*, New York: Continuum, 2006; P. J. E. Kail, *Projection and Realism in Hume's Philosophy*, New York: Oxford University Press, 2007.

耶尔（P. Guyer）和兰迪（D. Landy）等。[①]

在论文集方面，除了各种导论和指南以外，重要的至少还有 *Impressions of Hume* 和 *The New Hume Debate* 两本。[②] 前者收录的文章触及休谟思想的各个方面，并从这些方面进一步向前推进，去扩展其中可能蕴含的进一步的结论。后者则聚焦于休谟的因果理论和他对外界存在的看法，并由此形成对休谟的“怀疑论的现实主义”的新阐释，一般也将这一讨论称为“新休谟争论”（New Hume debate）。

论文方面除了诸多一般的哲学刊物上刊登的相关文章外，还有专门刊登研究休谟的文章的刊物，即 *Hume Studies*，其中有诸多重要的论文。研究休谟的专著一般都意在对休谟的整体思想或某一部分思想作整体性的讨论。不同于专著，研究休谟的论文一般都会针对休谟思想中的某个具体环节，就其在休谟思想中的位置以及与其他部分之间的一致或矛盾展开讨论，并提供对这一具体问题的阐释。在这些细致入微的讨论中，休谟思想所可能面临的问题和所暗含的更深层次的可能性都得到了较为详尽的展现。

二　国内研究现状

国内研究休谟理论哲学的专著主要有两类。第一类是对休谟人性哲学的体系性讨论，如罗中枢的《人性的探究：休谟哲学述评》、黄振定的《通往人学途中——休谟人性论研究》以及周晓亮的《休谟哲学研究》。[③]

---

① Wayne Waxman, *Kant and the Empiricists*: *Understanding Understanding*, New York: OxfordUniversity Press, 2005; Henry Allison, *Custom and Reason in Hume*: *a Kantian Reading of the First Book of the Treatise*, Oxford: Oxford University Press, 2008; Paul Guyer, *Knowledge*, *Reason*, *and Taste*: *Kant's Response to Hume*, New Jersey: PrincetonUniversity Press, 2009; David Landy, *Kant's Inferentialism*: *The Case against Hume*, New York: Routledge, 2015.

② Rupert Read, and Kenneth Richman, eds., *The New Hume Debate*, London: Routledge, 2002; M. A. Stewart, Marina Frasca-Spada, and Peter Kail, eds., *Impressions of Hume*. New York: Oxford University Press, 2005.

③ 罗中枢：《人性的探究：休谟哲学述评》，四川大学出版社 1995 年版；黄振定：《通往人学途中——休谟人性论研究》，湖南教育出版社 1997 年版；周晓亮：《休谟哲学研究》，人民出版社 1999 年版。

第二类专著则主要关注休谟的因果理论，如陈小平的《贝叶斯方法与科学合理性：对休谟问题的思考》、张志林的《因果观念与休谟问题》和骆长捷的《休谟的因果性理论研究：基于对“新休谟争论”的批判与反思》。[①] 此外，雷德鹏在其专著《走出知识论困境之途：休谟、康德和胡塞尔的想象论探析》中进行了对休谟、康德和胡塞尔三人的想象力理论的比较研究。[②]

论文方面，最重要的主题仍然是休谟的因果理论和归纳问题；休谟思想中的经验主义、怀疑论和自然主义也是讨论的热点；此外，对休谟的观念理论也有不少的讨论。不同于英美休谟研究的论文，国内的论文更注重于对休谟思想的梳理以及宏观层面的把握。

第三节 底层机制理论的必要性

如我们在研究现状中体现的，在“后坎普·史密斯时代”，不论怎样的观点都已经不再可能忽略休谟哲学中的自然主义层面。休谟持续了两百年之久的“完全消极的怀疑论者”的形象得以改变。学者们的关注点也开始从知识论扩展到了他的哲学的各个方面。这一转变的结果是相关二手文献的大量涌现，并导致了“对休谟哲学的过多的解读”。而且这并未带来多少共识，“几乎每个人都有着对休谟的本质的不同看法”，休谟被贴上了各种不同的标签，而且“每个诠释者都能在《人性论》中找到能够强有力地支持他们的解读的文本证据”[③]。在每个具体的、基础的问题上同样如此，各种不同的观点、相对立的解释被不断地

① 陈晓平：《贝叶斯方法与科学合理性：对休谟问题的思考》，人民出版社 2010 年版；张志林：《因果观念与休谟问题》，中国人民大学出版社 2010 年版；骆长捷：《休谟的因果性理论研究：基于对“新休谟争论”的批判与反思》，商务印书馆 2016 年版。

② 雷德鹏：《走出知识论困境之途：休谟、康德和胡塞尔的想象论探析》，人民出版社 2007 年版。

③ Oliver Johnson, *The Mind of David Hume: A Companion to Book I of A Treatise of Human Nature*, Urbana and Chicago: University of Illinois Press, 1995, p. 5.

提出，大家相互之间谁也无法说服对方。之所以如此，与《人性论》本身的写作风格有很大关系。

帕斯莫尔曾有过如此评论："休谟是最令人恼怒的哲学家之一。他的作品中的每一句话都清晰得令人称羡，很少有例外：使康德和黑格尔的读者饱受折磨的混乱的句法和野蛮的语言风格在休谟的作品中全然不见踪影。同时，虽然是在不同的方面，休谟至少和黑格尔一样难读。"[①] 我们上文所呈现的休谟形象在这两百多年来的急剧变化除了每个时代特定时代背景和流行观点的影响以外，休谟的作品，尤其是《人性论》本身的"难读"也是主要原因之一。同时，如帕斯莫尔指出的，这种难读并不在于具体论述的混乱和晦涩，而在于对休谟作品中的真实意图或整体样貌难以把握，亦即常有人所说的"局部清晰但整体晦涩"（和康德的哲学作品正好相反）。[②] 至少在《人性论》中，这种混乱局面的主要原因之一在于休谟论述的辩证（dialectical）风格。

利文斯顿（D. Livingston）区分了两种哲学的论述方式。第一种哲学的主要目标在于发现关于世界的真命题并将它们编织为一个体系。这种哲学的起点和终点都是真命题，其论述方式总是通过引入自明的真理、定义或通过演绎推理来尽可能清楚地呈现出真命题。亚里士多德、斯宾诺莎和罗素的哲学都属于这种哲学。第二种哲学当然也包含命题，但这种哲学更关注于以辩证关系编排这些命题，从而引发或许是命题性的，或许并非命题性的洞见。休谟的学说正属于这种哲学。[③]

当然，单从《人性论》的内容安排来看我们可能很难认同这种看法。至少就《人性论》第一卷而言，难道休谟不是在进行系统性的论述吗？在第一章中他首先集中介绍了之后将用来构建整个哲学体系的基本要素，然后从第二章开始层层递进，逐步展开对各种主要意识内容的

---

① John A. Passmore, *Hume's Intentions*, Cambridge: Cambridge University Press, 2013, p. i.

② Don Garrett, "Introduction", in Norman Kemp Smith, *The Philosophy of David Hume*, New York: Palgrave Macmillan, 2005, p. xxv.

③ ［美］唐纳德·利文斯顿：《休谟的日常生活哲学》，李伟斌译，华东师范大学出版社 2018 年版，第 44—45 页。

讨论。第二章对时间、空间和存在观念的讨论帮助我们“彻底理解了可能进入我们推理中的那些特殊观念”，从而为第三章对知识和概然性的考察做足准备。[①] 第三章对因果关系和信念的本性的揭示则为第四章的怀疑论讨论提供基础。第四章中，怀疑论的讨论按照理性能力、客观存在、主体自身的顺序逐步展开，最终在结论中达到怀疑论的顶点并引出第二卷对情感的讨论。

但另一方面，如果具体考察各个有着核心解释作用的概念我们将不难发现，它们无一例外地缺乏完整、充分的定义，甚至没有专门的篇幅来进行集中的讨论。往往要在需要使用到某条原则或某个概念时，休谟才会将其引进，而且往往只介绍其中的与接下来的讨论直接相关的方面。最典型的例子即“活泼性”（vivacity）这一概念，在《人性论》开篇它就已经出现，但对它的具体性质的论述却散落在了之后的不同文段中。[②] 同样，“习惯”也是一个对休谟的人性体系来说十分重要的概念。它是联结原则的一个重要基础，但这一点要在《人性论》第 93 页中才被提及，而联结原则在第 18 页中就已经出场。同时，对习惯的讨论也分散在了《人性论》的各处：在第 31—33 页中，与习惯相关的一系列现象受到了讨论；但要直到第 456 页才有对习惯的正式的讨论。

因此，系统性的和辩证的哲学论述方式实际上并存于《人性论》之中，而且它们体现于其中的不同层面上。系统性的论述服务于对意识对象，亦即印象和观念的内容、性质和相互间的关系的讨论，它们是《人性论》中主要的待解释项（*explicanda*）；辩证性的论述则主要在讨论用来解释这些待解释项的解释要素（*explican*）时使用。对待解释项的解释构成了《人性论》中的知识论的主体。因为其所具有的系统性论述风格，这一层面的讨论很容易吸引读者的注意力，并被视为《人性论》第一卷的主要的甚至是唯一的主题。这或许就是长达两百年的时间里休谟只被视为怀疑论者的原因之一。但实际上解释要素本身也构

---

① ［英］休谟：《人性论》，关文运译，商务印书馆 2016 年版，第 78 页。

② ［英］休谟：《人性论》，关文运译，商务印书馆 2016 年版，第 16、98、138、140 页。

成《人性论》中的另一个重要的讨论主题。

如我们上文所指出的，休谟哲学中的一个重要层面是在经验中解释心灵活动，亦即其哲学中的自然主义。同时，这一解释又具体落实为对意识对象的系统性的考察。方法论上的自觉使得休谟将解释的主要精力放在了对基础经验的寻找、发现和将待解释项向这些基础经验的还原之上，亦即他所谓的“借审慎观察人生现象去搜集这门科学中的种种实验材料”①。这种观察和搜集并非如有的学者所认为的那样是对我们的日常经验的、原封不动的照搬照抄。基础经验并不单独、直接地成为我们的日常经验，后者总是一系列基础经验经过复杂互动之后的复合物。因此，基础经验只有在我们有意识地将一系列类似经验相联系、比较后才能从中显现，所以只有“当这类实验材料经过审慎地搜集和比较以后”，我们才“可以希望在它们这个基础上，建立一门和人类知识范围内任何其他的科学同样确实，而且更为有用的科学”。② 而这也是休谟在《人性论》中引进新的解释要素时总会遵循的过程：“复制原则”的提出就是建立在一系列对现象的“注意”“比较精确的观察”和“搜罗”之上；③ 对习惯的性质的讨论、对想象力和感觉能力界限的讨论、对情感机制的讨论也无不如此。④ 由此，我们或许能稍微理解为什么对于这些解释要素的讨论需要以辩证的方式进行：虽然处于经验之中，但这些要素并不能够直接“显明自身”，而总是被埋藏于复杂表象之下，这就使得我们无法将它们作为自明的前提而直接罗列并作为之后研究的基础。同时，它们并非《人性论》的最终目标，而只是呈现最终目标的工具，所以它们无法成为“主角”而得到系统性的讨论。这就使得休谟只能在需要用到特定概念或原则的时候才“就地取材”，通过一系列“实验”将这些工具马上“生产”出来。在这种情况下，出于实用

① ［英］休谟：《人性论》，关文运译，商务印书馆 2016 年版，第 6 页。

② ［英］休谟：《人性论》，关文运译，商务印书馆 2016 年版，第 6 页。

③ ［英］休谟：《人性论》，关文运译，商务印书馆 2016 年版，第 10、12 页。

④ ［英］休谟：《人性论》，关文运译，商务印书馆 2016 年版，第 31—33、35—37、308—312、364—380 页。

的目的，休谟自然不可能对它们进行面面俱到的讨论，而只能选择性地讨论与上下文直接相关的方面。因为这种呈现方式，休谟对其解释要素的介绍也就显得松散、凌乱；而且在概念实际上在文本中经历了一系列发展的时候（“理性”概念是最典型的例子），其演进轨迹将无法得以清楚的显现，从而显得休谟对概念的使用充满了不一致。同时，由这些概念组成的理论框架本身对于休谟的人性理论来说有着不逊于其他任何层面的理论价值：作为对基础经验的梳理和整合，这一理论框架理应呈现出心灵的原始面貌和根本机制。但当学者们意识到这一点并关注这一理论框架本身时，却往往发现自己受困于它的不清晰和不完整。这一点常为学者们所诟病。但在指出这一点的同时学者们却又不得不承认，在具体分析中休谟常常能不受限于其简陋的理论框架而获得不俗的结果。①

我们认为，之所以会有这一张力，原因并不在于休谟对于基础经验缺乏全面、准确的理解（否则他如何得以在具体分析中获得成功?），而在于他没能系统性地对这一理论框架进行表述。换言之，《人性论》中实际上存在着一套“隐而未显”的底层机制理论，这套理论表述的是从基本经验中能够得到的心灵的基本性质和表现，它们将作为《人性论》中所有具体分析的基础。正是这一底层机制的未被明确展开使得我们无法确定《人性论》中的诸细节，更无法进一步地将局部联结成整体从而全面地理解休谟的思想。这是《人性论》难读的第二个重要原因。本书的目标即在于厘清《人性论》中的底层机制，辨明其中要素的具体内涵以及相互间的关系。

第四节　本书脉络及文本范围

说到《人性论》中的底层机制，我们最容易想到的应该是第一卷

① 例如［美］巴里·斯特德《休谟》，周晓亮等译，山东人民出版社 1990 年版，第 50 页；David Pears, *Hume's System: An Examination of the First Book of his Treatise*, Oxford: Oxford University Press, 1990, pp. 5、35; Don Garrett, *Cognition and Commitment in Hume's Philosophy*, New York: Oxford University Press, 1997, p. 39.

第一章中集中（虽然并不完整）表述的“我们这个哲学的基础”，亦即观念理论。[①] 观念理论表述的是心灵对象的分类和性质，以及它们在心灵中的运动机制，亦即联结机制。我们很容易认为这一理论就是休谟用来在《人性论》中建构起他的整套哲学理论的全部基础，例如洛布（L. Loeb）就认为“休谟在《人性论》中的首要目标是证明联结主义（associationism）是关于人类心灵的运作的一般理论”[②]。但如斯特德所努力论证的，单是观念理论并无法作为休谟的自然主义计划的全部理论基础，因为观念理论所能描述的仅仅是特定对象在心灵中的呈现，但休谟的人性理论所需要的是解释心灵如何以特定的方式拥有特定的对象。[③] 换句话说，作为其所身处的因果网络中的一个环节，心灵与其他对象之间的因果互动，亦即心灵的“官能”（faculties）是所有对心灵的讨论都无法绕开的核心主题，对于休谟的人性理论来说同样如此。但观念理论并未包含官能方面的论述，所以无法作为休谟的相关讨论的基础。以此为依据，斯特德进而断言休谟未能实现其自然主义计划。[④]

斯特德的这一批评并不公平。因为他预设了休谟将《人性论》完全立基于观念理论之上；但实际上《人性论》中并不乏官能方面的讨论，而斯特德并没能预先排除其中存在着一套完整官能理论的可能性。相较之下，欧文同情式的解读反而更具杀伤力。欧文准确洞察到《人性论》的一个特点，即休谟在其中拆解开了以往被视为基本解释要素的诸官能，指出了这些官能内部的具体运行机制和过程。由此，欧文认为“休谟拒绝将官能作为解释要素，并寻求通过印象、观念和它们互动的方式来解释理性的运作”[⑤]。因此，虽然休谟的确使用了不少官能术语，诸如“想象力”“记忆”和“知性”等，但这只是休谟出于论述方便的目的

---

① ［英］休谟：《人性论》，关文运译，商务印书馆 2016 年版，第 21 页。

② Louis E. Loeb, *Stability and Justification in Hume's Treatise*, New York: Oxford University Press, 2002, p. 58.

③ ［美］巴里·斯特德：《休谟》，周晓亮等译，山东人民出版社 1990 年版，第 305 页。

④ ［美］巴里·斯特德：《休谟》，周晓亮等译，山东人民出版社 1990 年版，第 292、309 页。

⑤ David Owen, *Hume's Reason*, New York: Oxford University Press, 1999, p. 222.

而使用，实际上这些官能术语与休谟理论的整体精神相违背。“对于休谟来说，在基本层面上，有的只是能以多种方式进行归类的印象和观念。这些心灵的知觉以多种方式互动；其中的一组互动被我们称为‘推理’，不论是理证性的还是概然性的。”① 这意味着《人性论》中不存在着作为解释要素的官能理论。

但欧文的这一看法同样操之过急。除了他所指出的那些成为待解释项的官能以外，在《人性论》中实际上还有着另一些更为基础的官能，它们作为解释要素频繁出现于休谟的各个具体分析之中。同时，斯特德的批评虽然对于“《人性论》中的休谟”来说是无效的，但对于“欧文笔下的休谟”来说却是成立的：欧文认为休谟无法解释心灵对观念的比较，我们将在第二章中表明休谟有足够的资源来做出这一解释。② 因此，欧文的错误在于没能意识到《人性论》中存在着两套不同层面的官能语言：一套官能语言是一直以来通用的官能术语，如想象力、知性和理性等；另一套则是休谟新确立的官能术语。前者被休谟还原为后者的一系列组合，我们在本书中将分别称它们为“复合官能”和“简单官能”。

现有的对休谟官能理论的讨论大多难以令人满意，其中的一个重要原因就在于讨论者对简单/复合官能区分的忽视。想象力是《人性论》中最常被讨论到的官能，对此进行讨论的学者主要有弗隆（E. Furlong）、威尔班克斯（J. WilBanks）、斯哲明哥（G. Streminger）、科斯特洛（T. Costelloe）、宫睿和雷德鹏。③ 他们都犯了欧文所提醒我们不要犯

① David Owen, *Hume's Reason*, New York: Oxford University Press, 1999, p. 75.

② David Owen, *Hume's Reason*, New York: Oxford University Press, 1999, p. 96.

③ E. Furlong, "Imagination in Hume's 'Treatise' and 'Enquiry concerning the Human Understanding'", *Philosophy*, Vol. 36, No. 136, 1961; Jan Wilbanks, *Hume's Theory of Imagination*, Springer Netherlands, 1968; G. Streminger, "Hume's Theory of Imagination", *Hume Studies*, Vol. 6, No. 2, 1980; Timothy Costelloe, *The Imagination in Hume's Philosophy*, Edinburgh: Edinburgh University Press, 2018; 宫睿:《论休谟“想象”概念的多重含义》,《外国哲学》(第16辑)，商务印书馆2004年版；雷德鹏:《走出知识论困境之途——休谟、康德和胡塞尔的想象论探析》，人民出版社2007年版。

的错误，亦即将想象力视为具有特定功能的解释要素，从而忽略了想象力内部的复杂结构。同时，正是因为对简单官能的忽略，使得这些学者对想象力内涵的总结都是不全面的，对此我们将在第三章对想象力的讨论中具体展开。除此以外，讨论者往往还忽略了对《人性论》中各官能间关系的讨论，或者是没能做出正确的讨论。例如威尔班克斯将《人性论》中的想象力和理性视为截然分离的两个官能，却将判断、理性和知性三者相等同。① 而科斯特洛则在对想象力的讨论中完全忽略了实际上被包含于其中的理性。② 之所以如此的一个重要原因同样在于对简单官能的忽略，从而使得复合官能之间的内在结构无法显现。

因此，简单官能在《人性论》中有着根本性的地位。同时，简单官能及其活动既不是任何自明的命题也无法在经验中直接显现，因而无法为我们直接认识。我们只能通过它们的原因和结果来反推它们本身所具有的性质。这也就意味着我们必须通过观念理论来认识简单官能理论。因此，简单官能理论需要以观念理论为基础。同时还需要指出的是，简单官能是解释性概念而非本体概念，其所指向的只是观念间特定的因果关系或者特定因果事件的尚未被揭示的中间环节，而非任何经验之外的实体。所以简单官能理论不需要以任何形式的实在论为前提，其并未超出观念理论所划定的界限。因此，对简单官能的讨论并不需要介入“新休谟争论”之中。尽管如此，该理论仍然具有观念理论本身所不具有的解释效力，所以我们可以将其视为对观念理论的进一步发展。因此，观念理论与简单官能理论并不相互排斥；相反，前者是后者的认识基础，后者则是前者的扩展。两套理论的相互补足才能最终形成对《人性论》中的底层机制的完整论述。

按照这一脉络，本书将分为三部分进行：在第二章中，我们将考察

---

① Jan Wilbanks, *Hume's Theory of Imagination*, Springer Netherlands, 1968, p. 65、75n4.

② Jonathan Cottrell, "The Imagination in Hume's Philosophy: The Canvas of the Mind by Timothy M. Costelloe (review)", *Journal of the History of Philosophy*, Vol. 57, No. 3, 2019, pp. 559–560.

《人性论》中的观念理论，在挖掘其中的底层机制要素的同时也指出该理论作为解释框架的欠缺之处。在第三章中，我们将以第二章的研究结果为指引，寻找《人性论》中的简单官能，发现它们的性质和活动方式，并进而重构完整的简单官能理论。通过这两章，我们将得以呈现《人性论》中的完整的底层机制。在第四章中，我们将通过这套机制解释《人性论》中的复合官能和活动。我们希望能够以此实现三个目标：一是证明底层机制理论的有效性。此外，《人性论》中官能概念的松散历来为学者所诟病，我们希望能尽力厘清这些官能概念的准确内涵和相互间的关系，从而为我们之后对《人性论》的更深入理解提供基础，这是第二个目标。同时，休谟在《人性论》中大量论及想象力（或者说是心灵的认知部分）与情感之间的密切联系。基于第二个目标的实现，我们将通过底层机制具体呈现认知活动与情感活动间的具体互动机制，从而为对休谟式心灵的完整图景的最终呈现提供基础。

最后需要说明的是本书的文本范围。《人性论》三卷之间的关系一直未成定论。坎普·史密斯认为第二卷是三卷中“最不令人满意的”，也是与《人性论》的整体教义没有直接关系的。① 帕斯莫尔和艾恩斯利（D. Ainslie）强调第一卷和第二卷的紧密联系。② 阿达尔（P. Árdal）和格拉特（A. Glathe）则认为第二卷和第三卷有着更紧密的联系。③ 同时，大部分学者在考察休谟的人性机制时都将注意力主要放在了第一卷中。④

① Norman Kemp Smith, *The Philosophy of David Hume*, New York: Palgrave Macmillan, 1941, p. 160.

② Nicholas Capaldi, *Hume's Place in Moral Philosophy*, New York: Peter Lang Publishing, 1989, p. 158; Donald C Ainslie, "Scepticism About Persons in Book II of Hume's Treatise", *Journal of the History of Philosophy*, Vol. 37, No. 3, 1999, p. 477.

③ Louis E. Loeb, "Hume's Moral Sentiments and the Structure of the Treatise", *Journal of the History of Philosophy*, Vol 15, No 4, 1977, p. 395; Páll S Árdal, "Another Look at Hume's Account of Moral Evaluation", *Journal of the History of Philosophy*, Vol. 15, No. 4, 1977, p. 412; Nicholas Capaldi, *Hume's Place in Moral Philosophy*, New York: Peter Lang Publishing, 1989, p. 158.

④ 最主要的例外可能是利文斯顿和拜尔（A. Baier），参见［美］唐纳德·利文斯顿《休谟的日常生活哲学》，李伟斌译，华东师范大学出版社 2018 年版；Annette Baier, *A Progress of Sentiments: Reflections on Hume's Treatise*, London: Harvard University Press, 1991.

我们则认为，如休谟在“原书第一、二卷前面的通告”中所言，“论知性和情感这两篇是单独构成一系列完整的推理链条的”，对于底层机制来说尤其如此。因此，本书将主要关注《人性论》的第一卷和第二卷。

第二章　观念理论

“人类心灵中的一切知觉可以分为显然不同的两种，这两种我将称之为印象和观念。”① 在《人性论》正文的开篇，休谟以此引入被学者们称为“观念理论”（the theory of ideas）或“观念之路”（the way of ideas）的哲学理论。它既是休谟看待世界的方式，也是休谟用以分析、理解和描述世界的基本工具。因此，观念理论是休谟哲学的范式，它规定了这一哲学所能接受的方法和限度，也决定了在这一理论中呈现的自然和心灵的基本样貌。

观念理论是近代哲学中颇为流行的心灵理论，这种理论以心灵的对象为基本研究单位，着重于考察心灵对象的性质和运动规律，以此来分析意识活动，发现心灵特性和机制。在休谟的观念理论中，心灵的全部对象被统称为“知觉”（perception）。知觉被分为“印象”（impression）和“观念”（idea）两大类，分别对应着我们的感觉和思想。感觉既有由感官产生的感受又有情感，因此印象又被进一步分为“感觉印象”（impression of sensation）和“反省印象”（impression of reflection）。相应的，观念也就被进一步分为“感觉观念”（idea of sensation）和“反省观念”（idea of reflection）。因为观念是印象的复现，所以同一对印象和观念在内容上相同，它们之间仅有“活泼性”（vivacity）上的区别。不仅印象和观念之间，观念与观念之间也有活泼性上的区别，它们也因

① ［英］休谟：《人性论》，关文运译，商务印书馆 2016 年版，第 9 页。

此而被区分为“记忆观念”（idea of memory）和“想象观念”（idea of imagination）。此外，知觉还依其内容能否被进一步分离而有了“简单”（simple）与“复合”（complex）的区分。同时，在功能上观念还有具体（particular）和一般（general）的区分。观念的生灭离合既可能是完全任意的，也可能遵循着特定规律，而且后者往往是更常发生的情况。观念运动变化的规律有三条，分别是类似、时空接续和因果关系。也就是说，当一个知觉出现后，与这个知觉类似、在时间或空间上接续或与其有因果关系的观念就会随之出现。这三条规律被称为“自然关系”（natural relation）或“联结”（association）。作为它们的结果的有七条“哲学关系”（philosophical relation），它们是我们全部知识的基础。

以上所述的这些知觉的类型、性质和关系即休谟的观念理论的全部要素，它们是我们在本章中将要考察的对象。活泼性是知觉的一系列区分的根本标准，因此它是我们的第一个考察对象。在明确了活泼性的具体性质之后，我们将进而考察印象与观念、印象内部以及观念内部的区分。在这些区分中，心灵处理经验的“第一与第三人称视角”将得以显现。在两个视角中，经验将呈现出不同的面貌，知觉的区分也将以不同的方式进行。同时，在第三人称视角中，我们还能看到为不同关系所联结的不同的“知觉系统”。完成了对知觉的讨论后，我们将进而考察知觉间的自然关系，在此我们将指出自然关系从根本上分为类似关系和习惯两类，同时我们还将进一步考察这两类自然关系的强度和其他一系列性质。之后，我们将分别考察自然关系的两个重要结果：哲学关系和抽象观念。哲学关系也将被我们分为“内在关系”与“外在关系”两类，它们本质上分别是对象间的类似与时空关系。抽象观念则承接了我们对空间与时间的讨论，后者正是心灵通过抽象机制得出的抽象观念。在对空间和时间的讨论中，我们将对休谟的时空理论进行扩展，从而得到心灵在时间和空间上所具有的一系列性质。这一讨论将引出对简单与复合知觉的区分的讨论，这一区分历来面临着解读上的困难，我们将在此提供一个我们认为最合理的解读。本章最后，我们将讨论反省印象亦即情感的性质，这是历来对观念理论的讨论中常被忽略的一个部分，但其中其实暗藏了非常丰富的内容。完成了这些讨论后，我们将得以呈现“彻底的观念理论视角”中的心灵的样貌。重要的是，这将是不完整的心灵样貌，因为观念理论有其固有的局限。观念理论的局限也将在我们本章的讨论中被不断指出。这些局限正需要相对应的简单官能理论来弥补，所以随着本章讨论的完整，我们也将为第三章对简单官能的讨论做好准备。

第一节　活泼性[①]

印象与观念的区分是休谟观念理论的基础，其余的一切区分与关系都是以这一区分为基础而展开的。这一区分的标准是知觉的活泼性程度：印象的活泼性强烈，观念的则微弱。[②] 因此，活泼性将是我们首先需要考察的性质。

活泼性是一个难以理解的晦涩概念。一方面，作为最基础的经验，它虽然能被我们每个人所体会，却难以给出进一步的定义。[③] 另一方面，虽然休谟一再努力地澄清这一概念，但这些讨论散落在《人性论》的各个角落，而并未有某一处文本是专门针对其进行的全面、系统的论述，这就进一步加剧了对其理解上的困难，并导致了各种误解。[④]

除了“活泼性”外，休谟至少还使用了“生动性”（liveliness）、“较强的力量”（a superior force）、“坚定性”（solidity）、“稳固性”（firmness）和“稳定性”（steadiness）等概念来指称或解释这同一个对象。[⑤] 我们可以

---

① 本节内容修改自笔者发表于《清华西方哲学研究》第6卷第1期的文章《休谟“活泼性”概念的新阐释》。

② ［英］休谟：《人性论》，关文运译，商务印书馆2016年版，第9页。

③ ［英］休谟：《人性论》，关文运译，商务印书馆2016年版，第111—112页。

④ 例如布劳顿（J. Broughton）就罗列出休谟对活泼性的诸多不同描述，并质疑它们是否能被结合成一个统一的解释。参见 Janet Broughton，“Impressions and Ideas”，in Saul Traiger，eds.，*The Blackwell Guide to Hume's Treatise*，Oxford：Blackwell Publishing Ltd.，2006，p. 45.

⑤ ［英］休谟：《人性论》，关文运译，商务印书馆2016年版，第112页。

将这些描述分为现象和功能两类，这意味着活泼性具有这两方面性质。①

一 活泼性的现象性质

在上述用来描述活泼性的几个概念中，“活泼性”和“生动性”是最为明显的现象上的描述。这两个概念所指的是知觉内容在细节上的清晰与丰富，这在《人性论》两处文本中有清楚体现。在第一处文本中，休谟为了论证记忆观念和想象观念的本质区别在于活泼性举了画家的例子：画家为了描摹一个对象，总要设法去看一看相同的对象，从而使他的观念生动活泼，而“这种记忆越是新近，观念也就越是清楚”②。在第二处文本中，休谟讨论的是信念观念和虚构观念的不同，对此他以不同的阅读态度对读者产生的影响为例：同一本书，如果一个人将其当作小说阅读，另一个人将其当作真正的历史来阅读，那么这两个人“接受到同样的观念，并且也依照同样的次序”，但将这本书当作历史来阅读的人，因为相信其中记载的一切，会对这些观念有更生动的设想。③他会因此“比较深切地体会到人物的遭遇；他向自己表象出他们的行为、性格、友谊和敌意；他甚至对他们的面貌、神情和体态形成一个概念”④。换言之，这个人所形成的观念将有更丰富和清楚的细节。相反，将这本书当作小说阅读的人，因为“不相信作者的证据，他对于所有这些情节就只有较为模糊而黯淡的领会”。

主要从现象层面理解活泼性的学者们同样认为“生动性”指的是意识对象在内容上的丰富和清晰，其中以斯特德的看法最为典型。但他从这一进路出发，最终得出的却是否定活泼性这一概念的结论。斯特德

---

① Trudy Govier, “Variations on Force and Vivacity in Hume”, *Philosophical Quarterly*, Vol. 22, No. 86, 1972, p. 45; David Pears, *Hume's System: An Examination of the First Book of his Treatise*, Oxford: Oxford University Press, 1990, pp. 43–45、48.

② ［英］休谟：《人性论》，关文运译，商务印书馆 2016 年版，第 99 页。

③ ［英］休谟：《人性论》，关文运译，商务印书馆 2016 年版，第 113 页。

④ ［英］休谟：《人性论》，关文运译，商务印书馆 2016 年版，第 113 页。

的论证基于他所构想的这样一个例子：一个侦探在一个谋杀案现场侦查。在现场他并未发现什么，但是离开后，他凭借着过目不忘的本领重现了现场的画面，并发现壁炉前的拨火棍放在左手的位置，但他记得死者是右利手，由此他获得了破案的线索。斯特德认为，这时侦探脑海中的这一幕情景一定是比他在现场时看到的画面更大地冲击着他的心灵的，因此这时观念反而拥有了比印象还强的活泼性。将此作为反例，斯特德认为休谟以活泼性作为印象和观念的区分是站不住脚的。[①]

这实际上与休谟所提到的另一个概念，即情感的"猛烈性"（violence）有关：当我们处于猛烈情感中时，所产生的观念也会具有清晰和丰富的内容，例如我们在读激动人心的诗时就是这种情况，"诗的描写可以把形成一幅完善的形象或图画的那些情景更多地集拢起来。它可以似乎用较为生动的色彩把对象放在我们的面前"[②]。我们从诗中得到的形象或情景显然并非印象而只是观念。但如果观念的内容也能够如此的清晰和丰富，这也就意味着观念也能够具有和印象一样的活泼性，那么活泼性也就无法用来区分印象和观念。在此我们可以看到，斯特德的反例与伴随猛烈情感的观念的反例实际上是一样的。

这似乎意味着，我们或者只能如斯特德所说，放弃活泼性这一概念；或者如果仍要捍卫这一概念的话，就只能否认其现象性质，转而从功能上理解活泼性。而因为活泼性概念在休谟的体系中至关重要，放弃这一概念代价过大，因此我们似乎只能转向活泼性的功能层面。埃弗森（S. Everson）即持有这种看法，他将斯特德的现象解读称为"传统理解"，并反对这种解读，认为不应从现象层面，而应从功能层面理解活泼性。[③]

但对活泼性的现象性质的拒绝同样难以令人满意。因为在休谟的体

---

① ［美］巴里·斯特德：《休谟》，周晓亮等译，山东人民出版社1990年版，第38—40页。

② ［英］休谟：《人性论》，关文运译，商务印书馆2016年版，第140—141页。

③ Stephen Everson, "The Difference between Feeling and Thinking", *Mind*, Vol. 97, No. 387, 1988, pp. 403 - 408.

系中，活泼性是心灵用来区分印象与观念、记忆与想象、信念与幻想的唯一标准，如果无法在现象上辨认出活泼性，我们又该如何做出这些区分？当然，仅凭活泼性在功能上的性质和影响，或许也能够做出这些区分。但需要注意的是，某物所具有的功能或某物对它物的影响实际上就是此物和它物的因果关系。同时，在休谟的体系中，因果关系只能在原因和结果的恒常结合中得到，而无法直接被感知到。这也就意味着如果是以活泼性的功能性质而非现象性质来做上述区分的话，我们将无法直接地意识到自己究竟是在看一个对象还是只是在设想一个对象，究竟是在回忆还是在想象，或者究竟是否相信一件事情。这是荒谬的。因此，活泼性的现象性质不应被否认。

使得传统理解的支持者和反对者们产生他们各自的理解偏差的是同一个原因，即对于活泼性现象性质的过于狭隘的理解。实际上，除了“生动性”外，“坚定性”“稳固性”和“稳定性”也是活泼性的现象性质。但过往的学者们，不论是传统理解的支持者还是反对者，却都将这三者视为功能性质，这是令人困惑的。[①] 在休谟的文本中，这三个概念出现于休谟对记忆和信念的讨论中：在区分记忆和想象时，休谟说想象观念“微弱而低沉，并且在心中很难长时间保持稳定不变”；在总结信念的作用时，休谟说其“影响在于活跃和固定想象中的任何观念，同时并驱除关于那个观念的种种犹豫和不定”，“把一个特殊观念确定于心中，并使心灵免去选择对象时的动摇不定”。[②] 由此可见，“坚定性”“稳固性”和“稳定性”指的是观念在意识中的稳定不变和持存，这发生在具有活泼性的对象之上，而非该对象对其他对象的影响，因而很难说是活泼性的功能性质。此外，对象在意识中的“微弱低沉”“犹豫不定”或者是“稳定不变”，难道不是对这一对象的现象上的描述吗？因此，除了“意识对象的内容在细节上清晰与丰富”外，“对象在

① 斯特德并未谈及活泼性的功能性质，但他在讨论活泼性的现象性质时也并未将这三个概念考虑在内。

② ［英］休谟：《人性论》，关文运译，商务印书馆2016年版，第16、488页。

意识中的持存和稳定不变”也应是活泼性的现象性质。[①]

休谟对猛烈性的讨论同样能体现这点。在指出猛烈情感中的观念与活泼观念的类似之后，他紧接着提醒我们，诗“所呈现出的观念仍然和来自记忆和判断的那些观念在人的感觉中有所不同”，也就是说，猛烈性和活泼性在现象上并不相同，因为前者“在感觉中没有那样稳固性和坚定性”。[②] 这一不同在休谟对平静情感和猛烈情感的讨论中有更为清楚的体现。休谟认为，“情感对于意志的影响，并不是和它们的猛烈程度或和它们所引起的性情的混乱程度成比例的”；当一个情感成为一个确定的行为准则和心灵的主导倾向时，“它通常就不再产生任何明显的激动”，因为它“已经使一切都屈服于它，所以这种情感在指导行动和行为时，就不再遭受到每一种暂时发作的情感所自然地引起的那种反对和情绪”，因此这种情感成为一种平静的情感。而我们“必须区分平静的情感与微弱的情感，区别猛烈的情感与强劲的情感”，具有较强活泼性的是平静且强劲的情感，而非猛烈的情感。[③] 由此可见猛烈性与活泼性的差别所在：前者是混乱而不稳定的，后者则相反。因此，虽然活泼性和猛烈性都会使得知觉的内容清晰而完整，但前者稳定不变，后者则混乱易变。

回顾斯特德的例子，我们现在可以看到：侦探所拥有的观念细节丰富且激动人心，但这并不意味着这一观念有更强的活泼性，因为这一观念并不会稳定不变。可以想见的是，这个侦探这时所拥有的这个观念即使再激动人心，也很难在现象上变得和他此刻所看到的东西（比如眼前的电线杆）一样，从而使他无法分清究竟自己只是在回忆案发现场，还是实际上已身处其中。因此斯特德的侦探所有的只是具有很强猛烈性的观念，而非很强活泼性的观念。

---

① 特雷格（S. Traiger）对于活泼性的这两个现象性质也有相当细致的分析，参见 Saul Traiger, “Hume on Memory and Imagination”, in Elizabeth S. Radcliffe, eds., *A Companion to Hume*, Oxford: Blackwell Publishing Ltd., 2008, pp. 60 – 62。

② ［英］休谟：《人性论》，关文运译，商务印书馆 2016 年版，第 140 页。

③ ［英］休谟：《人性论》，关文运译，商务印书馆 2016 年版，第 453 页。

埃弗森虽然注意到了斯特德在此的混淆，但他却并未意识到活泼性和猛烈性在现象上还有是否稳定不变这一区分。因此为了区别活泼性和激动性，他否认了活泼性的现象性质，认为其只具有功能上的性质。[①]可以看到，不论是传统的现象阐释，还是为了反对这一阐释而产生的功能阐释，其解释未能令人满意的一个主要根源都在于忽略了“坚定性”“稳固性”和“稳定性”是活泼性的现象性质而非功能性质。

在离开对现象性质的讨论之前，还有最后一点需要注意，即活泼性的现象性质与“真实”之间的关系。休谟认为，“真实”这一性质的作用实际上只不过是使观念容易被心灵所接受，并使心灵乐意去信从它们，或者“至少没有什么抗拒之感”。同时，具有真实性的对象，亦即信念，“都伴有坚定性和强力，而我们又很容易设想上述那种作用是由这种坚定性和强力所发生，因此，信念对于想象的一切影响也都可以根据那个体系加以说明”[②]。在《人性论》第110页的注释中休谟也表述了同样的观点。在这个注释的最后他说到，当我们对某物拥有信念时，我们“相信了我们所想象的那个事物的真实”，而这实际上只是“对任何观念的一种强烈而稳定的设想”。[③]也就是说，在休谟看来，意识对象的真实性产生自这一对象的坚定性和强力。或者说，意识对象的稳定不变是“真实”这种性质的现象基础。因此，具有越强生动性的对象，也就会被心灵视为是越真实的。[④]这很容易在经验中得到验证：当我们因为视线不佳等原因而看到某物若隐若现时，我们可能就会质疑自己是否的确看到了这个东西，或者说它是否的确存在。由此可见，我们对对象真实性的判断，与对象在我们意识中的稳定持存密切相关。

---

① Stephen Everson, “The Difference between Feeling and Thinking”, *Mind*, Vol. 97, No. 387, 1988, pp. 403 -408.

② ［英］休谟:《人性论》，关文运译，商务印书馆2016年版，第137页。

③ ［英］休谟:《人性论》，关文运译，商务印书馆2016年版，第111页。

④ 皮尔斯（D. Pears）则注意到了“稳定不变”这一性质与真理（truth）之间的关系。参见David Pears, *Hume's System: An Examination of the First Book of his Treatise*, Oxford: Oxford University Press, 1990, pp. 43 -45。

因此，活泼性的现象性质指的是意识对象所具有的这样一组现象性质：一是对象的内容在细节上的清晰与丰富；二是对象在意识中的持存和稳定不变；三是对象的真实性的现象基础。①

二 活泼性的功能

对于活泼性的功能，休谟最直接的表述是："那种使实在的事物较之虚构更为亲切地呈现于我们之前的心灵作用，这种作用使实在的事物（realities）在思想中较有分量，使它们对情感和想象发生一种较大的影响"；以及，"它是被心灵感觉到的某种东西，可以使判断的观念区别于想象的虚构。这种信念给予那些观念以较大的力量和影响，使它们显得较为重要，将它们关注到心中，并使它们成为我们全部行动的支配原则"。② 可以看出，活泼性对人的认识、情感和行动都有重大影响，这应该也就是休谟在用"较强的力量"描述活泼性时所希望向我们展示的。接下来，我们先花一些篇幅分别描述活泼性在知性、情感和行动中发挥的作用。

在休谟的体系中，活泼性是人类认识经验事物的能力的核心，是我们得以辨别真实与虚幻的关键所在。不论是对当前意识对象真实与否的

① 活泼性与真实性的内在联系也为维克斯曼（W. Waxman）所注意，因此他将活泼性理解为"逼真"（verisimilitude）。但他仅仅直接将活泼性与真实性相联系而并未提及"稳定不变"这一现象特征在其中所扮演的重要角色。参见 Wayne Waxman, *Hume's Theory of Consciousness*, Cambridge: Cambridge University Press, 1994, pp. 33 – 35。同时，我们也需要把这里对活泼性和真实性的联系与班尼特（J. Bennett）对活泼性的解读区分开来。班尼特将活泼性直接等同于客观性（objectivity），认为具有活泼性的观念实际上就是与客观经验相联系的观念。这看似与这里的理解一致，但实际上这里与班尼特的思路和结论都不相同。这里着眼的是真实性的现象性质，或者说关注的并非是经验在本体论意义上的真实与否，而是被我们认为是真实的经验具有怎样的可观察的性质，这是经验领域内的讨论。与此相反，班尼特讨论的是经验本身真实与否，这是超出经验范围的本体论论断。这种本体论论断是休谟自认为无法做出的，因为他明确地将自己的讨论限定于经验领域之内。因此，将活泼性等同于客观性不可能是对活泼性的正确理解。班尼特的解读参见 Jonathan Bennett, *Locke*, *Berkeley*, *Hume*: *Central Themes*, Oxford: Oxford University Press, 1971, pp. 231 – 232。埃弗森也论证过将对活泼性的理解限制于经验领域内的必要性，参见 Stephen Everson, "The Difference between Feeling and Thinking", *Mind*, Vol. 97, No. 387, 1988, pp. 401 – 402。

② ［英］休谟：《人性论》，关文运译，商务印书馆 2016 年版，第 112—113 页。

区分（印象和观念），对已有知识准确与否的判断（记忆与想象），还是对未知事物的推论的确信（信念与怀疑），活泼性都是唯一的标准。[①]这三对区分都是心灵对真实性的判断，所以活泼性是判断活动的核心要素。因此，一切判断都不过是一种感觉，因为在其中发挥作用的，只是"以较强力量刺激我的一个观念"，是使得我们不得不以特定观点来考虑它们的一种"强烈的倾向"。[②] 也正是因为如此，休谟才会在《人性论》第一卷的结论中认为，"记忆、感官和知性都是建立在想象或观念的活泼性上面的"[③]。

对于情感来说，活泼性是其产生的必要条件。因为休谟认为，情感是由与痛苦和快乐相关的印象或观念引起的，但如果只是缺乏活泼性的观念，亦即想象的单纯虚构，其所包含的快乐与痛苦不够真实，则不会对情感产生任何重大影响。因此，只有具有足够的活泼性，亦即具有足够影响力的观念和印象，才能激起情感。不仅如此，对于同情机制来说，活泼性也是最重要的一环。只有我们将他人的情感的观念转变成印象，才能对他人感同身受，而这一转变的唯一方式就是赋予该观念以足够的活泼性。[④]

和情感一样，我们的行为同样主要是对痛苦和快乐的反应，因此苦乐是"一切活动的主要动力和推动原则"[⑤]。但我们并不只会对当下的刺激做出反应，记忆中的苦乐观念和对即将要到来的苦乐的信念同样会让我们做出相应的行为。之所以如此的原因就在于它们具有接近印象的活泼性，"什么时候我们能使一个观念在强力和活泼性方面接近于印象，那么观念在心灵上的影响也将和印象的作用相似"[⑥]。因此，通过使观念在活泼性上接近于印象，观念得以如同印象一般影响我们的行为。

---

① ［英］休谟：《人性论》，关文运译，商务印书馆 2016 年版，第 9、99—100、110 页。
② ［英］休谟：《人性论》，关文运译，商务印书馆 2016 年版，第 119、291 页。
③ ［英］休谟：《人性论》，关文运译，商务印书馆 2016 年版，第 292 页。
④ ［英］休谟：《人性论》，关文运译，商务印书馆 2016 年版，第 349、351 页。
⑤ ［英］休谟：《人性论》，关文运译，商务印书馆 2016 年版，第 135 页。
⑥ ［英］休谟：《人性论》，关文运译，商务印书馆 2016 年版，第 136 页。

结合这三方面的论述可以看到，正如休谟对活泼性功能的最直接表述所言，活泼性确实是通过使得对象被心灵视为“更加真实”来使得该对象能够对心灵具有更大的影响力，不论在认识、情感还是行动上都是如此。这实际上揭示出心灵所具有的相应的性质：心灵更容易关注其所认为的更为真实之物，并会对它们做出更多反应，心灵的认识、情感等活动实际上都是心灵应对其所认为的更真实对象的反应机制。活泼性对心灵的影响力即源于此。所以活泼性的功能是：调动起心灵自身所具有的关注并回应真实性的能力，从而引起认识、情感或行动上相应的反应。而所谓的“真实”或“现实”在休谟的理解中就等同于已经发生、正在发生和将要发生的经验。[①] 因此，活泼性在此所反映的是休谟式的心灵的一个根本性质：心灵是一个以经验为核心而展开活动的系统。

活泼性能对心灵有如此大的影响，一方面在于其自身性质和相应的心灵能力；另一方面还在于它的可传递性，亦即它能在意识对象之间传递这一性质。活泼性的这一可传递性与心理倾向相关。

三 活泼性的传递机制

在讨论活泼性的传递机制之前我们需要先确定活泼性的来源。活泼性有两个来源：印象与习惯。印象本身具有最高的活泼性，总能最大程度地刺激心灵，并且是一切记忆、信念和情感得以产生的前提。没有印象的话，记忆、信念和情感就会因为缺乏活泼性而无法运作。除了印象，习惯也能够产生活泼性，一个原本不具有活泼性的想象观念，会仅仅因为一再地出现于心灵中而“获得一种方便和力量，并由于它对心灵有一种牢固的掌握，并且容易进入心灵，因而与任何新的、不常见的观念有所区别”[②]。但这两者作为活泼性来源仍有很大不同：印象能够更轻易和直接地带给观念活泼性，而习惯则需要“长久的时间以及很

① ［英］休谟：《人性论》，关文运译，商务印书馆 2016 年版，第 123—124 页。
② ［英］休谟：《人性论》，关文运译，商务印书馆 2016 年版，第 132 页。

经常的和无意识的重复过程”[①]。因此，习惯并不能代替印象，印象才是活泼性的最重要来源。不仅如此，两者在活泼性传递的方式上也有不同的体现。

活泼性从印象向观念的转移被休谟确立为人性科学中的一个一般性原理，即：“当任何印象呈现于我们的时候，它不但把心灵转移到和那个印象关联的那样一些观念，并且也把印象的一部分强力和活泼性传给观念。”[②] 这一过程的实质在于心灵在进行活动时所具有的“心理倾向”(disposition)，也就是心灵在活动时所处的特定状态。休谟对此的解释是：当我们在进行思考时，我们不仅能呈现出所思考的内容，还能充分觉察到在进行这一意识活动时所具有的状态，“即那种无法下定义、无法形容、可是每个人都充分了解的‘莫名其妙’的活动”[③]。心理倾向的表现在很大程度上影响着心灵的种种活动：“随着精神的旺盛或低沉，随着注意的集中或分散，心灵的活动也总会有较大或较小程度的强力和活泼性。因此，当任何一个对象呈现在前、使思想兴奋和活跃起来时，心灵所从事的每一种活动，在那种心理倾向继续期间，也将是较为强烈而生动的。”[④] 而印象作为最活泼、生动的对象，它在心灵中的呈现自然会“使思想兴奋和活跃”，使“精神旺盛”“注意集中”，这些就是心灵在面对印象时所具有的心理倾向，或者说是心灵活动在这时所具有的活泼而强有力的状态。但这种心理倾向的持续存在“完全是依赖于心灵所想象的那些对象；而且任何新的对象都自然地给予精神一个新的方向，并且把心理倾向改变了；相反，当心灵经常地固定于同一个对象上，或者顺利地、不知不觉地顺着一些关联的对象向前移动时，这时那种心理倾向就有了长得很多的持续时间”[⑤]。这显然是因为心理倾向作为心灵在处理对象时所具有的状态是根据每个具体的对象“量身

① [英] 休谟：《人性论》，关文运译，商务印书馆 2016 年版，第 159 页。
② [英] 休谟：《人性论》，关文运译，商务印书馆 2016 年版，第 113 页。
③ [英] 休谟：《人性论》，关文运译，商务印书馆 2016 年版，第 122 页。
④ [英] 休谟：《人性论》，关文运译，商务印书馆 2016 年版，第 114 页。
⑤ [英] 休谟：《人性论》，关文运译，商务印书馆 2016 年版，第 114 页。

定制”的；因此，当心灵对象变动，或者至少是心灵意识到自己的对象变动时，先前的心理倾向也会一同为心灵所“清空”，然后重新产生新的、相应的心理倾向。但如果心灵在对象间的转移十分自然，“各个对象的交替变化十分容易，心灵几乎觉察不到”，在这种情况下，心灵就好像仍然停留于前一个对象之上，因而仍保留有先前的心理倾向。[①] 从印象到与之相关联的观念的转移就是这种十分自然的转移。因此，当心灵转移到观念上时，它就仍然保留有先前面对印象时所具有的“思想兴奋活跃”“精神旺盛”“注意集中”的心理倾向，因而也就是以强有力而活泼的心灵活动来处理这一观念，由此而得到的观念自然就是更为活泼和强有力的。

具体分析这一过程可以看到其中包含了三个步骤：一是活泼性所含有的现象性质促使心灵形成相应的心理倾向；二是心理倾向在意识对象之间的转移；三是转移后心理倾向使得新的意识对象获得了转移前对象的现象性质。第一个和第三个步骤显示出活泼性的现象性质和心理倾向之间的双向关系：现象性质可以促使相应的心理倾向形成，而已经形成的心理倾向也可以反过来将相应的现象性质赋予本不具有它们的意识对象。值得注意的是，“思想兴奋活跃”“精神旺盛”“注意集中”这些对心理倾向的描述也的确和活泼型的现象性质相对应。“注意集中”显然意味着所关注对象在意识中的不易变动，因此和“稳定不变”这一现象性质相对应；同样容易想见的是，当我们处于“思想兴奋活跃”“精神旺盛”的状态、当我们思维敏锐时，所观察或设想的对象总是能有更为丰富的细节。因此，活泼性从印象到观念的转移即在于：在从具有强烈活泼性的印象上获得了“注意集中”和“兴奋活跃”的精神状态后，心灵凭借着自然的、不易觉察的转移来到观念之上，并以仍在很大程度上得以保留的强有力而活泼的心理倾向来处理这一观念，从而将印象所具有的现象性质，亦即“细节丰富”和“稳定不变”给予这一

① ［英］休谟：《人性论》，关文运译，商务印书馆2016年版，第114页。

观念，虽然它们在程度上已有衰减。

这是活泼性在印象和观念间的传递。很容易看到，这一机制也同样可以用来解释活泼性在相联结的观念之间的转移：联结意味着心灵在对象间转移的顺利。[①] 这种顺利不仅使得转移容易发生，亦即心灵在设想一个对象时，很容易会接着设想与这一对象相联结的对象；它还同时意味着心灵在设想第一个对象时的心理倾向在转移过程中的保持。因此，当心灵从具有较强活泼性的观念通过联结转移到另一个较弱的观念上时，这种轻易的转移就使得心灵以先前的活泼状态来处理当前的观念，从而赋予其以额外的活泼性。

但这一机制却无法用来解释习惯对活泼性的增加。这是因为不论是印象和观念之间的转移，还是观念与观念之间的转移，心灵的活泼程度至多只能不损耗或损耗较少，而不可能增加，因此接受方在活泼性上总是少于或等于传递方；习惯却相反，它似乎是凭空增加了活泼性，因此似乎不同于前面讨论的这种转移。但其实习惯赋予对象以活泼性的方式也只是心理倾向对现象性质的反作用，也就是现象性质和心理倾向的双向关系的一部分。因为习惯所做的也仅是通过不断地重复某个动作，使得心灵形成相应的、稳定的心理倾向，而有了这种倾向后，也就能赋予原本没有稳定性的观念以稳定性。因此可以看到，习惯是利用“不断重复以形成稳定心理倾向”这一心灵性质代替了上述活泼性传递机制的前两个步骤，但同样包含了第三个步骤，以实现对意识对象的活泼性的赋予。但这种方式的效率是远低于直接从较强的活泼性来源获取并传递活泼性这种方式的，所以习惯需要“长久的时间以及很经常的和无意识的重复过程”才能产生活泼性，因此它无法代替印象成为最主要的活泼性来源。这也很容易理解，毕竟自然经验相比于人为规训总是要更为真实和强有力。

四　总结

经过三个部分的分析后，我们得到对活泼性的完整表述：活泼性指

---

① ［英］休谟：《人性论》，关文运译，商务印书馆 2016 年版，第 114 页。

的是意识对象所具有的这样一组特定的现象性质：一是意识对象的内容在细节上的清晰与丰富；二是对象在意识中的持存和稳定不变；三是意识对象的真实性的现象基础。这些性质能调动起心灵自身所具有的关注并回应真实性的能力，从而引起认识、情感或行动上相应的反应。同时，心灵还会根据这些性质而产生相应的心理倾向，这些性质和心理倾向具有双向关系，也就是说不仅这些性质的出现会导致心理倾向的产生，相反，心理倾向的出现也会使得其对象具有原先所没有的这些性质。这一双向关系与联结和习惯等其他心灵性质的结合使得活泼性的传递成为可能。

因为真实性与经验关系密切，所以活泼性在休谟式的心灵中的核心作用也就表明了经验在这一系统中的重要性。此外，为了解释活泼性的传递机制，我们引入了“心理倾向”这一概念。同时，心理倾向又是对印象和观念出现时的心灵状态的描述。而观念的出现又对应着心灵产生观念的官能和活动，亦即我们上文已经暗中引入的“设想”这一概念。它们都并非休谟的观念理论所包含的概念，但却是活泼性的机制所需要的概念。

第二节 印象与观念的区分

在《人性论》中，休谟所做的第一件事情是把所有意识对象分为印象和观念两类。印象就是所有的感觉，包括通过感官得到的外部感觉和情感等内在体验。观念则是印象的复现，是思维的对象。以这一区分以及简单/复合区分为基础，休谟得出了他的“人性科学的第一条原则”，即“我们的全部简单观念在初出现时都是来自简单印象，这种简单印象和简单观念相对应，而且为简单观念所精确地复现”。[①] 这一原则也被学者们称为“复制原则”，简单说来，复制原则所指出的是，我

① ［英］休谟：《人性论》，关文运译，商务印书馆2016年版，第12页。

们思维活动的所有材料一定来自于经验。正是基于这一原则，休谟才进而发展出他的哲学体系。因此，复制原则是休谟思想的基石。而这一原则得以成立的前提是印象和观念的区分，由此可见这一区分在休谟思想中的根本地位。

对于这一区分，休谟给出的标准是“力度和生动性程度”。[①] 我们在上一节中已经指出，这并不是两个不同的性质而是活泼性的两个方面。在现象上，活泼程度体现为知觉内容的清晰程度和该知觉在意识中的稳定程度；在功能上，活泼程度则体现为该知觉对心灵的影响程度，或者说是力度。这一区分受到了不少讨论，我们将其归纳为“临界问题”和“分界问题”这两个主题，在对它们的讨论中我们将得以展开这一区分的具体内涵。接下来先讨论“临界问题”。

一　“临界问题”

“临界问题”可以算是印象/观念区分中最难以解决的问题，也是学者们历来争论的焦点。在做出印象/观念区分后休谟承认，虽然这两者所具有的活泼性程度在大部分情况下差别明显，但是也不排除它们的活泼性程度接近对方的情况：“例如在睡眠、发烧、疯狂或任何心情十分激动的状态中，我们的观念就可以接近于我们的印象；另一方面，有时就有这种情形发生，即我们的印象极为微弱和低沉，致使我们无法把它们和我们的观念区别开来。”[②]“临界问题”即在于：在这类临界情况中，我们该如何界定强烈观念或微弱印象？它们是否因此而从观念（印象）转变成印象（观念）？

---

① ［英］休谟：《人性论》，关文运译，商务印书馆2016年版，第9页。“力度和生动程度”所对应的英文原文是“the degrees of force and liveliness”，关文运先生将其译为“强烈程度和生动程度”。但“force”和“liveliness”其实指代了活泼性这一性质的功能与现象两个不同的层面，将“force”翻译成“力量”，并将“the degree of force”翻译成“力度”将会更好地提现活泼性的功能层面，因而更符合原意。因此，我们将使用“力量”和“力度”这两个翻译。英文版参见 David Hume，*A Treatise of Human Nature*. David Fate Norton and Mary J. Norton，eds.，Oxford：Clarendon Press，2007，p. 7.

② ［英］休谟：《人性论》，关文运译，商务印书馆2016年版，第9页。

如果从休谟所提供的区分标准来看，我们只能承认这种转变；反之，如果我们否认这种转变，印象/观念区分就无法以活泼性作为标准。因此，承认这种转变似乎更符合休谟的文本。但主流观点却认为休谟无法承认这种转变。这种观点源于坎普·史密斯并受到不少学者追随和发展，影响巨大。[①] 为了讨论的方便，我们将这一观点称为“坎普·史密斯观点”。因为拒绝临界转变，这种观点也就否认了活泼性的实际意义。因此，持这种观点的学者们或者将活泼性视为仅仅是一种隐喻，或者认为其只具有象征意义。[②] 同时，他们或者提出了另外的区分标准，将这一替代标准视为休谟实际使用的区分标准，并进而批评休谟的区分的首尾不一致；或者干脆认为这一区分是失败的。[③]

这种观点最明显的问题在于其与休谟文本的冲突：《人性论》中每一处提及印象与观念区分的地方，休谟都明确表示活泼程度是它们之间的唯一区别。[④] 此外，这种观点对休谟的人性体系还有着虽较不明显但更具破坏力的负面影响：如我们上一节所指出的，在休谟的人性体系中，活泼性起着至关重要的作用，它是认知、情感和行动的重要驱动力，也是这些心灵能力互相影响、作用的中枢。坎普·史密斯观点否认

---

① Norman Kemp Smith, *The Philosophy of David Hume*, New York: Palgrave Macmillan, 1941, pp. 209 – 210; Jonathan Bennett, *Locke, Berkeley, Hume: Central Themes*, Oxford: Oxford University Press, 1971, pp. 224 – 225; Wayne Waxman, “Impressions and Ideas: Vivacity as Verisimilitude”, *Hume Studies*, Vol. 19, No. 1, 1993, pp. 77 – 78; Georges Dicker, *Hume's Epistemology and Metaphysics: An Introduction*, London: Routledge, 1998, p. 6; David Landy, “Hume's Impression/Idea Distinction”, *Hume Studies*, Vol. 32, No. 1, 2006, pp. 120 – 121; Janet Broughton, “Impressions and Ideas”, in Saul Traiger, eds., *The Blackwell Guide to Hume's Treatise*, Oxford: Blackwell Publishing Ltd., 2006, pp. 45 – 46; Henry Allison, *Custom and Reason in Hume*, Oxford: Clarendon Press, 2008, p. 17; Don Garrett, *Hume*, New York: Routledge, 2015, p. 39.

② Norman Kemp Smith, *The Philosophy of David Hume*, New York: Palgrave Macmillan, 1941, pp. 210 – 211; David Landy, “Hume's Impression/Idea Distinction”, *Hume Studies*, Vol. 32, No. 1, 2006, pp. 119 – 120.

③ Jonathan Bennett, *Locke, Berkeley, Hume: Central Themes*, Oxford: Oxford University Press, 1971, pp. 224 – 225; Henry Allison, *Custom and Reason in Hume*, Oxford: Clarendon Press, 2008, p. 17.

④ ［英］休谟：《人性论》，关文运译，商务印书馆 2016 年版，第 10、110、135—136、352 页。

了活泼性的实际意义，这无异于抽空了休谟体系的根基。因此我们需要重新考察两个问题：第一，休谟究竟对“临界问题”持怎样的态度？第二，他的这一态度是否合理？

对于第一个问题，“坎普·史密斯观点”认为休谟拒绝临界转变，理由在于：印象和观念的区分对应于感觉和思想的区分，后者是种类上的区分，或者说是质的区分，而具有质的区分的两个类别无法因为它们都具有的某个性质的量的变化而转化成对方。[①] 但这并无法证明休谟拒绝临界转变。因为休谟自己并不认为感觉和思想的区别是质的区别，在《人性论》第119页中他明确承认因果推理实际上是一种情感；而在第292页中他则明确承认感觉和知性的同质性。因此，这一理由无法证明休谟拒绝临界转变。

相反，我们能够找到明确的文本证据来表明休谟至少并不介意承认印象和观念间能够转换。这一证据即休谟的同情机制：休谟认为，我们所具有的同情机制会使得我们本来的情感观念转变为真实的情感，亦即情感印象。[②] 因此，至少就休谟本身具有的态度而言，“坎普·史密斯观点”并不正确，休谟实际上并不拒绝临界转变。但由此则可能产生一个进一步的批评：休谟对临界转变的承认并不合理，因为其与我们的经验并不相符，我们在经验中更愿意仍然称活泼性强的观念为观念、活泼性弱的印象为印象。如果这一批评成立，休谟将陷入两难：他或者只能为了符合经验而接受自己理论的不一致，或者只能为了理论上的一致而背离经验。无论如何，他无法让自己的理论既一致又符合经验。因此，我们还需要考察休谟能否合理地接受临界转变，以及他对这一转变的承认是否符合经验。

二　两种视角

对此，我们需要回到经验中去考察我们的判断如何产生。同时，为

---

① Norman Kemp Smith, *The Philosophy of David Hume*, New York: Palgrave Macmillan, 1941, pp. 209 – 210.

② ［英］休谟：《人性论》，关文运译，商务印书馆2016年版，第349、351页。

了方便讨论，我们将首先讨论活泼性强的观念。在这一讨论结束之后，再考察能否将相应结论用于对微弱印象的分析之上，并综合两者得出总的结论。

在“观念具有强烈活泼性”的经验中，休谟给出了三种“心情十分激动的状态”的例子，即“睡眠”“发烧”和“疯狂”。这并非只是随意的列举，而是其中的观念在与印象的逼近程度上递增的一个序列。也就是说，在睡眠的情况中，经历者尚且能够较为容易地发现自己当前的意识内容是观念而非印象；在发烧的情况中，发现这一混淆的难度就要大于前一种情况；而在疯狂的例子中，这一混淆则更加难以发现，甚至经历者只能完全沉溺于自己的幻想世界之中，再也无法脱身。但即使是在最后这种疯狂的情况中，至少就日常经验来说，我们似乎仍然更愿意称经历者的意识内容为观念，即使经历者自身已经完全无法意识到这一点。之所以如此，实际上是因为心灵在处理经验时具有两种不同的视角：一个视角是经历者在经历当下经验时的“第一人称视角”，另一个视角则是与此相对立的“第三人称视角”。在“第三人称视角”中仍有两种不同的情况：一者是与经历者处于同一时间点的旁观者的视角，例如陪伴着疯狂之人的正常人的视角；另一者是如果经历者能够在事后发现自己当时的这一混淆，他在发现这一混淆时所具有的视角，例如做梦之人梦醒后的视角。在“第一人称视角”中，经验内容有着强烈的活泼性，而且这种强烈活泼的意识内容还会进而引发一系列认知、情感和行动上的反应，这些反应在通常情况下只能由印象所引发，所以我们在做梦时都会真心实意地以为自己是在确实地经历着梦中的一切，并产生相应的念头、情感甚至是行动。因此，心灵在“第一人称视角”中的确无法区分印象和强烈活泼的观念。这一点证明了活泼性确实是在现象上区分印象与观念的标准：只要一个意识对象的活泼性足够强烈，心灵就既会在现象上将其当作印象，同时也会对其做出心灵在通常情况下只有面对印象时才会做出的反应，这也就意味着在此心灵已经将这一意识对象视为印象。因此在“第一人称视角”中，意识对象的确由观念转变成了印象，强烈活泼的观念与印象在此无法被区分开来。这一结果与用活泼性区分印象和观念这一前提相一致，同时也符合心灵在“第一人称视角”下所具有的经验。所以印象与活泼性强烈的观念的区分，或者说对这两者的转变的拒绝，只能在“第三人称视角”下做出。

三 “主体自身经验的一致性”

“第三人称视角”还有两种不同的情况：一是经历者在事后对自己当时经验的判断；二是与经历者处于同一时间点的旁观者的视角，例如陪伴着疯狂之人的正常人的视角。事后判断的情况中首先需要说明的是，并非所有具有“第一人称视角”经历的人，都可以进行这种“事后判断”，例如具有精神疾病的人，可能就会有终身无法摆脱的幻觉。这种“事后判断”最容易发生于睡梦的情况中。虽然被噩梦吓得满身冷汗，但醒来后立刻就意识到刚才的意识体验并不是真的，这是我们都会有的再寻常不过的经验，这种醒来后的认识就是这里所说的“事后判断”。而我们在“事后判断”中显然是拒绝承认临界转换的。在此心灵并非根据活泼性拒绝临界转换，因为这时对梦中内容的回忆与对真实经历的回忆在活泼性上并不会有什么可觉察的区别。我们做出这一判断往往是因为梦中的情景与我们过往的经验并不一致。例如我梦到的是我已在权威刊物上连发三篇文章后的喜悦，但醒来后记得自己根本连一篇核心刊物的文章都没有发过，那么虽然我对梦的记忆是那般栩栩如生，仍然丝毫不会将其当作是自己的真实回忆，而只会视之为“强烈活泼的观念”，拒绝承认自己在睡梦时得到的意识内容是印象。对此，还可以提出同样是睡梦中发生的例子来进行验证。当我们的梦的环境与入睡环境一致，也就是说梦中我们也是在晚上（假设入睡时是晚上）躺在我们所睡着的床上，在这样的环境中发生了一系列的情节。那么在醒来后，我们将会很难判断自己这时拥有的这段回忆究竟只是梦境还是的确是昨夜梦醒时分发生的事情。而有时则会出现我们在梦中就已经意识到自己是在做梦的情况，这往往是因为经历者意识到此时的经验与自己过往记忆之间的不一致。也就是说，“事后判断”是依据梦中情景与记忆的不一致做出的，两者之间的一致性越强，“事后判断”就越难以实现。因此，“事后判断”的依据是“主体自身经验的一致性”。

这种一致性主要有如下几个方面：

1. 所经验的对象在性质和位置上稳定不变。

2. 所经验的对象如果在性质和位置上发生变化，其变化的方式和程度每次都是一样或相近的。

3. 所经验的因果关系是一致的，亦即同样的原因在相同的情况下总会产生同样的结果。

这里对于经验对象的论述同样适用于经验的整体背景，亦即我们所处、所感知的环境也同样是在一段时间内稳定不变，或者是有着固定的变化方式的。可以看到，这三点正是休谟在分析被我们视为持续独立存在的外界对象的印象时所得出的这种印象所具有的两种特性：“恒定性”（constancy）和“一致性”（coherence）。[①]“恒定性”实际上可以理解为“一致性”的一种特殊情况，它们共同意味着特定印象之间固定的时间或（和）空间关系，我们将它们一同归入“主体自身经验的一致性”中。因此，“事后判断”的心灵机制能够被休谟的人性理论解释。

接下来我们来看第二种情况，即旁观者的情况。这种情况中旁观者没有经验到经历者宣称自己所得到的经验，比如看到某物或听到某些声音。因此，旁观者推断这是经历者自己的梦境或幻想。这里蕴含的是旁观者的如下判断：

1. 经历者确实经历了这一意识对象。

2. “我”（旁观者）并没有经历到同样的对象，因此它不是印

---

① ［英］休谟：《人性论》，关文运译，商务印书馆2016年版，第217—218页。

象，而只是强烈活泼的观念。

3. 因此强烈活泼的观念和印象是不一样的，观念不能因为具有强烈的活泼性而成为印象。

所以旁观者视角拒绝承认临界转换。这里的关键在于第二个命题，这一命题是心灵基于主体间经验一致的信念而做出的。这一信念的基础来自于如下这一组判断：

1. 我们作为人，具有相同的人性，亦即相同的感知觉能力和心灵能力。

2. “我”作为一个主体，在接受到特定感官经验（感觉印象）的时候，就会拥有相应的意识（感觉观念），并继而产生后续的一系列念头、情感、欲望（反省印象和反省观念）和行动。

3. 同样的原因在相同的情况下总会产生同样的结果，因此，同样的感官经验作为原因，在“我”这个主体上和在其他主体上，应该产生同样的结果。

这组判断的基础在于“因果关系的一致性”，这意味着，我们所具有的主体间经验一致的信念源自于主体自身经验一致的信念。因此，“第三人称视角”中的两种判断都以主体自身经验的一致性为标准，而判断的结果都是对临界转换的拒绝。同时，我们也已表明这能够在休谟的理论体系中找到足够的支持。对此，还有一个进一步的文本证据。在论及对感官印象的来源的不可知时，休谟说道：“这样一个问题对于我们现在的目的来说也并不重要。我们的知觉不论是真是伪，我们总可以从它们的一致性中得出一些结论，不论它们是正确地表象自然事物，或者只是感官的幻象。”[①] 也就是说在感觉来源不可知的前提下，一致性

① ［英］休谟：《人性论》，关文运译，商务印书馆 2016 年版，第 97 页。

取代了客观性等其他标准，成为辨别和取舍印象的标准。

至此，我们提炼出“主体自身经验的一致性”这个概念，表明了它在心灵拒绝印象与强烈活泼观念的转换时的核心作用，并表明了休谟的体系有足够的资源来支持这种观点。总结对活泼性强的观念的分析，结论主要有以下几点：

1. 心灵以“第一人称视角”和“第三人称视角”两种不同视角领会和处理经验。

2. “第一人称视角”是经历者经验活泼性强的观念时的视角。在这种视角中，对印象和观念的判断由对象的活泼性决定，因此活泼性强的观念在这种视角中实际上已被经历者视为印象。

3. “第三人称视角”是旁观者或者脱离了“第一人称视角”的经历者所做的推断。这种视角下所做的推断，其依据主要在于“主体自身经验的一致性”，由此得出的结论与“第一人称视角”下做出的判断相反，仍然坚持活泼性强的观念为观念，否认其转变为印象。

现在我们考察这些结论能否同样用于活泼性微弱的印象之上。显然在这种情况中也存在着心灵的两种视角。对微弱印象的直接体验发生于“第一人称视角”之中，此时“我们的印象极为微弱和低沉，致使我们无法把它们和我们的观念区别开来”①。对此，休谟并未给出直接的例子，但此类经验我们并不陌生：例如在夜晚或雾天等视线不佳的情况下，我们“好像看到”的若有似无的对象；或者是嘈杂环境中“好像听到”的声音。此时，经历者的意识经验体现为视觉或听觉对象的模糊和不确定；同时，这还会引起经历者行动上的不确定，即经历者会犹豫是否应该像的确看到或听到这一对象时那样对这一对象做出相应的反

① ［英］休谟：《人性论》，关文运译，商务印书馆 2016 年版，第 9 页。

应。而这一对象在现象和功能上的这些表现，完全符合休谟对活泼性微弱的意识对象，亦即观念的描述。因此，微弱印象在“第一人称视角”中因为活泼性的不足而转变为观念。如果在这个时候，经历者边上有一个人因为具有更好的视觉或听觉环境而更为确切地看到或听到了同一个对象，或者这个人自己就是被看到的对象或者声音的发出者，那么当经历者与这个人交流这件事时，这个人就会肯定他实际上的确看到或听到了这一对象。同样，如果经历者自己去追查在那个地方是否有一个自己所看到的对象，或者是否的确有人在叫自己，并确证了这一点，那么他也会回过头推断自己当时的确是看到或听到了那个对象。显然的是，这同样也是依据“主体自身经验的一致性”做出的判断。微弱印象在“第三人称视角”中因为“主体自身经验的一致性”而仍然被视为印象。因此，对活泼性强的观念的分析与对活泼性弱的印象的分析得到了相同的结论，心灵的“第一人称视角”和“第三人称视角”的区分同样适用于两者。

因此，对“临界问题”的回答总结如下：心灵实际上以“第一人称视角”和“第三人称视角”两种不同的视角领会和处理经验。心灵在两种视角中的经验大部分情况下相一致，但也会出现相冲突的情况。在相冲突的情况下，心灵在两种视角中会得出两种不同的判断。在“第一人称视角”中，活泼性足够强烈的观念的确被心灵视为印象；过于微弱的印象也的确被视为观念。因此在这个意义上也可以说，印象或观念的确转变为对方，这与以活泼性作为印象和观念的区分标准相一致；而在“第三人称视角”中，心灵则基于经验的一致性拒绝这种转换。“坎普·史密斯观点”的错误即在于没能意识到这里存在着两种视角，因而将心灵根据两种视角得出的结论相混同。[①]

四 “分界问题”

在“临界问题”中我们提到活泼性的“过于强烈和微弱”，这就接

① Henry Allison, *Custom and Reason in Hume*, Oxford: Clarendon Press, 2008, p. 17.

着引出一个问题：如何判断某一程度的活泼性是刚好的、过于强烈的还是过于微弱的？在活泼性的程度上是否有一个确定的分界点来明确地区分印象和观念？这就是“分界问题”。与此联系紧密的还有另一个问题：印象与观念的区分活动的具体过程是怎样的？

这就涉及心灵对自身活动的感知。在正常情况下，所有印象与所有观念之间的确有着活泼性程度上的悬殊差别。而且，印象之间以及观念之间，虽然很难说在活泼性程度上完全相同，但是相比于与对方类别的差别，仍然还是要相近得多。而休谟又明确提及我们在感知意识对象的同时，也在感知着心灵感知对象的活动本身，这无疑包括了意识对象“进入我们的思想或意识”的力度和活泼程度。[①] 这意味着，在经历了活泼性程度大体相近的大量印象和观念的同时，我们也大量经验着并因而非常熟悉活泼性的这两种不同程度所带来的不同感受，从而形成活泼性程度与对应知觉类别之间的习惯性联结。因此，在正常情况下，当新的对象进入我们的意识中时，我们就能够通过对其活泼性程度的直接感受将之归为印象或者观念。或许在尚未经历足够多的印象和观念时，例如在初生婴儿的情况中，我们确实需要在同一对印象和观念之间进行活泼性程度的比较。但当我们出生一段时间，在这个世界上有了足够多的经验之后，就不再需要拘泥于同一对印象和观念来进行这种比较。但这也意味着在知觉的活泼性过于偏离其所属类别的一般水平的时候，我们将无法做出明确的区分。而这自然是发生于“第一人称视角”中的情况。因此，在“第一人称视角”中存在的并不是明确的分界点，而是一条模糊的分界带。另一方面，心灵也能够对知觉的类别归属做出明确判断，但这就需要在“第三人称视角”中进行，而判断的标准也就不再是活泼性，而是经验的一致性。因此，“分界问题”也可以通过引入不同视角的区分来解决。

---

① ［英］休谟：《人性论》，关文运译，商务印书馆 2016 年版，第 9、121—122 页。

五 总结

因此，“临界问题”和“分界问题”的关键都在于区分心灵面对印象和观念时具有的两个视角，以及两个视角中不同的区分标准。同时，我们还需要意识到活泼性和一致性并非地位相同的区分标准，我们更不可能以一致性取代活泼性。这是因为一致性并不是心灵最直接和基础的经验，它不是单个经验上的现象性质而是印象之间所具有的关系，而且它和因果关系一样，是需要经过推论才能够得出的；而休谟的经验主义方法要求印象和观念的区分直接得自于现象特性。此外，一致性是我们在过往经验中基于绝大多数印象而得出的，其本身已经预设了对印象和观念的区分。因此，一致性仅仅是心灵“第三人称视角”中的区分标准，这是我们在“第一人称视角”中已经经历了足够多的印象和观念后基于绝大多数印象而形成的信念。这种“第三人称视角”无法取代“第一人称视角”，因为后者是我们更为基本和原初的经验，是前者的基础。

在“第一人称视角”中，我们发现自己仍然只能使用活泼性来作为区分印象和观念的标准。而在两个视角相冲突时，我们之所以更愿意用“第三人称视角”来作为裁定标准，很可能是因为在我们绝大部分的日常经验中，“第一人称视角”和“第三人称视角”是相一致的，因此我们在充分经验“第一人称视角”的同时也充分体验了经验间的一致性，这使得我们对自己生活世界的整体经验的一致性有着根深蒂固的信念，虽然我们并不一定能明确意识到自己拥有这一信念。因此，少数的违背一致性的“第一人称视角”经验并不具有足够的力量冲击我们的这一信念，使我们放弃“第三人称视角”。但这很可能仅仅是偶然的结果，仅与我们所处的“自然”的经验特性相关。试想如果我们的生活世界并不具有这种一致性，在其中事物的发展变化不是稳定持续进行的，而是断裂的和突然的，因果关系是时刻变化着的，则我们的判断很可能就会相反。在那里，我们可能并不会持有很深的一致性信念，甚至根本不具有这种信念，这时我们就会毫不犹豫地坚持“第一人称视角”，会更愿意称梦中或幻觉中的意识内容为印象。因此，“第一人称视角”是心灵更为原初和本质的经验视角。而活泼性作为“第一人称视角”所依据的标准，自然也就在经验中发挥着基础性作用。

同时，心灵在临界情况与分界情况中的表现一同说明了在“第一人称视角”中印象与观念并非完全可区分的两个类别，虽然在一般情况下它们的确截然不同，但在特殊情况下它们将难以被区分开来甚至会转换成对方。这意味着它们的这一区分并非质的区分而只是量的区别，这实际上也是以活泼性作为区分标准的必然结果：两类知觉是同质的，我们所感觉和思考的对象在内容上没有质的区别。另一方面，从“第三人称视角”我们则可以发现印象与观念的一个重要区别，虽然这一区别并不体现在我们对它们的直接经验上，这一区别就是：印象之间有着一致性，亦即固定的空间和时间关系；而观念之间则并非如此。

第三节 印象的区分：自然、身体和心灵

我们在上一节最后指出印象和观念的一个重要区别在于印象之间有固定的时间和空间上的关系，而观念之间则不具有。但我们同时需要意识到，上文中作为考察对象的印象是被我们视为外在存在的那部分印象，而非我们全部的印象，所以这一结论并不一定能扩展到全部印象之上。与此相关的是印象内部的分类问题：我们习惯于区分外在和内在感觉，以及区分自然与自我；同时，在自我内部又会区分出身体与心灵。我们认为它们有着本质上的不同，并认为自己是依据对它们本质的理解而对它们做出的区分。同时，本质会被理解为有别于印象的实体。这意味着如果我们要依照这一路径来解释我们对自然、身体和心灵的区分的话，就必须承认我们能认识它们的不同的实体。这或者由感官向我们传递，或者作为观念而被我们认识。但印象与实体在种类上的不同斩断了前一种可能，观念与印象的同质则斩断了后一种可能。因此休谟的印象/观念区分意味着世界对我们的呈现只是一系列的感觉以及它们特定

的运动和互动方式，我们无法越出这一道感觉之幕去认识它们背后的本质从而了解不同经验之间的本质区别。这要求休谟的体系能够在这一界限内提供另一套对我们所做的这一三重区分的解释。而这实际上就是对印象内部的分类的考察。这是我们这一节所要讨论的主题。

印象被休谟分为感觉印象和反省印象。① 感觉印象又进一步分为三类：一是物体的形状、体积、运动、坚固性等；二是物体的颜色、味道、气味、声音和冷热等；三是从对象对身体的作用中产生的苦乐。② 我们一般会将前两种感觉印象视为外在感觉，而将苦乐和反省印象视为内在感觉。我们现在来考察这一区分的根据。

如上一节已指出的，这类被我们视为独立于心灵且持续存在的印象所共有的性质是“恒常性”和“一致性”。恒常性指的是它们会“永远以同一秩序出现”，不会因为我们对它们知觉的间断而改变。③ 但这也并非对于所有被我们视为外物的对象来说都如此，“物体往往改变其位置和性质，而在稍一离开或间断以后，就几乎难以辨认了”。但即便如此这些物体的变化方式和程度仍然是固定的，对象间也会有“有规则的互相依赖的关系”，亦即恒常联结。④ 这就是对象之间所具有的一致性。因为空间和时间实际上只是共存对象的排列方式以及变化对象的接续方式，所以恒常性和一致性所体现的实际上正是这类对象固定的空间和时间秩序。它们因为相互间必然的时间和空间关系而联结为一个知觉系统，从而将它们自己与系统外的其他知觉区别开来。需要注意的是，只有视觉和触觉印象具有空间关系，但我们会将味道、气味、冷热和声音等其他类型的印象也视为自然知觉系统中的一部分。这是因为它们仍然与视觉和触觉对象间有着固定的时间关系：当我们接触一块锋利金属时，会感觉到它的温度、气味甚至味道，而当我们远离它时，这些感觉

---

① ［英］休谟：《人性论》，关文运译，商务印书馆 2016 年版，第 15 页。
② ［英］休谟：《人性论》，关文运译，商务印书馆 2016 年版，第 215 页。
③ ［英］休谟：《人性论》，关文运译，商务印书馆 2016 年版，第 217 页。
④ ［英］休谟：《人性论》，关文运译，商务印书馆 2016 年版，第 217 页。

就会消失。

自然知觉的系统特性使我们能够解释为什么苦乐印象不被我们认为属于自然。当我们被这块锋利金属刮到以后会感到疼痛，之后我们离开这一金属，但疼痛仍将持续。这意味着疼痛不像触感、温度、气味和味道一样和锋利金属有固定的空间和（或）时间关系。也就是说，苦乐印象因为缺少与它们的原因的固定的时空关系，因而被排除在自然知觉的系统之外。另一方面，这一疼痛则与另一些知觉有着联结：它会引起一系列情感、念头和行动，还会产生相应的记忆。换言之，苦乐感觉与感觉观念、反省印象和反省观念有着紧密的类似关系和固定的时间关系，由此形成了有别于自然知觉系统的“知觉束”，亦即作为人格同一性这一观念的来源的知觉系统，我们将此称为自我知觉系统。[①]

自我知觉系统和自然知觉系统作为知觉这一集合的子集并不是互斥的。有一类感觉印象，它们遵循固定的时空秩序出现，因而是自然知觉，但同时又和自我知觉系统中的要素，尤其是苦乐印象和意志有着固定的空间和（或）时间关系，所以也被含括进自我知觉系统，这类感觉印象即我们的身体。同时，身体与自我知觉系统中的其他知觉又有着显著的不同：身体印象具有视觉、触觉、味觉、嗅觉和听觉方面的内容；而自我知觉系统中的其他知觉则没有这些方面的内容，或者虽然具有这些内容，但不是印象而是观念。这使得我们将这两部分知觉集合相区分并将后者称为心灵从而与身体相对立。

由此我们得以区分自然、身体和心灵：它们各自是为紧密的关系所联结、在内部有着密切的互动往来的知觉集合，或者说是知觉系统。自然知觉系统是为固定的空间和（或）时间关系所结合在一起的视觉、听觉、嗅觉、味觉和触觉印象的集合。心灵印象有苦乐印象和各种情感，它们为类似关系和时间关系所联结，同时它们也与观念间有着密切的时间关系并一起组成心灵知觉系统。在自然知觉系统中有一部分印象

---

① ［英］休谟：《人性论》，关文运译，商务印书馆 2016 年版，第 279 页。.

与心灵知觉系统，尤其是其中的苦乐印象有着密切的空间和（或）时间关系，这部分知觉自身之间也为类似关系和固定的时空关系所联结，从而也成为在一定程度上能独立于另外两个知觉系统而存在的知觉系统，亦即身体知觉系统。在此，我们得以修正上一节最后关于印象和观念之间的区分的论断：并非观念之间不具有一致性，而是自然系统中的印象之间的一致性并未延伸至表象它们的观念之间，但这些观念与其他的知觉之间也有着另外的一致性。最后我们还需要注意到，这里所进行的区分都是基于知觉间的关系而非它们的活泼性做出的，这意味着我们是在"第三人称视角"中进行的这一区分。

第四节　观念的区分：记忆和想象

一　记忆观念与想象观念的两个区分

在处理完印象的分类后我们现在来看观念的分类。观念被休谟分为记忆观念和想象观念两类。记忆观念和想象观念有两个不同。一是活泼程度上的区别："记忆的观念要比想象的观念生动和强烈得多。"[①] 二是记忆观念保留了印象原来的空间位置和时间次序，而想象观念则没有相应的保留。[②] 这两个区分被不同学者赋予了不同的名称，我们在此遵循坎普·史密斯的命名法将它们分别称为"现象标准"（phenomenal criterion）和"本质标准"（constitutive criterion）。[③] 这两个标准之间的关系和它们在这一区分中的地位常为学者们所争论。以现象标准或本质标准作为区分记忆观念和想象观念的最终标准，抑或者认为休谟同时持有这两种标准的观点都有学者支持。[④] 在此，我们

① ［英］休谟：《人性论》，关文运译，商务印书馆 2016 年版，第 16 页。

② ［英］休谟：《人性论》，关文运译，商务印书馆 2016 年版，第 17 页。

③ Jeffrey K. McDonough, "Hume's Account of Memory", *British Journal for the History of Philosophy*, Vol. 10, No. 1, 2002, p. 73.

④ Saul Traiger, "Hume on Memory and Imagination", in Elizabeth S. Radcliffe, eds., *A Companion to Hume*, Oxford: Blackwell Publishing Ltd., 2008, p. 65.

同样可以用“第一或第三人称视角”的区分来解决这一争论：本质标准实际上没办法让我们直接辨别这一观念是记忆还是想象，因为“我们不可能将过去的印象唤回，以便把它们和我们当前的观念加以比较，并看看它们的秩序是否精确地相似”[①]。这意味着现象标准才是我们在直接经验中区分记忆与想象的标准，亦即是我们在“第一人称视角”中所使用的标准。本质标准则只能在“第三人称视角”中使用：我们或者是在与他人的交流中确认我们有着同样的强烈活泼的观念，从而相信这是在过去确实存在的印象；或者是亲自去寻找能够验证这一观念保留了原来的时空关系的证据，例如仍未改变的这一对象本身。同时，在上文对印象和观念的区分的讨论中我们指出了“第一人称视角”是比“第三人称视角”更为根本的视角。在此我们能看到同样如此：基于现象标准的区分一定是先于基于本质标准的区分而发生作用的，因为基于本质标准的区分的前提是记忆已经发挥作用，因此在我们尚未进行基于本质标准的区分之前，我们已经能够分辨记忆与想象并做出不同的反应。同时，就如我们在印象与观念的区分中已经呈现的，以活泼性作为标准的区分缺乏精确性，这也就意味着我们并不总能清楚地或正确地分辨某一观念是记忆观念还是想象观念。[②] 此外，我们还应该意识到“第一人称视角”与“第三人称视角”在此实际上对应着记忆的现象层面和本体论层面。因此，以“第一人称视角”为基础意味着休谟主要关心的并不是本体论层面上的，而是在“我们认为自己是在想象还是回忆”的现象层面上的记忆观念与想象

---

① ［英］休谟：《人性论》，关文运译，商务印书馆 2016 年版，第 98 页。需要注意的是，休谟在此并非完全否认本质标准而只是强调其在我们的直接经验中无法发挥作用。与此相反的观点参见 Oliver Johnson, “‘Lively’ Memory and ‘Past’ Memory”, *Hume Studies*, Vol. 13, No. 2, 1987, p. 347; David Pears, *Hume's System: An Examination of the First Book of his Treatise*, Oxford: Oxford University Press, 1990, p. 41。对 Johnson 的反对参见 Daniel Flage, “Remembering the Past”, *Hume Studies*, Vol. 15, No. 1, 1989, p. 236; Maité Cruz, “Hume's Dual Criteria for Memory”, *Pacific Philosophical Quarterly*, Vol. 100, 2019, p. 342。

② ［英］休谟：《人性论》，关文运译，商务印书馆 2016 年版，第 99 页。

观念的区分。[①]

但这并不意味着休谟缺乏资源对记忆观念和想象观念进行本体论层面上的区分。在这个层面上，休谟给出的区分标准是记忆“保持它的对象在出现时的原来形式”[②]。需要注意的是，这一标准中实际上蕴含着两个要求：一是记忆观念与其所表象的印象之间的类似关系，亦即保持其“原来形式”；二是记忆观念需要与所表象印象间具有因果关系，亦即记忆观念是对“它的对象”的记忆。[③] 因此，如果一个观念与某个过往经验类似但没有因果关系，例如我们凭空想象出了一个与我朋友的卧室一样的场景但我实际上并没有见过他的卧室，我们并不会因此而认为我的这一想象是对他的卧室的记忆。另一方面，如果我去过他的卧室，但所产生的观念与他的卧室有所出入，则我们或许会说这是我的“错误的记忆”。之所以如此显然是因为在第二种情况中，我的观念因为来自于印象（虽然中间环节出了差错而在内容上有所偏差）所以有

① 因此，将“第三人称视角”中的区分标准作为休谟区分记忆观念与想象观念的根本标准的观点是错误的，以此为基础而对休谟的记忆理论进行的批评更是无效的。与此相关的讨论见 Daniel Flage, “Hume on Memory and Causation”, *Hume Studies*, 10th Anniversary Issue, 1985, pp. 168－169；Saul Traiger, “Flage on Hume's Account of Memory”, *Hume Studies*, Vol. 11, No. 2, 1985, p. 167；Jeffrey K. McDonough, “Hume's Account of Memory”, *British Journal for the History of Philosophy*, Vol. 10, No. 1, 2002, pp. 78－84、87。

② ［英］休谟：《人性论》，关文运译，商务印书馆 2016 年版，第 17 页。

③ 值得注意的是这实际上就是对记忆的因果解释，亦即通过一个观念的因果历史来确定其是否是记忆观念。这一点也为弗莱奇（D. Flage）所指出，参见 Daniel Flage, “Hume on Memory and Causation”, *Hume Studies*, 10th Anniversary Issue, 1985, p. 172。这正是为当代学者们普遍接受的记忆理论：“一个表象能够作为记忆的必要条件是它与它所表象的对象有因果联系。” Jeffrey K. McDonough, “Hume's Account of Memory”, *British Journal for the History of Philosophy*, Vol. 10, No. 1, 2002, p. 72. 同时，麦克多诺（J. McDonough）认为休谟并不持有这种对记忆的因果解释。对此，他给出的最主要原因是休谟从没有明确承认过这一理论。我们认为这里给出的文本证据即使不能表明休谟的确明确表述过这一理论，但至少能表明因果解释理论暗含于休谟对记忆的理解之中。此外，在《人性论》第 99 页中休谟也提到画家为了增强记忆会去进行相应的观察，这应该也能证明休谟对记忆的因果理解。此外，这一点对于我们这里的讨论实际上也并不重要。因为我们这里进行的是对休谟理论的扩展而非解读，而记忆的因果解释理论完全能够为休谟的体系所接受，因为其早已蕴含于印象与观念的因果关系之中。麦克多诺的观点参见 Jeffrey K. McDonough, “Hume's Account of Memory”, *British Journal for the History of Philosophy*, Vol. 10, No. 1, 2002, p. 78。

着较高程度的活泼性，因此在“第一人称视角”中会被我视为记忆。但它又没有正确地表象印象。所以只能是错误的记忆。另一方面，我们也有可能称此为我的想象，这显然就是完全在“第三人称视角”中进行的判断：这一观念不符合记忆观念的条件，所以不是记忆观念，因而只能是想象观念。所以可以看到，在单纯的“第一人称视角”或“第三人称视角”中，我们能做的都是记忆观念和想象观念的区分。但在两个视角的结合中，我们则还能做出“正确的记忆”和“错误的记忆”的区分。由此我们得以回应皮尔斯对休谟的相关批评。皮尔斯认为休谟的记忆理论无法支持“想象观念”“正确的记忆”和“错误的记忆”这一三分，因为其只提供了活泼性一个区分标准。我们在此可以看到事实上并非如此，而是皮尔斯忽略了休谟语境中的两个视角以及休谟对其中一个视角的侧重。①

此外，本质标准所要求的类似关系和因果关系并不一定总能够为我们所发现，所以我们在“第三人称视角”中和在“第一人称视角”中一样并不总能确定某个观念究竟是记忆观念还是想象观念。虽然这一“模糊带”在两个视角中并不一定相同：在一个视角中无法被明确区分的观念在另一个视角中往往可能得以区分；当然也有可能存在着在两个视角中都无法得以区分的观念。

二 记忆和想象作为官能

记忆和想象既可以指相应的两种观念，也可以指与这两种观念相关的官能。这两者在《人性论》中都有受到讨论，但记忆和想象作为官能和活动的讨论在其中有着诸多的未竟之处：首先，记忆观念和想象观念以活泼性作为根本区分标准的一个必然结果就是它们将会相互转换，

---

① David Pears, *Hume's System: An Examination of the First Book of his Treatise*, Oxford: Oxford University Press, 1990, pp. 40 – 41. 约翰逊（O. Johnson）也对休谟做出了同样的批评，参见 Oliver Johnson, “ ‘Lively’ Memory and ‘Past’ Memory”, *Hume Studies*, Vol. 13, No. 2, 1987, pp. 349 – 351。可以看到，他们的错误批评都源于我们在前注中指出的他们对休谟的本质标准的忽略。

同一个观念在获得充分的活泼性后就会被我们视为记忆；相反，在活泼性微弱时则会被视为想象。[①] 那么记忆与想象两种官能和活动是如何支持这一转换的？其次，联结原则是想象力的原则，但其中的类似关系和时空接近关系所引出的却往往是记忆观念而非想象观念。比如我看到一张我朋友的相片，从而想起了我朋友以及我和他从前相处的往事，并由此进一步联想到他身边的人事物，这些都是由类似和时空接近关系引出的记忆观念。这是否意味着想象官能会产生记忆观念？如果不是的话，又该如何解释？最后，我们在走神时的遐想和有意进行的回忆似乎都是记忆活动，但它们的活动方式显然是很不一样的。同样，我们在遐想中不止会回忆过往，还会幻想未来，而这种想象活动显然也是与我们有意进行的想象活动不同的。那么，两种记忆活动之间以及两种想象活动之间的区别又在哪里？[②]

所有这些问题都要求我们进一步展开记忆与想象作为官能和活动所具有的性质和机制。也正是因为这方面讨论的欠缺以及对上文所指出的两个视角的区分的忽视，使得休谟的记忆理论历来受到学者们的严厉批评。[③] 但或许如特雷格（S. Traiger）所说，因为休谟讨论记忆的主要目的在于表明其在因果推理中的作用而非真的关注记忆本身的活动机制，所以我们在《人性论》中并不能看到休谟对上述问题的官能方面的讨论。[④] 而就他所涉及的讨论方面，其进行的分析本身并未受到太多挑战。因此，学者们对休谟的记忆理论的不满更多的在于其不完整而非其不正确。同时，我们认为休谟的体系中仍然有足够的资源来让我们扩充他的记忆理

---

① ［英］休谟：《人性论》，关文运译，商务印书馆2016年版，第99—100页。

② 欧文则直接认为休谟对记忆和想象的区分完全是观念上的区分而并非关于记忆的理论或对记忆观念的运作的解释，参见 David Owen，*Hume's Reason*，New York：Oxford University Press，1999，p. 73。

③ David Pears，*Hume's System：An Examination of the First Book of his Treatise*，Oxford：Oxford University Press，1990，p. 32；Jeffrey K. McDonough，"Hume's Account of Memory"，*British Journal for the History of Philosophy*，Vol. 10，No. 1，2002，p. 71；Maité Cruz，"Hume's Dual Criteria for Memory"，*Pacific Philosophical Quarterly*，Vol. 100，2019，p. 336.

④ Saul Traiger，"Flage on Hume's Account of Memory"，*Hume Studies*，Vol. 11，No. 2，1985，p. 167.

论，从而回答上面这些问题。我们将在第二章和第三章中展开这项工作。

第五节　联结原则（自然关系）

虽然想象观念之间可以任意组合、接替而不像记忆观念那般一定要保持着相互间的固定的关系，但其运动仍然是在“温和的力量”的推动下进行的。换言之，我们的思维虽然有着极大的自由，但其活动仍然遵循着特定的普遍原则。这种普遍原则有三条：类似关系、时空接近关系和因果关系。[①] 休谟将它们称为“联结”或“自然关系”。

联结本身没有可感性质，我们只是“借其效果，而不是借任何直接的感觉或知觉”来发现它们。[②] 联结的效果在于：在一个知觉出现时“自然地引起另一个观念”。[③] 也就是说，当我们感到或想起一个对象时，会自然地想起与它类似的，或者是与它在时间或空间上接近的，再或者是作为它的原因或结果而存在的另一个对象。

虽然休谟认为联结原则已经是人性中的原始性质，其原因无法再进一步追究，但实际上并非三条联结原则都是如此。[④] 类似关系的确是联结的一个根本原因，因为“单是这种性质就足以成为想象的充分的联系或联结的原则”[⑤]。时空接近关系则不如类似关系那般根本。其得以产生的原因在于：“由于感官在变更它们的对象时必须作有规律的变更，根据对象的互相接近的次序加以接受，所以想象也必然因长期习惯之力获得同样的思想方式，并在想它的对象时依次经过空间和时间的各个部分。”[⑥] 这意味着，首先，我们的感官在感受对象时总是遵循时间和空间顺序，如我们在看东西时总会依一定的方向扫视，触摸东西时手

---

① ［英］休谟：《人性论》，关文运译，商务印书馆 2016 年版，第 18 页。
② ［英］休谟：《人性论》，关文运译，商务印书馆 2016 年版，第 336 页。
③ ［英］休谟：《人性论》，关文运译，商务印书馆 2016 年版，第 18 页。
④ ［英］休谟：《人性论》，关文运译，商务印书馆 2016 年版，第 20 页。
⑤ ［英］休谟：《人性论》，关文运译，商务印书馆 2016 年版，第 18 页。
⑥ ［英］休谟：《人性论》，关文运译，商务印书馆 2016 年版，第 19 页。

也总是顺着特定的方向移动；同时，对象的运动也总是遵循特定的时间和空间顺序。其次，心灵具有形成习惯的能力，因此在长期以时空接续的方式感受印象之后，也就形成了以同样方式想象观念的习惯。所以时空接续关系实际上是特定的时空关系和习惯结合的产物。① 在这两个因素中，特定的时空关系存在于自然知觉系统之中，习惯才是心灵知觉系统所具有的性质，因此它是联结的第二个根本原因。同样，因果关系也不是联结的根本原因，因为因果关系是两个因素的结合：其一是基于"两个对象在过去全部经验中的恒常结合"而产生的两者间的习惯性联结，其二是"一个现前对象和那两个对象中任何一个的类似关系"。② 也就是说，因果关系实际上是类似关系和习惯结合而成的复合关系。因此，三条联结原则的基础是类似关系和习惯二者。③

联结的效果在于顺利、自然地引出观念。紧接着会产生一个问题：一个知觉可能与不止一个观念有着联结，但当知觉出现时，它的联结往往并不会全部发生作用，甚至往往只有其中的某一个联结会发生作用，这是为什么？这是因为联结有强度之别，越强的联结能将观念越有力地引出，甚至于是"没有任何选择或犹豫"地"决定"心灵进行这一思想过程。④ 因此，强度是联结的一个重要性质。因为联结有类似关系和习惯这两个来源，所以我们接下来分别讨论它们各自与联结强度的关系。

一 类似关系

任何对象之间，甚至是处于相反关系的对象之间，都存在着类似关系。⑤

---

① 维克斯曼同样意识到了这一点，参见 Wayne Waxman，"Hume and the Origin of Our Ideas of Space and Time"，in Elizabeth S. Radcliffe，eds.，*A Companion to Hume*，Oxford：Blackwell Publishing Ltd.，2008，p. 72。

② ［英］休谟：《人性论》，关文运译，商务印书馆 2016 年版，第 161 页。

③ 也有学者注意到三条联结原则在地位上的不同，参见 Don Ross，"Hume，Resemblance and the Foundations of Psychology"，*History of Philosophy Quarterly*，Vol. 8，No. 4，1991，p. 346；Annette Baier，*A Progress of Sentiments：Reflections on Hume's Treatise*，London：Harvard University Press，1991，p. 44。

④ ［英］休谟：《人性论》，关文运译，商务印书馆 2016 年版，第 126 页。

⑤ ［英］休谟：《人性论》，关文运译，商务印书馆 2016 年版，第 22、23 页。

但我们不难承认有些对象间的类似关系会强于这些对象与其他对象间的类似关系。例如我们不同人的长相之间无疑存在着诸多相似之处，可是一个人与其父母在长相上的类似程度总会高于他与其他人的类似程度。同时，我们在看到这个人并因类似关系而产生联想时，所会想到的也总会是他的父母，而非同样与他在长相上相似的其他人。这既表明了类似关系有程度之别，又表明了类似关系带来的联结的强度正比于类似关系本身的程度。

类似程度又取决于两个方面：一是对象间共有性质的数量。例如，一个黑色大理石球和一块黑色铁片，它们共有的性质是黑色。而一个黑色大理石球和一个黑色铁球，它们共有的性质是黑色和球状。那么第二对对象间的类似程度就要高于第一对对象间的类似程度。因为相比于第一对对象，第二对对象间有更多的共有性质。类似程度的第二个方面是两个对象在共有性质上的接近程度。如休谟在《人性论》第 28 页的注释中指出的，蓝、绿和绯红都是颜色，因此它们共享了颜色这个性质。但蓝和绿比之于蓝和绯红就要更为接近。①

除了类似的程度，类似关系的受注意程度也会影响由此形成的联结

---

① 霍金斯（J. R. Hawkins）亦讨论了类似的这两个方面，参见 R. J. Hawkins，“Simplicity, Resemblance and Contrariety in Hume's Treatise”，*The Philosophical Quarterly*，Vol. 26，No. 102，1976，p. 34。关于类似关系一直存在着这样的争论，即对象间的类似是否意味着对象间需要分有相同的部分（相同部分并不是相同性质）。从第二方面的类似，即共有性质的接近上可以看到，休谟并不认为分有相同部分是类似的前提，因为性质和性质的程度不可分，蓝色和绿色作为简单观念，并没有可以再分离出来的部分。与此相关的学者讨论见 John A. Passmore，*Hume's Intentions*，Cambridge：Cambridge University Press，2013，pp. 108 – 110；R. J. Hawkins，“Simplicity, Resemblance and Contrariety in Hume's Treatise”，*The Philosophical Quarterly*，Vol. 26，No. 102，1976，p. 31；Steven Gamboa，“Hume on Resemblance，Relevance，and Representation”，*Hume Studies*，Vol. 33，No. 1，2007，p. 23。此外，丘奇（R. Church）认为共有性质上的接近和分有共同部分的类似是两种不同的类似，休谟没有意识到这一差别，混淆了两者。但丘奇的批评是不成立的：分有相同部分的类似可以视为性质程度接近的类似中的一个特例，即两者在程度上十分相近甚至相同的情况；由此，相同关系被划归到类似关系之中，那么也就不存在两种不同的类似，而只是同一种类似的不同程度罢了。丘奇的观点参见 Ralph Church，“Hume's Theory of Philosophical Relations”，*The Philosophical Review*，Vol. 50，No. 4，1941，p. 359。另有学者提道：休谟文本中至少存在三种不同类型的类似，但它们实际上也都可以划归为类似的不同程度。见 Steven Gamboa，“Hume on Resemblance，Relevance，and Representation”，*Hume Studies*，Vol. 33，No. 1，2007，p. 24。

的强度。“当一种性质变得非常普通，成为许多个体所共有的时，这种性质就不会直接使心灵注意任何一个个体。”[①] 这意味着，当诸多相互类似的对象出现于心灵之前，而且这些对象之间都高度类似时，心灵反而无法在这些对象间形成强有力的联结；反之，当心灵处于一个大部分对象间的类似程度都很低的环境中，即使少量的类似也足以在对象间产生高强度的联结。这是因为心灵的注意力总会被展现出独特性质的对象所吸引。[②] 因此，联结的强度也与注意力有关，越能吸引注意力的类似关系所能产生的联结强度也就越高。

所以在类似关系上，与联结强度有关的因素有对象间类似关系的数量、每条类似关系中两者的接近程度，以及类似关系对注意力的吸引程度。

二　习惯

同为联结的根本原因，在习惯中我们也能看到不同情况下联结强度的变化。首先我们需要先明确习惯的形成机制。对此休谟的描述是：“当任何一类对象中的每一个体在经验中被发现为与另一类对象的一个个体经常地结合起来的时候，于是不论哪类对象中任何一个新个体的出现，自然就把思想转移到那个个体的通常的伴随物上。”[③] 这里有两个环节。首先是建立联结的环节，这需要两类对象的个体的经常结合。但仅止于此还是不够的，心灵还需要对这一重复的“发现”或“观察”。[④]

---

① ［英］休谟：《人性论》，关文运译，商务印书馆2016年版，第22页。

② 与此相关的一个重要问题是类似关系的“相关性问题”（the problem of relevance），即我们是如何从对象间存在着的诸多明显或不明显的类似中选出某个或某些类似关系，基于这些关系进行推移，而忽略了其他的类似关系。甘博亚（S. Gamboa）认为休谟本人没有讨论这个问题，并认为这个问题的答案不应该在休谟的联结机制和知性理论内寻找，而应该考虑能够影响心灵的其他因素，比如情感、利益、外界环境等。我们同意这些外部因素的确是与类似相关性有关的重要因素，但同时认为这并不意味着联结机制和知性理论内部没有与相关性相关的因素。这里讨论的类似的程度和稀有度就是影响相关性的因素，这也就意味着相关性与类似的强度有关。参见Steven Gamboa，“Hume on Resemblance，Relevance，and Representation”，*Hume Studies*，Vol. 33，No. 1，2007，pp. 27－37。

③ ［英］休谟：《人性论》，关文运译，商务印书馆2016年版，第107页。

④ ［英］休谟：《人性论》，关文运译，商务印书馆2016年版，第185—186页。

凭此，两类对象间的习惯性联结得以建立。其次是赋予联结的环节。在联结建立之后，“不论哪类对象中任何一个新个体的出现”就会使心灵将先前建立的联结赋予该对象，从而使心灵自然地“转移到那个个体的通常的伴随物上”。需要指出的是，建立联结的环节中心灵的“发现”和“观察”并不等同于“注意”，因为“无意识的重复过程”，亦即不为心灵所注意的重复过程同样能建立联结。[①] 之所以如此是因为“在想到我们过去的思想的时候，我们不但描绘出我们先前所思想的对象，而且还要想象先前默想对象时的心理作用”[②]。所以心灵的“发现”和“观察”指的是我们对观念活动本身的感受。而我们的感觉活动并不需要以注意力为前提，这一点能够在经验中得到证实。因此，习惯性联结的形成不需要以注意力为前提。同时，有些习惯性联结的产生的确是在注意力集中的状态下进行的。这也就意味着，在不同的习惯性联结中，注意力的参与程度会有所不同。

将习惯机制展开后，我们得以定位影响习惯性联结的强度的诸因素。在建立联结的环节中，联结的强度与知觉结合的次数、每次结合的类似程度以及心灵对结合的注意程度有关。一个行为的重复次数越多，我们由此形成的习惯也就越强。同时，在结合的重复过程中，每次结合之间的类似程度也将影响最终形成的习惯的强度。如果两个对象在经验中的结合并非完全恒常不变时，由此形成的将是“不完善的习惯”，其强度将弱于“所遇到的例子都是整齐一致时”所形成的完善的习惯。[③] 此外，有意识地重复所形成的习惯也将强于无意识的被动重复得到的结果。这些都能在经验中得到验证。在赋予联结的环节，影响联结强度的则是当下经验与过往经验间的类似程度。当前经验与过往经验越为类似，由此而

---

① ［英］休谟：《人性论》，关文运译，商务印书馆 2016 年版，第 159 页。

② ［英］休谟：《人性论》，关文运译，商务印书馆 2016 年版，第 122 页。需要注意的是，该引文中直接讨论的实际上是我们在设想对象时对活泼性的感觉，但我们不难将其扩展至全部的意识经验。

③ ［英］休谟：《人性论》，关文运译，商务印书馆 2016 年版，第 151 页。

得到的联结强度将会越强。[①] 因为赋予联结时的类似和建立联结时的类似都事关于结合间的类似程度，所以我们将它们视为同一个因素。由此，我们得到与习惯有关的、能够影响联结强度的因素，它们是：知觉结合的重复次数、每次结合之间的类似程度以及心灵对结合的注意程度。[②]

三 联结的强度以及其他性质

现在我们得到了与类似和习惯相关的、影响联结强度的因素。类似中的因素有类似关系的数量、每条关系的类似程度以及类似的受注意程度。习惯中的因素则有知觉结合的次数、知觉结合的类似程度和知觉结合的受注意程度。可以看到这两组因素间紧密的对应关系。同时，如果我们考虑习惯中的“知觉结合的类似程度”这一因素将不难意识到存在着二阶的类似关系，亦即不是在知觉之间而是在知觉的结合活动之间发挥作用的类似关系。由此可以进一步看到类似关系的联结机制与习惯的联结机制之间的密切关系：类似关系引出过去的类似观念，习惯则引出过去的类似活动；它们的强度都与数量、类似程度和注意力程度有关。值得注意的是，“注意力”作为官能并非休谟的观念理论中的概念，但却是其联结机制中不可或缺的一个要素。

除了类似与习惯在机制上的同构外，我们还能从中发现联结的一个性质，即它的可叠加性。两个对象间的多条联结可以合并成一条强度更高的联结，所以对象间若有多条类似关系或者是结合被重复多次后会强化由此而来的联结。这一可叠加性并不仅限于同种联结之间，类似联结和习惯性联结也可以叠加并形成更强的联结。[③] 此外，联结还具有可传递性，当对象 A 与 B 之间有联结，而且 B 与 C 也有联结时，A 也会以 B 为中介而与 C 发生联结。但随着联结的传递，其强度

---

① ［英］休谟：《人性论》，关文运译，商务印书馆 2016 年版，第 161 页。

② 如拜尔指出的：“重复事关配对间的类似（resemblance of pairings）。‘习惯’以被觉察的类似为前提。”Annette Baier, *A Progress of Sentiments: Reflections on Hume's Treatise*, London: Harvard University Press, 1991, p. 75.

③ ［英］休谟：《人性论》，关文运译，商务印书馆 2016 年版，第 125 页。

会随之减弱，或者说两个相联结的对象间的“距离”与其联结强度成反比。[①] 与此相关的是联结的另外一个性质。A 与 B 有联结意味着不论是 A 的出现还是 B 的出现都会引出对方，而且因为心灵本性上游移不定，不容易固定于一个对象上，所以在这种联结中，这两个对象将会相互牵引，在心灵中交替出现，我们将此称为两个对象在联结中“循环”。但如果在 A 与 B 有联结的同时，B 与 C 也有联结，那么在 A 将 B 引出以后，将有两条联结在此竞争，或者 B 与 C 之间的联结更强从而出现的是 C，或者 A 与 B 的联结更强，但 A 的出现也必然会受到 C 的干扰，从而不如先前顺利，不论哪种情况，AB 间的循环都将被削弱甚至破坏。这意味着，循环越顺利的联结，其强度越高，因此前一种情况中的 AB 之间的联结强度将高于后一种情况中的 AB 之间的联结强度。另一方面，如果 AB、BC 之间有联结的同时，AC 之间也有联结，那么这三个对象将能形成循环，它们两两之间的联结强度都不会因此而减弱。我们将能够形成顺利循环的联结称为“封闭的联结”，将其反面称为“开放的联结”，封闭的联结的强度将高于开放的联结的强度。需要注意的是，联结的封闭与开放并非非此即彼的两极。在开放的联结中，不同节点之间的强度如果不同的话，较强联结两端的观念也有可能形成较弱的循环。也就是说，因为联结的封闭性取决于循环的顺利程度，所以封闭性本身也具有程度之别。[②] 同时，考虑到联结的距离和强度间的反比例关系我们能进一步推出：联结的强度将随着循环节点的增减而发生反向的变化。

在此，我们得到了联结的可叠加性、可传递性和封闭性，它们都是联结机制的具体特征，也都会影响联结的强度。

四 联结的功能

联结“对于知性和情感两者的每种作用都有巨大的影响”。[③] 在知

① ［英］休谟：《人性论》，关文运译，商务印书馆 2016 年版，第 19 页。
② ［英］休谟：《人性论》，关文运译，商务印书馆 2016 年版，第 388—390 页。
③ ［英］休谟：《人性论》，关文运译，商务印书馆 2016 年版，第 313 页。

性中，联结是观念的结合和运动的主要原因，同时也是传递活泼性的渠道。在情感中，联结首先是情感发生的必要条件：骄傲、谦卑、爱与恨由自我或他人的观念与苦乐对象的“双重关系”所产生；同时，联结是同情和比较机制中的重要因素，而这两个机制使怜悯、妒忌和恶意得以产生。[①] 其次，情感间的互动也十分依赖于联结。如果引发情感的对象间没有联结，则“这些情感就像两个瓶子里两种相反的液体一样，彼此没有影响”。只有它们能够借由联结而接触后，才能引发进一步的“化学反应”。[②] 此外，联结也能够传递情感，使得我们能够爱屋及乌或是恶其余胥。[③] 同时，既然联结机制在知性和情感中都有重要作用，它自然也就成为连接情感和知性的纽带，使得它们得以互相影响。[④] 这些活动的具体机制我们将在恰当的时候进行分析。但有一个联结的“最为显著的结果”则是我们马上要讨论的，亦即哲学关系。

第六节 哲学关系

“关系这个名词通常用于两个差别得很大的意义。”[⑤] 一者即上一节所讨论的“使一个观念自然地引起另一个观念的”自然关系；另一者则是“我们在比较两个观念时所依据的那种特殊情况，即使是这两个观念只是任意在想象中结合着的”，亦即哲学关系。[⑥]

休谟认为共有七种哲学关系。第一种关系是类似关系。类似关系是其他哲学关系的基础，“任何哲学关系离开了这种关系就都不能存在，因为任何对象如果没有几分类似，就不能被人比较”[⑦]。

---

① ［英］休谟：《人性论》，关文运译，商务印书馆 2016 年版，第 319、364、402、411 页。
② ［英］休谟：《人性论》，关文运译，商务印书馆 2016 年版，第 477 页。
③ ［英］休谟：《人性论》，关文运译，商务印书馆 2016 年版，第 373—374 页。
④ ［英］休谟：《人性论》，关文运译，商务印书馆 2016 年版，第 119、136、458 页。
⑤ ［英］休谟：《人性论》，关文运译，商务印书馆 2016 年版，第 21 页。
⑥ ［英］休谟：《人性论》，关文运译，商务印书馆 2016 年版，第 21 页。
⑦ ［英］休谟：《人性论》，关文运译，商务印书馆 2016 年版，第 22 页。

第二种关系是同一关系。需要注意的是，同一关系并不是通常意义上的对象之间的关系，而是同一个对象在不同时间段中的印象之间的关系。最完善的同一关系存在于较短时间间隔内位于同一位置上的完全类似的印象之间。随着位置的变动和不同时间点中感觉的类似程度的变动，同一关系的完善程度也会随之减弱。因此，同一关系实际上是不同时间点中的印象之间的类似和空间关系。①

第三种关系是空间和时间关系。需要注意的是，空间关系和时间关系并不是两条性质相同的平行关系，它们也不在同样的意义上以同样的方式反映类似关系。空间关系只存在于视觉和触觉知觉之中，是视觉对象和触觉对象的排列方式。② 空间关系中的类似关系在于，只有同为视觉对象或同为触觉对象，才能处于空间关系之中。时间关系既存在于所有的感官对象之中，也存在于设想活动之中。③ 同时，时间关系似乎依赖于类似关系的反面，而非类似关系本身。因为时间实际上是对象的可被察觉到的变化；所以在一个所有感觉、包括我们的思想都没有变动的情况下，我们也就不会感受到时间。④ 这意味着时间关系以差异为基础。但我们接下来会看到，差异与类似实际上是同一种关系的两个不同方面。同时，所有的知觉之间的确也存在着类似关系，而且是范围最广、最为根本的类似关系，亦即它们都是能够被我们所感知的对象。所以时间关系似乎是在一个最根本的意义上与类似关系相联系。

第四种关系是数量或数的比例。这种关系首先指的是几何形状之间的大小关系以及物体个数上的较多或较少，而非特定的数学系统中的数字（例如十进制的数字）之间的关系，后者已经是“较为人为的方式”⑤。这种关系所依赖的类似关系显而易见：几何对象的大小关系只能在具有相同维度的对象之间显现，线段只能和线段比长度，平面图形之间比较面

① ［英］休谟：《人性论》，关文运译，商务印书馆 2016 年版，第 22、279—280 页。
② ［英］休谟：《人性论》，关文运译，商务印书馆 2016 年版，第 44 页。
③ ［英］休谟：《人性论》，关文运译，商务印书馆 2016 年版，第 44 页。
④ ［英］休谟：《人性论》，关文运译，商务印书馆 2016 年版，第 44 页。
⑤ ［英］休谟：《人性论》，关文运译，商务印书馆 2016 年版，第 82 页。

积，三维对象之间比较体积；物体个数之间的比较的前提则是，这些物体已经被归为一类，比如我们会比较两堆苹果之间的数量，或两队牛之间的数量，却不会去比较一堆苹果和一队牛之间的数量，除非是在进一步抽象的意义上，亦即将它们都视为“个体”或“存在物”。

第五种关系是两个对象所共有的性质之间的程度差异，例如同一种颜色之间的不同色调，或是都具有重量的对象之间的不同重量。对象间的类似即意味着它们不完全相同，也就意味着它们享有同样的性质，但却有程度上的差异。换言之，类似必然蕴含差异。因此，程度差异关系是类似关系的另一个侧面的体现。① 同时，类似关系之间也具有程度之别。就如休谟在《人性论》第28页注释中提到的，在蓝、绿和绯红三种颜色之间，较之于蓝和绯红，蓝和绿要更为类似。这首先意味着，蓝和绿、蓝和绯红之间都存在类似关系，因为它们都是颜色。其次，在这两对类似关系之间，蓝和绿之间的类似程度更高。因此，不同对象间的类似关系虽然同为类似关系，但它们所指示出的对象间的接近程度却会是不同的。所以程度差异关系不仅存在于类似的对象之间，还存在于类似关系之间。这进一步体现了“类似必然蕴含差异”，同时也印证了二阶类似关系的存在。

第六种关系是相反关系。这种关系只能存在于同一个对象的存在和不存在观念之间。初看之下，说相反关系是类似关系的体现似乎是荒谬的。但我们需要意识到我们设想某物不存在时的实际过程：先设想某物存在于特定场景之下，进而设想该物在此场景中的消失。在此，该物的

① 丘奇认为不能将程度差异关系还原为类似关系，因为“说X1与X2类似就是说X1与X2是一样的”，所以类似指向的是相同而程度差异指向的是不同，因此这两条关系完全不一样。Ralph Church, “Hume's Theory of Philosophical Relations”, *The Philosophical Review*, Vol. 50, No. 4, 1941, p. 359. 可以看到，丘奇先在地将“类似”与“相同”相等同，从而得出了这一结论。但休谟从未做过这种等同；相反，他明确反对这种等同。相同有两种具体表现，分别是量上的相同和程度上的相同，休谟分别在《人性论》第57页和第82页中指出我们不可能精确地做出这两种判断。同时，休谟显然并不认为我们无法判断对象间的类似。因此，休谟显然并不将类似与相同相等同。

不存在实际上反映的也是类似（场景）中的差异。[①] 此外，就如休谟自己也承认的，还存在着其他的相反关系，例如热和冷、水和火等。但我们需要意识到，这些相反关系并非真的存在于这些对象上，而是存在于它们所带来的结果之间。例如热和冷之所以被我们认为是相反的，显然是因为热出现后冷就会消失，冷出现后热也会消失，而在这里，实际上的相反关系存在于“冷”和“冷的消失”以及“热”和“热的消失”之间，因此也就是存在于“冷”和“热的结果”以及“热”和“冷的结果”之间。因此，这些相反关系严格说来并非真的相反关系，而是能带来相反关系的原因。因此它们“只是根据经验和它们的种种原因或结果的相反、而被人们发现为相反的”[②]。

第七种关系是因果关系。与类似关系一样，因果关系既是自然关系也是哲学关系。作为哲学关系，原因被休谟定义为“先行于、接近于另一个对象的一个对象，而且在这里凡与前一个对象类似的一切对象都和后一个对象类似的那些对象处在类似的先行关系和接近关系中”[③]。这意味着作为哲学关系的因果关系实际上是两类对象间特定的时间和空间关系。类似关系在此起到的作用是使经验得以被归类。

纵观这七种关系可以看到，我们可以根据是否能够在比较中被直接发现而将它们分为两类。类似、数量或数的比例、性质的程度和相反这四种关系是能够通过比较直接发现的关系，它们“完全决定于我们所比较的各个观念”。剩下的三种关系则“可以不经过观念的任何变化而

---

① ［英］休谟：《人性论》，关文运译，商务印书馆 2016 年版，第 23 页。

② ［英］休谟：《人性论》，关文运译，商务印书馆 2016 年版，第 23 页。霍金斯认为对于休谟来说相反关系就是因果关系。我们在此可以看到这一说法并不准确。特定的因果关系（热驱走冷）会使得具有特定相反关系的事件先后出现（冷和冷的消失），但相反关系本身并非因果关系。同时，相反关系是为直观所发现的关系，因果关系则无法为直观所发现，若我们将前者归为后者，显然会产生矛盾。霍金斯也意识到了这一点，并将其视为一个两难。但只要我们将这两条关系的具体关系厘清就可以看到这一“两难”显然并不存在。此外，霍金斯认为在《人性论》中没有文本支持相反关系和因果关系之间的密切关系，在此我们也能看到事实上并非如此。霍金斯的观点参见 R. J. Hawkins, “Simplicity, Resemblance and Contrariety in Hume's Treatise”, *The Philosophical Quarterly*, Vol. 26, No. 102, 1976, pp. 29 - 30。

③ ［英］休谟：《人性论》，关文运译，商务印书馆 2016 年版，第 191 页。

变化”，因而需要在经验中确定。[①] 之所以如此是因为前一类关系反映的都是对象间的不同层面（数量、性质、存在）的类似，而类似只关乎观念的内容，所以只要观念本身没有改变，其在经验中的具体表现对于这类关系来说就是无关紧要的。第二类关系虽然也需要特定的类似关系作为前提，但特定的时间和空间关系而非类似关系才是这类关系所反映的内容，而特定的时空关系是经验才能提供给我们的信息。因此，前一类关系都是单纯的类似关系，后一类关系则还包含了时间与空间关系。这对应着对关系的“内在/外在”的传统区分，所以我们将前一类关系称为“内在关系”，而将后一类关系称为“外在关系”。[②]

在此可以看到哲学关系与自然关系的密切联系：它们都分为两类，而且都有一类以类似关系为基础；而另一类中又都包含了因果关系。同时，哲学关系是自然关系的结果。[③] 因果关系虽然是哲学关系，“可是只有当它是一个自然的关系、而在我们观念之间产生了一种结合的时候，我们才能对它进行推理，或是根据了它推得任何结论”[④]。对于类似关系来说，似乎也应当如此。但自然关系与哲学关系之间究竟有着怎样的因果关系？它们的互动机制是什么？自然的类似关系在何种意义上是哲学的类似关系的原因？联结中的习惯与哲学关系中的时空关系又有着怎样的对应关系？这些问题似乎都无法在我们对两类关系的现有讨论中找到答案。

第七节　抽象观念

联结原则的另一个重要结果是抽象机制。只有通过抽象我们才有可

---

① ［英］休谟：《人性论》，关文运译，商务印书馆 2016 年版，第 81—82 页。

② 豪斯曼（A. Hausman）和皮里斯（G. D. Pierris）对休谟的哲学关系做出了同样的区分，豪斯曼还指出了这一区分的传统渊源。参见 Alan Hausman，“Hume's Theory of Relations”，*Noûs*，Vol. 1，No. 3，1967，pp. 261 - 264；Graciela De Pierris，*Ideas*，*Evidence*，*and Method*：*Hume's Skepticism and Naturalism concerning Knowledge and Causation*，Oxford：Oxford University Press，2015，p. 12.

③ ［英］休谟：《人性论》，关文运译，商务印书馆 2016 年版，第 21 页。

④ ［英］休谟：《人性论》，关文运译，商务印书馆 2016 年版，第 107—108 页。

能形成概念和命题并以此为基础进行抽象思考。抽象机制由两部分组成：第一部分是抽象观念的形成，第二部分是抽象观念的运用。抽象观念的形成始于对对象间的类似的发现。在此之后，我们“把同一名称应用于这些对象的全体”①。这个名称和这些观念之间逐渐形成习惯性联结，并随着结合次数的增加而使得这一联结逐渐完善。至此，抽象观念得以形成。此后是对抽象观念的运用：我们只要听到这个名称，“就会唤起这些对象之一的观念，并使想象想起它以及它的一切特殊的细节和比例”。② 至于处于这一习惯中的其他观念则并未能一同呈现于心灵之中，它们“只是通过那种习惯而被表象的，只要当前有任何需要时，我们就可以借这种习惯唤起这些观念来”。③ 为名称所唤起的这一观念就是抽象观念，它在内容上仍然表现为有着具体性质和量的特殊观念，但同时又代表着这一习惯中的其他未能呈现的观念，并且以这种功能在推理中发挥作用。

可以看到，抽象机制是类似关系与习惯互动的结果。因果推理机制同样由类似关系与习惯结合而成。它们的差别在于：在因果推理机制中发挥核心作用的是习惯，类似关系的角色只在于帮助习惯形成和引出习惯；在抽象机制中发挥核心作用的则是类似关系，抽象实质上就是对特定类似关系的发现，习惯在此的作用只在于让我们对类似关系的提取、保存和运用更为容易和高效。习惯通过将一个词语和一组类似观念相联结而实现它的这一功能。语言在此才得以进入休谟的人性体系，由此可以看到语言在休谟的人性机制中的位置。

如休谟所说，这一机制中唯一的困难就在于联结语言与观念的习惯。我们能观察到它的一些特别的性质：首先，只有回溯到词语所指代的对象或情景上时我们才能真正明白这个词语的含义，但在实际的语言使用中时，我们常常会省略掉呈现具体观念的这一过程，而是用习惯来

---

① ［英］休谟：《人性论》，关文运译，商务印书馆 2016 年版，第 28 页。
② ［英］休谟：《人性论》，关文运译，商务印书馆 2016 年版，第 29 页。
③ ［英］休谟：《人性论》，关文运译，商务印书馆 2016 年版，第 31 页。

代替本该由它所引出的观念。[①] 同时，我们并不常会觉察这一缺陷。[②] 之所以如此的一个重要原因在于习惯能向我们提供本该由它所引出的观念向我们提供的对语言的理解。这尤其体现在习惯的纠错能力上：当我们所说的话出现矛盾的时候，不需要落实到具体情境之上，跟随着那些词语而来的习惯就能让我们立刻觉察到其中的谬误。[③] 习惯的纠错能力还不仅止于此。当心灵产生一个具体观念，将其作为抽象观念进行推理。如果心灵被这一具体观念的其他性质所误导做出了错误的推理，例如我们要思考三角形的性质，因此想象一个等边三角形，然后认为三边相等是所有三角形所共有的一个性质。这个时候，"我们最初所忽视了的不等边三角形和等腰三角形等其他个体会立刻涌入我们的心中，使我们觉察这个命题的谬误"[④]。这进一步体现的是心灵所具有的这种"魔术般的能力"，即在必要时刻将有用的观念迅速呈现出来的能力。[⑤] 当然，这种能力并不总能发挥其作用，当其失效的时候，谬误和诡辩就常因此而发生。这与习惯的完善程度有关：在我们越为熟悉的情况中，这种及时呈现必要观念的能力也越为强大；相反，在我们越不熟悉的环境中，这种能力也就越容易失效。[⑥]

呈现出习惯的这些性质的同时，休谟认为我们无法完全地解释习惯，因为"要说明我们心灵活动的最终原因是不可能的"[⑦]。同时我们也已经看到，不仅在抽象机制中，在联结机制中习惯也扮演着十分关键的角色。此外，我们还将看到，在情感中，习惯同样有着重要的作用。所以虽然无法完全地解释习惯，我们仍然需要对它有一个更全面的、让我们能将它的各方面表现统一起来的、（如果我们足够幸运的话）更深层次的认识。

---

① ［英］休谟：《人性论》，关文运译，商务印书馆 2016 年版，第 31—32 页。
② ［英］休谟：《人性论》，关文运译，商务印书馆 2016 年版，第 31 页。
③ ［英］休谟：《人性论》，关文运译，商务印书馆 2016 年版，第 31 页。
④ ［英］休谟：《人性论》，关文运译，商务印书馆 2016 年版，第 30 页。
⑤ ［英］休谟：《人性论》，关文运译，商务印书馆 2016 年版，第 33 页。
⑥ ［英］休谟：《人性论》，关文运译，商务印书馆 2016 年版，第 30 页。
⑦ ［英］休谟：《人性论》，关文运译，商务印书馆 2016 年版，第 31 页。

第八节 空间和时间

在讨论完抽象观念后，休谟紧接着讨论的是空间和时间。这是很自然的安排，因为在休谟的时空理论中空间和时间观念都是抽象机制的产物。休谟的时空理论由两部分组成：第一部分论证的是空间和时间观念不是无限可分的，它们“都不是由无数的部分或较小的观念组成的，而是由数目有限的、简单而不可分的观念所组成的”①。第二部分则是第一部分的结果：“这些不可分的部分由于本身是非实在物，所以如果不被某种真实的、存在的东西所填充，便不可能想象。因此，空间和时间观念不是个别的或独立的观念，而只是对象存在的方式或秩序的观念。”② 这意味着我们无法想象“空间本身”或“时间本身”，亦即“没有物质的真空和广袤”或“没有任何真实存在物的持续或变化的时间”。休谟的这一时空理论曾受到颇为严厉的批评，但近年来学者们开始意识到这些批评的不合理并为这一理论提供了完整充分的辩护。③ 如巴克斯特（D. Baxter）所指出的，休谟“关于时间和空间的所有结论都应该被视为是关于时间和空间的呈现的论断”，而非对时间和空间本身的本体论上的讨论，而这又是由他的经验主义所决定的。④ 因此，休谟的时空理论与他的观念理论有着根本性的联系。同时，这一联系是双向

① ［英］休谟：《人性论》，关文运译，商务印书馆2016年版，第48—49页。

② ［英］休谟：《人性论》，关文运译，商务印书馆2016年版，第49页。

③ 对批评和辩护的整理参见 Lorne Falkenstein, “Space and Time”, in Saul Traiger, eds., *The Blackwell Guide to Hume's Treatise*, Oxford: Blackwell Publishing Ltd, 2006, p. 59。新近的两个较为完整和充分的辩护参见 Donald Baxter, “Hume on Space and Time”, in Paul Russell, eds., *The Oxford Handbook of Hume*, New York: Oxford University Press, 2016; Jonathan Cottrell, “Hume on Space and Time: A limited defence”, in Angela Coventry and Alexander Sager, eds., *The Humean Mind*, 2019。

④ Donald Baxter, “Hume's Theory of Space and Time in Its Skeptical Context”, in David Fate Norton and Jacqueline Taylor, eds., *The Cambridge Companion to Hume*, New York: Cambridge University Press, 2009, p. 121; Donald Baxter, “Hume on Space and Time”, in Paul Russell, eds., *The Oxford Handbook of Hume*, New York: Oxford University Press, 2016, p. 173.

的：一方面，观念理论的视角决定了休谟只能以其所用的方式来讨论时间和空间；另一方面，他由此形成的时空理论对其观念理论以及整个人性机制的进一步发展也至关重要。后面这一方面内容虽然在《人性论》各处都有所体现，但并未得到足够深入和完整的挖掘。我们希望能够在本节中对此有所推进。

一 现实系统

空间是视觉和触觉印象的排列方式，亦即我们在视觉和触觉印象上的抽象；时间则是所有知觉的变动和接续方式，也就是我们在所有知觉上的抽象。① 空间作为视觉和触觉印象的排列方式意味着这两类印象是有广延的。同时，观念和印象在内容上没有区别，而广延是视觉和触觉印象的内容所具有的性质，所以视觉和触觉观念同样具有广延，这意味着空间同时也是视觉和触觉观念的排列方式，或者说心灵中也存在空间。② 时间在心灵中的存在则是十分显然的事。因此，空间和时间不但存在于自然知觉系统之中也存在于心灵知觉系统之中。③

我们在对印象的区分的讨论中已经指出自然知觉系统中的知觉为固定的时间和空间关系所联结。这一系统中的一部分印象会被“复制”为记忆观念并进入心灵知觉系统。因为它们在心灵中仍然保留着固定的时间和空间关系，所以会因此形成一个独立于其他知觉的子系统，亦即

① ［英］休谟：《人性论》，关文运译，商务印书馆 2016 年版，第 43—44 页。

② ［英］休谟：《人性论》，关文运译，商务印书馆 2016 年版，第 264—265 页。

③ “心灵空间”的可能性得到了心理学实验的支持，参见 James Franklin，“Achievements and Fallacies in Hume's Account of Infinite Divisibility”，*Hume Studies*，Vol 20，No. 1，1994，pp. 89－90。就时间而言，我们这一结论蕴含但没有展开的一个进一步结论是：自然知觉系统和心灵知觉系统中的时间会是不一致的。这就涉及了一个相关的争论：休谟的时间理论是否承认存在着一个覆盖了所有对象的时间刻度？换句话说，是否从时间点 A 到时间点 B 这一时段中的所有对象都经历了同样的一段时间？我们认为休谟的时间理论中蕴含的是相反的结论：并不存在着这样一个统一的时间刻度。这一结论可以直接从休谟对时间的定义中得出：如果时间只是对象的接续变化的方式，那么因为并不存在着所有对象都一致遵循的接续变化节奏，所以也就不存在一个统一的时间。对这种观点的更为具体和精致的辩护参见 Donald Baxter，“Hume on Steadfast Objects and Time”，*Hume Studies*，Vol. 27，No. 1，2001。

记忆系统。同时，另外一部分观念将通过因果关系与记忆观念相联系，从而成为信念，它们之间也有着固定的时间和空间关系，所以也将因此而形成一个相对独立的子系统，即信念系统。[①] 这两个系统分别指向了自然知觉系统中已经完成的和尚未到来的知觉接续，所以可以视为是心灵知觉系统对自然知觉系统的过去维度的复现和未来纬度的预演。同时，记忆系统与信念系统之间为习惯所联结，所以它们由此形成一个更大的系统，即“现实”（realities）。通过现实系统，心灵得以“模拟”自然知觉系统的进程。

现实系统中的观念运动有三个重要的性质：一是自我和当下总是观念活动的起点，我们总会先想到自我和当下然后才想到位于其他时空点上的观念，我们将这一时空点称为现实系统中的“原点”。[②] 二是观念总是按特定的时间和空间顺序出现，当我们要从一个对象推移到另一个对象上时，不会跳过它们之间的其他对象，而会依次经过它们。这是因为“感官在变更它们的对象时必须做有规律的变更，根据对象的互相接近的次序加以接受，所以想象也必然因长期习惯之力获得同样的思想方法，并在想它的对象时依次经过空间和时间的各个部分”[③]。“感官的有规律的变更”指的是感觉对象有规律的接续变化和感官在自然空间中的连续运动，由此我们的感觉的变化总是在空间和时间上连续的。同时，因为“长期习惯之力”心灵“获得同样的思想方法”，这意味着心灵的这种活动方式是自然知觉系统中的时空特征与习惯合力形成的结果。这两者的结合也带来了现实系统中的观念运动的第三个性质，即空

① ［英］休谟：《人性论》，关文运译，商务印书馆 2016 年版，第 124 页。

② ［英］休谟：《人性论》，关文运译，商务印书馆 2016 年版，第 462 页。这一点亦为维克斯曼所指出，参见 Wayne Waxman，“Hume and the Origin of Our Ideas of Space and Time”，in Elizabeth S. Radcliffe，eds.，*A Companion to Hume*，Oxford：Blackwell Publishing Ltd.，2008，p. 83。进一步的，维克斯曼还具体分析了我们如何可能在以“原点”为中心的心灵知觉系统中的时空与去中心的自然知觉系统中的时空之间转换的心灵机制，参见 Wayne Waxman，“Hume and the Origin of Our Ideas of Space and Time”，in Elizabeth S. Radcliffe，eds.，*A Companion to Hume*，Oxford：Blackwell Publishing Ltd.，2008，p. 84。

③ ［英］休谟：《人性论》，关文运译，商务印书馆 2016 年版，第 19 页。

间与时间中，以及时间中不同方向的观念运动的难易程度不同。具有空间关系的对象是能够同时呈现于视觉或触觉中的对象，换句话说它们是共存的。因此，当观念进行的是空间运动时，虽然需要从原点出发，但从原点到这一观念之间的所有观念是可以近乎同时出现的，因为我们在感觉两个共存的对象时也是如此。所以这种观念的运动是顺利而迅速的。另一方面，时间的各部分是无法并存的。我们感觉对象在时间中的运动时必须要经历接连的变动而无法同时感觉到这一对象在不同时间点中的不同表现。这就使得观念在时间中的运动也需要接续进行，离原点远的观念必须要等到距离更近的观念出现并消失后才能出现。与观念的空间运动相比，这种运动显然就是更为不顺利的。不仅如此，自然知觉系统中的接续一定是从过去到现在再到未来而不可能是反方向进行的。这就使得现实系统中从原点到未来的观念运动将会是更自然因而更顺利的，而从原点到过去的观念运动则更不自然和顺利。①

结合这三个性质我们可以看到观念在现实系统中的活动方式：不论这一观念距离原点远近，原点上的观念都将首先出现，之后原点与这一观念之间的观念依次出现，直到最后这一观念出现。在这一过程中，任何印象的出现都容易将心灵拉回到原点，所以我们将不停重复这一推移过程，心灵将在原点和对象间来回往复。② 同时，空间中的观念运动会比时间中的观念运动容易；在时间中，向未来的运动会比向过去的运动容易。根据活泼性和情感的传递机制，距离越远和越不顺利的推移将导致心理倾向中的活泼性和情感的越多损耗。因此，同一个对象离原点越远，其出现时所能引发的活泼性和情感会越弱；同时，空间和时间以及时间中未来与过去的削弱效果将会是不一样的。

由此，我们可以得到现实系统中的空间与时间的三个性质：首先，特定的时空位置与特定的活泼程度同情感强度之间相对应，同一个对象出现在不同的时空位置，它的活泼程度和情感强度将会发生变化。其次，自我与当下是活泼性和情感强度最高的空间和时间点，以此为中心

① ［英］休谟：《人性论》，关文运译，商务印书馆 2016 年版，第 463—464 页。

② ［英］休谟：《人性论》，关文运译，商务印书馆 2016 年版，第 462 页。

向外扩散，活泼性和情感强度随之递减。此外，时间中的减幅要大于空间中的减幅，过去时间中的减幅又要大于未来时间中的减幅。①

二　内在感觉的空间性

在此可以看到，现实系统中的观念会引出情感和活泼性等内在感觉。这是心灵知觉系统在空间性质上有别于自然知觉系统的一个地方：在心灵知觉系统中常有内在感觉与观念共存。同时我们认为，这种共存同样是空间关系。这意味着内在感觉同样具有空间性质。

这一观点并没有其初看起来那般荒谬。首先，虽然内在感觉并没有具体的形状，但我们确实能从中感觉到在触觉中所感觉到的那种“延展”的特性。而这种延展性或者说广延性就是我们赋予触觉以空间性的原因。其次，情感也的确会处于意识的特定位置之中，而且这一位置与视觉和触觉对象在意识中的位置是不重叠的。后者更容易成为注意力的对象，因此主要位于“意识的中心”；相反，情感则并非注意力的自然对象，因此处于“意识的边缘”或者说“意识环境”之中。② 我们在

---

① ［英］休谟：《人性论》，关文运译，商务印书馆2016年版，第462—465页。

② “内在感觉具有空间性质”这一观点可能会被认为与《人性论》第17页的论断相冲突。在那里休谟说道：“我们的内在印象是我们的情感、情绪、欲望和厌恶；我相信没有人会说空间观念是以这些印象中的任何一个为范本而得来的。”对此我们需要注意两点：一是休谟这一论断的文本背景。在此之前休谟讨论的是当我们思考可见物体之间的距离时会得到空间观念，这一观念一定来自于某个印象，而印象在此或者是视觉印象或者是视觉对象所引起的内在感觉。紧接着休谟才否认内在印象作为空间观念来源的可能性。这意味着这一否认是仅就我们在视觉对象中得到的空间观念而言的。仅就此而言的话，这一否认是很容易得到承认的，因为我们在这一经验中很容易意识到我们是在“看”的行为中得到的空间观念，所以这一空间观念不可能来自其他地方。但这一否认却并非指向所否认对象的空间性本身，而仅仅指向了其空间性（如果有的话）在视觉对象所传递的空间观念的形成中的作用。举另一个例子，在我们思考从所看到的对象上得到的空间观念时，即使我们同时也感觉着我们坐在椅子上的感觉并从中也获得了空间观念，我们也不会认为这一空间观念与视觉对象中的空间观念有什么关系。同样，视觉对象所引起的内在感觉本身的空间观念与这一视觉对象本身所传递的空间观念之间也没有关系。我们需要注意的第二点是，休谟本身就缺乏对情感的现象学讨论；同时，如他在《人性论》第16页中所交代的，在第一卷中他并不讨论情感。因此，他或者是因为没能意识到情感的空间性，或者是因为此处还不是讨论情感的地方而且情感的空间性与这里所讨论的内容无关，为了保持讨论的紧凑，所以才看似轻率地否认了内在感觉的空间性。这也解释了为什么休谟缺乏对我们这里所发展的心灵空间的讨论：对此的讨论需要涉及对情感的讨论，这在第一卷中无法进行，在第二卷中则因为没有机会再进行关于时间与空间的专门讨论所以也无法进行。第二卷中最相关的讨论自然是第三章的第七和第八节，但因为这两节的主题在于想象力对情感的影响，所以更为基础的心灵的空间与时间结构也只能暗藏于这一关系性讨论之下。

后文将会对此进行具体的讨论。在此可以先指出的是，内在感觉很可能就是身体感觉，因此所谓“意识环境”所指向的很可能就是身体的特定部分或者特定表现。但若要阐明这方面的关系就需要相应的细致研究，而这是我们在本探究中无法实现的。因此，我们将暂且使用“意识环境”这一概念并在本书允许的范围内考察它在心灵机制中的作用和性质。之后若有机会，它将能成为沟通心灵与身体两方面研究的“接口”。同时，心灵机制中的这一“身体要素”的参与也意味着休谟式的心灵与笛卡尔式的心灵的本质区别：休谟的心灵不再处于身心二元论的框架之下，而已经是“具身的心灵”。①

三 心灵中的时间维度

我们在前文中指出现实系统是对自然知觉系统的模拟。它们之间的一个重要区别在于自然知觉系统中永远只存在着”现在”这一时间维度，但在现实系统中则有着与这一现在维度紧密相连的过去和未来维度。同时，心灵中的诸要素与这三个时间维度之间也有着紧密的联系：记忆、印象和信念分别对应着过去、现在和未来。同时，类似关系会借助印象引出记忆，亦即能够通过现在引出过去；习惯则能够借助于在记忆中形成的联结产生信念，因而能够通过过去引出未来。当这些要素以不同方式在心灵中互动时，时间的这三个维度也将会以特定的方式接连或者单独出现，相应的则是心灵特定状态的呈现。

首先，印象会借由类似关系引出相应的记忆，我们会因此审视这一记忆与其他记忆之间的关系，并带着这种理解回过头来面对当前的印象，将其置于我们对这个世界已有的理解体系之中。这是我们理解经验的主要方式，心灵在此往返于过去与现在之间。其次，被类似关

---

① 意识环境与情感关系密切，情感与身体同样关系密切。拜尔曾详细讨论过身体在《人性论》第二卷的人格统一性概念中的重要地位，其或许能作为我们这里所指出的意识环境的“身体性”的佐证，参见 Annette Baier，*A Progress of Sentiments*：*Reflections on Hume's Treatise*，London：Harvard University Press，1991，pp. 129 – 145。

系引出的记忆如果同时还具有习惯性联结，这一联结将会推动着心灵去预料相应对象的出现，这是心灵在现在、过去和未来之间的迂回运动，因果推理进行的正是这种运动。同时，在这一运动过程中往往会有印象的出现。但因为心灵在类似关系和习惯联结中的运动是自然顺利的因而难以干扰，所以往往只有在"现在—过去—未来"这一迂回完成后现在维度才能够介入。因此这一迂回运动往往会变为"现在—过去—未来—现在"的循环运动。但如果未来的对象又引发相应的情感，则情感持续期间，心灵将停留于其上而不会回到现在。心灵具体的运动方向取决于现在和未来的力量对比。此外，当一个对象与过去经验不一致因而无法通过类似关系引出相应的记忆时，心灵将停留于现在。同时，心灵从自然知觉系统中获得的习惯会让其往前推动，从而指向了这一对象的未来。但因为心灵在此无法从过去的经验中获得对其的理解，所以也就无法通过习惯来获得对其未来状态的预判，因此心灵在此将处于不确定的疑问状态，这是心灵直接从现在向未来推移时会发生的状况。除了在不同维度间的推移，心灵还有可能停留于某个时间维度之中。当某个印象、记忆或者是信念具有强烈的活泼性或者是给我们带来了强烈的苦乐或引起强烈的情感时，我们会完全为其所吸引并处于这种状态。当我们完全为现在的感觉所吸引时，我们将会忘记将它与记忆相关联，并进而不会对未来做出相应的预料。当我们完全沉溺于回忆时，当前的印象将无法把我们拉回到现在，习惯也无法将我们推向未来。当我们完全注意于即将到来的事情时，现在和过去同样会为我们所忘却。从这些时间模式中我们或许能进一步得出一些心理学和伦理学上的认识和结论。

值得注意的是，不同时间维度所包含的对象的类型和呈现形式都会有所不同。当我们考虑的是过去的事情时，所呈现出的过往经验将"保留于它们的最初形式，并保存它们的最初比例"。但当我们所要考虑的是未来的事态时，"这种考虑必然改变我们的观念的最初形式，并把经验所呈现的分散的影像集在一处"，并使该观念更生动有力。[①] 因此，在从现在回到过去再前进到未来的因果推理中，心灵除了在不同的时间维度之间游动之外，还会经历从一个单一对象（印象）前进到诸多分散对象（记忆）再将它们压缩为一个单一对象（信念）的过程。同时，当我们因此形成对未来事态的判断后，依据于事态的好坏，希望或恐惧、欲望或厌恶会因此发生，相应的意志和行动也会因此而发动。这些都是不会出现在过去维度中的知觉。[②]

第九节 简单和复合的区分

休谟对空间和时间的讨论中有一个重要结论即空间与时间并非无限可分，在空间上感官和想象力只能最终停留于有颜色或者可被触碰而无广延的点而无法再继续往下分割。[③] 学者们将这种无广延的点称为“知觉原子”。这涉及休谟的观念理论中的一个基本区分，即简单/复合区分。知觉有简单与复合的区分，“不容再行区分或分离”的知觉即简单知觉，否则即复合知觉。[④] 毫无疑问的是，知觉原子是最符合简单知觉的标准的，因此其一定是简单知觉。同样，不仅在空间中，在时间中这种严格标准也同样需要执行，这就意味着简单知觉无法持续存在一段不论多短

① ［英］休谟：《人性论》，关文运译，商务印书馆 2016 年版，第 153 页。

② 利文斯顿曾指出休谟的理论中有两种时间概念：一是“无时态的时间”（tenseless time），其指的是独立于心灵而存在的物理世界的结构；二是“时态时间”（tensed time），即心灵所体验的时间。他对《人性论》中的这两种时间概念做了细致的文本梳理和解读。我们这里所做的自然知觉系统中的时间和现实系统中的时间的区分正对应着利文斯顿的这一区分，所以我们这里对休谟时间理论的发展亦可以视为是在利文斯顿的这一研究基础之上的进一步努力。参见［美］唐纳德·利文斯顿《休谟的日常生活哲学》，李伟斌译，华东师范大学出版社 2018 年版，第 144—162 页。

③ ［英］休谟：《人性论》，关文运译，商务印书馆 2016 年版，第 36—37、48 页。

④ ［英］休谟：《人性论》，关文运译，商务印书馆 2016 年版，第 10 页。此处原文为“admit of no distinction nor separation”，关文运先生译为“不容再行区分或分析”。但将“separation”翻译为“分析”并不恰当，因为“分析”主要指语义层面的意义探寻，而《人性论》中谈到的“separation”主要指对知觉的现象学层面的分离。所以我们将“separation”翻译为“分离”。英文版参见英文版参见 David Hume, *A Treatise of Human Nature*, David Fate Norton and Mary J. Norton, eds., Oxford: Clarendon Press, 2007, p. 7。

的时间，而只能在出现一个最小的时间单位后就消失。一个两难由此而来：我们是否应该认为知觉原子是视觉和触觉知觉中唯一的简单知觉？又是否应该认为所有简单知觉都只能有片刻的存在？或者说我们该如何具体落实知觉的简单/复合区分？有不少学者认为应该严格遵循休谟所提供的区分标准。[①] 这将会造成《人性论》第一卷第二章与《人性论》其他部分之间的冲突。在第一卷第二章之外的文本中，简单印象和观念指的都是我们在日常生活中经验到的对象，它们虽然可以被视为由知觉原子组成，其本身却并非知觉原子。[②] 一个最直接的例子是：在第二卷中，情感被休谟视为简单知觉。[③] 但我们的情感显然是存在于一个时段而非一个时间点之中的。[④] 此外，简单印象和观念的一个重要意义在于它们是想象力组合新复合观念的材料，但如果说想象力在组合新复合观念时是在处理一个个的知觉原子，则似乎与我们的日常经验并不相符。同样严重的问题还在于：知觉原子既不是我们真正注意或观察到的对象，也不是想象力运行的主要对象，因此不论在感觉中还是在心灵中，知觉原子似乎都无足轻重，进一步的，简单/复合区分也就成为无用的区分。[⑤]

对此，施米金（D. Schmicking）提出了一个解决方案，我们认为其是对这个问题的令人满意的回答，也是对简单/复合区分的令人满意的阐释。施米金认为休谟所指的简单印象和观念并非仅仅是，甚至并非主

---

① R. J. Hawkins, "Simplicity, Resemblance and Contrariety in Hume's Treatise", *The Philosophical Quarterly*, Vol. 26, No. 102, 1976, pp. 24 – 38; Wayne Waxman, *Hume's Theory of Consciousness*, Cambridge: Cambridge University Press, 1994, pp. 42 – 46; Don Garrett, *Cognition and Commitment in Hume's Philosophy*, New York: Oxford University Press, 1997, pp. 61 – 62; Henry Allison, *Custom and Reason in Hume*, Oxford: Clarendon Press, 2008, pp. 24 – 25.

② Daniel Schmicking, "Hume's Theory of Simple Perceptions Reconsidered", *Hume Studies*, Vol. 30, No. 1, 2004, p. 15; Marina Frasca-Spada, "Simple Perceptions in Hume's 'Treatise'", *Rivista di Storia della Filosofia*, Vol. 62, No. 3, *Supplemento: New Essays on David Hume*, 2007, p. 43.

③ ［英］休谟：《人性论》，关文运译，商务印书馆 2016 年版，第 307 页。

④ R. J. Hawkins, "Simplicity, Resemblance and Contrariety in Hume's Treatise", *The Philosophical Quarterly*, Vol. 26, No. 102, 1976, p. 31.

⑤ Wayne Waxman, *Hume's Theory of Consciousness*, Cambridge: Cambridge University Press, 1994, p. 45.

要是知觉原子，而是其所谓的“介观知觉”（mesoscopic perceptions），亦即我们能将其视为整体而直接设想的对象。[①] 例如一颗苹果的样子就是这种我们能够直接想象出来的观念。这种观点将简单/复合区分做了相对化的处理，不再把简单性局限于在现象领域严格执行区分和分离后得到的结果，而是赋予其一定的范围。这个范围的一端是知觉原子，另一端则是休谟所指的日常意义上的简单印象和观念。对于这些日常意义上的简单知觉，我们既能够将它们视为一个个与其背景相对立的整体来进行处理，还能把它们作为部分来组合新的复合观念。由此，简单/复合区分在不同文本中的标准得以统一，同时也能够在实际中得以运用从而不再是无用的。[②]

但这一解读却也面临着另一方面的问题：一旦我们将简单/复合区分相对化，我们是否将不得不承认一切知觉都可以被视为是简单的？如果这样的话，这一区分还有什么意义？或者说这一相对化有其界限，那么这一界限何在？我们又该如何理解和解释这一界限？这似乎是无法在休谟的观念理论中得到回答的问题。

第十节　情感的本质

反省印象在心灵知觉系统中扮演着重要的角色，这一点在上文对心灵知觉系统的空间性质的讨论中已经得以呈现。这类知觉也是休谟观念

---

① Daniel Schmicking，“Hume's Theory of Simple Perceptions Reconsidered”，*Hume Studies*，Vol. 30，No. 1，2004，p. 15.

② 弗拉斯卡 - 斯帕达（M. Frasca-Spada）亦持有类似观点，在他看来，“一个印象是因为它的直接呈现（immediacy）而得以被界定为简单印象的”。遗憾的是他对与此相关的心灵机制也没有进一步的讨论。参见 Marina Frasca-Spada，*Space and the Self in Hume's Treatise*，Cambridge：Cambridge University Press，1998，p. 182. 此外，什洛维克（E. Slowik）在讨论有空间大小的知觉（spatial magnitude perception）时也指出其并非想象力构造的产物而应该是我们的直接经验，“简而言之，我们感知有广延的形状：我们不感知以特定结构次序排列的无广延的最小点”。虽然什洛维克没有直接讨论简单/复合区分的问题，但他的分析和结论与我们这里的解读完全一致。参见 Edward Slowik，“Hume and the Perception of Spatial Magnitude”，*Canadian Journal of Philosophy*，Vol. 34，No. 3，2004，p. 371。

理论中仅剩的还未为我们所讨论的要素。依据猛烈程度的不同，休谟将反省印象分成情绪和情感。[①] 休谟将讨论的重点放在情感之上而并未对情绪做过多讨论。我们认为之所以如此的原因一方面在于情绪与情感实际上并没有本质上的区别；另一方面则在于，相比于情绪，情感猛烈程度更高、有着更为明显的现象上的表现，而且更为基础数量也更多，所以能够更为清楚地反映反省印象的本质。对此的具体论证需要在第四章对情感分类的讨论中才能进行，所以我们现在先不对休谟的这一安排做过多考虑，暂且与他步调一致，主要关注情感。

休谟对情感的讨论聚焦于情感的因果机制，亦即情感发生的条件、方式以及情感所造成的结果。至于情感本身，休谟则似乎并未直接做过多少讨论。因此，情感这一概念在《人性论》中总显得模糊不清从而阻碍了我们对休谟的情感理论的细致理解。大体上我们知道情感由快乐或痛苦的对象所引起并依据对象具体情况的变化而变化；也知道情感与知性有着密切的互动，知性活动的变化会影响情感的表达，情感的发生则会干扰知性的正常运行。但所有这些互动的深层机制为何？心灵和情感的哪些性质以怎样的方式引起了这些互动？这些问题总是难以把握。以至于在休谟情感理论的几乎每个具体问题上都有对立观点的激烈争锋。[②] 之所以如此的一个重要原因即在于学者们缺乏对休谟的情感概念的本质性共识。情感具有哪些性质？这些性质有何表现？它们与情感的原因和结果又有何关系？甚至于情感究竟是什么？情感因果机制中的哪些部分应视为情感本身？又有哪些部分虽与情感联系密切但终究外在于情感？只有能够回答这些事关情感本质的问题，我们才有可能进而准确、全面地把握休谟的情感机制。本节将试图回答这些问题，以期能廓清休谟的情感概念，并揭示出休谟情

① ［英］休谟：《人性论》，关文运译，商务印书馆 2016 年版，第 306 页。

② 对此的清楚体现，参见 Elizabeth S. Radcliffe, "Hume's Psychology of the Passions: The Literature and Future Directions", *Journal of the History of Philosophy*, Vol. 53, No. 4, 2015, pp. 565 – 606。

感机制中的更多细节。

一 情感与感觉

休谟对情感有三个根本论述：其一，情感是不可定义的简单印象；其二，情感是不表象其他对象的“原始存在”；其三，情感既有特定的感觉又有其所指向的对象。这三点论述相互之间有着密切的联系。情感的“简单而同一”（simple and uniform）意味着其无法定义。① 同时，情感的简单性还意味着，虽然休谟对情感进行了结构性的讨论，揭示了认知活动在情感发生机制中的角色，但他并不认为这些认知活动及其对象（亦即观念）是情感的组成部分。② 因此，情感是可以通过内省直接得到的、可以与其原因和结果相分离的、本身不具有认知属性的单纯感觉。③ 也就是说情感与我们处于“口渴、疾病或是五尺多高”时的感觉一样，是不指向（no reference to）其他对象的原始存在。④ 对于这里的“不指向”，学者们认为休谟的意思仅仅是情感作为印象不具有观念所具有的表象性质，不表象自身之外的其他对象，而并不是指情感不具有意向性。⑤ 因为休谟明确承认情感具有意向性：情感的发作并不只是单纯感觉的出现，在感受特定感觉的同时，心灵还总会“指向”某个对象。例如心灵在感到骄傲时总会以自我为对象，而在感到爱时则总是以所爱之人为对象。⑥ 这一对象就是情

① ［英］休谟：《人性论》，关文运译，商务印书馆 2016 年版，第 307 页。

② 例如间接情感的“双重关系”机制。参见［英］休谟《人性论》，关文运译，商务印书馆 2016 年版，第 317 页。

③ Nicholas Capaldi, *Hume's Place in Moral Philosophy*, New York: Peter Lang Publishing, 1989, p. 157.

④ ［英］休谟：《人性论》，关文运译，商务印书馆 2016 年版，第 449 页。

⑤ Rachel Cohon, "On an Unorthodox Account of Hume's Moral Psychology", *Hume Studies*, Vol. 20, No. 2, 1994, p. 188; Amy Schmitter, "Making an Object of Yourself: On the Intentionality of the Passions in Hume", in Jon Miller, eds., *Topics in Early Modern Philosophy of Mind*, Springer, 2009, pp. 229 – 230; Hsueh Qu, "The Simple Duality: Humean Passions", *Canadian Journal of Philosophy*, Vol. 42, No. S1, 2012, p. 101.

⑥ ［英］休谟：《人性论》，关文运译，商务印书馆 2016 年版，第 308、361 页。

感的意向对象，情感对其的指向亦即情感的意向性。[①] 同时，因为情感的简单性，情感的对象不可能是情感的一部分，只能是外在于情感的结果。这意味着，情感与其对象间的关系是因果关系，因而是偶然关系，而非必然的逻辑关系。进而，意向性只能是情感通过因果关系获得的外在性质，而非情感的内在性质。

这一原子主义式的情感理论在当代受到不少批评，被认为已经受到了决定性的反驳。[②] 以至于"当代哲学家们经常以此作为讨论的起点"，认为不再有为其辩护的需要。[③] 批评者们所持有的主要是以下四点理由：第一点理由是，感觉不是能够用来确定情感的决定性因素。因为不同情感可能会具有相同或十分相近的感觉，例如羡慕和嫉妒、愤慨和恼怒等。[④] 此外，情感有时并不会产生感觉。[⑤] 因此，特定的感觉对于情感来说并不是必要的。[⑥] 第二点理由是，情感有意向性而感觉没有，因

---

① Rachel Cohon, "On an Unorthodox Account of Hume's Moral Psychology", *Hume Studies*, Vol. 20, No. 2, 1994, p. 188; Rachel Cohon, "Hume's Indirect Passions", in Elizabeth S. Radcliffe, eds., *A Companion to Hume*, Oxford: Blackwell Publishing, 2008, p. 164; Amy Schmitter, "Making an Object of Yourself: On the Intentionality of the Passions in Hume", in Jon Miller, eds., *Topics in Early Modern Philosophy of Mind*, Springer, 2009, p. 224; Hsueh Qu, "The Simple Duality: Humean Passions", *Canadian Journal of Philosophy*, Vol. 42, No. S1, 2012, p. 98; Elizabeth S. Radcliffe, "Hume's Psychology of the Passions: The Literature and Future Directions", *Journal of the History of Philosophy*, Vol. 53, No. 4, 2015, p. 583.

② Páll S Árdal, "Hume and Davidson on Pride", *Hume Studies*, Vol. 15, No. 2, 1989, p. 388; Robert Henderson, "David Hume on Personal Identity and the Indirect Passions", *Hume Studies*, Vol. 16, No. 1, 1990, p. 36; Amyas Merivale, "Hume's Mature Account of the Indirect Passions", *Hume Studies*, Vol. 35, No. 1&2, 2009, p. 200; Mark Collier, "Hume's Science of Emotions: Feeling Theory without Tears", *Hume Studies*, Vol. 27, No. 1, 2011, p. 4.

③ Mark Collier, "Hume's Science of Emotions: Feeling Theory without Tears", *Hume Studies*, Vol. 27, No. 1, 2011, p. 7.

④ Mark Collier, "Hume's Science of Emotions: Feeling Theory without Tears", *Hume Studies*, Vol. 27, No. 1, 2011, p. 5.

⑤ Páll S Árdal, *Passion and Value in Hume's Treatise*, Edinburgh: Edinburgh University Press, 1966, p. 20; Páll S Árdal, "Hume and Davidson on Pride", *Hume Studies*, Vol. 15, No. 2, 1989, p. 392.

⑥ Donald Davidson, "Hume's Cognitive Theory of Pride", *The Journal of Philosophy*, Vol. 73, No. 19, 1976, p. 744.

此情感不同于感觉。[①] 第三点理由是，情感与其原因和对象之间的关系不能是偶然的因果关系，否则我们就可能因为与我们无关的东西而骄傲，或者在骄傲的时候考虑的是别人而不是自己，而这是荒谬的。骄傲就是因为与己有关的优点而产生的对于自身的满意，是自我评价的形式。如果不是以这种方式产生出来的情感，就不能被称为骄傲。其他情感也是如此，其本质都是自身特定的结构和形式。因此，情感以及它的原因和结果实际上都被包含于情感的概念之中，它们之间所具有的是必然的逻辑关系，而不是偶然的因果关系。[②] 第四点理由则是，情感具有规范性，我们会评判我们在特定情形下产生的情感以及其程度是否合理，但感觉本身则不具有这种规范性。因此情感不同于感觉。[③]

这四点理由一齐指向了对情感的整体主义理解，使其成为希望为休谟辩护的学者们解读休谟情感理论的一个重要方向。在这种阐释中，休谟被认为持有的是“情感是特定的感觉和信念（亦即情感的原因和对象）组合而成的复合知觉”这种整体主义观点。[④] 在这种观点中，情感

---

① Mark Collier, “Hume's Science of Emotions: Feeling Theory without Tears”, *Hume Studies*, Vol. 27, No. 1, 2011, p. 5.

② Páll S Árdal, *Passion and Value in Hume's Treatise*, Edinburgh: Edinburgh University Press, 1966, p. 23; Terence Penelhum, *Hume*, London and basingstoke: Macmillan Press Ltd., 1975, p. 89; Annette Baier, “Hume's Analysis of Pride”, *The journal of Philosophy*, Vol. 75, No. 1, 1978, p. 29; Páll S Árdal, “Hume and Davidson on Pride”, *Hume Studies*, Vol. 15, No. 2, 1989, p. 388; Rachel Cohon, “On an Unorthodox Account of Hume's Moral Psychology”, *Hume Studies*, Vol. 20, No. 2, 1994, p. 190; Amyas Merivale, “Hume's Mature Account of the Indirect Passions”, *Hume Studies*, Vol. 35, No. 1&2, 2009, p. 200.

③ Mark Collier, “Hume's Science of Emotions: Feeling Theory without Tears”, *Hume Studies*, Vol. 27, No. 1, 2011, p. 5.

④ Annette Baier, “Hume's Analysis of Pride”, *The journal of Philosophy*, Vol. 75, No. 1, 1978, p. 29; Páll S Árdal, “Hume and Davidson on Pride”, *Hume Studies*, Vol. 15, No. 2, 1989, p. 388; Annette Baier, *A Progress of Sentiments: Reflections on Hume's Treatise*, London: Harvard University Press, 1991, p. 180; Rachel Cohon, “On an Unorthodox Account of Hume's Moral Psychology”, *Hume Studies*, Vol. 20, No. 2, 1994, p. 189; Cass Weller, “The Myth of Original Existence”, *Hume Studies*, Vol. 28, No. 2, 2002, p. 197; Amy Schmitter, “Making an Object of Yourself: On the Intentionality of the Passions in Hume”, in Jon Miller, eds., *Topics in Early Modern Philosophy of Mind*, Springer, 2009, p. 234; Mark Collier, “Hume's Science of Emotions: Feeling Theory without Tears”, *Hume Studies*, Vol. 27, No. 1, 2011, p. 6; Jason Fisette, “Hume on the Stoic Rational Passions and ‘Original Existences’”, *Journal of the History of Philosophy*, Vol. 55, No. 4, 2017, p. 627.

不再仅仅是孤立于其原因和结果的感觉，而是由感觉、原因、意向对象以及它们相互间关系所结合而成的结构性存在。脱离开其结构，情感本身则无法得以辨认。①

这一整体主义式的解读赋予情感以意向性，并保证了情感与对象之间的逻辑关系，因而免去了休谟的情感理论在这两方面所受到的批评。但其同时却也面临着诸多困难：首先，情感的复合性与休谟对情感简单性的明确论述直接矛盾。其次，对情感的结构性解释无法说明为什么情感是不可定义的，因为情感的结构无疑应该成为其定义。② 此外，休谟在论及情感与对象时使用的是因果性的语言，亦即情感导致了特定观念的产生。③ 而已经将对象包含于情感之内的整体主义阐释则会使得这种因果性的语言难以理解。④ 最后，这一整体主义阐释还意味着情感作为印象却含有观念作为其组成部分，但休谟似乎并不会接受这样的观点。⑤ 对于这些困难，整体主义者并没有多少文本资源能够进行回应。因此，很难认为这一阐释是成功的。

幸运的是，整体主义解读的失败并不意味着休谟情感理论本身的失败。如科利尔（M. Collier）所论证的，批评者们所持有的上述理由并没能真正地驳倒休谟原子主义式的情感理论。⑥ 对于第一点反对理由可以有如下的回应：首先，情感间的相似并不足以使它们不可分辨，嫉妒和羡慕的感觉的确有所不同，愤慨和恼怒也一样。⑦ 其次，情感与感觉的分离

---

① Amy Schmitter, "Making an Object of Yourself: On the Intentionality of the Passions in Hume", in Jon Miller, eds., *Topics in Early Modern Philosophy of Mind*, Springer, 2009, p. 234.

② Hsueh Qu, "The Simple Duality: Humean Passions", *Canadian Journal of Philosophy*, Vol. 42, No. S1, 2012, p. 104.

③ ［英］休谟：《人性论》，关文运译，商务印书馆2016年版，第308、317页。

④ Hsueh Qu, "The Simple Duality: Humean Passions", *Canadian Journal of Philosophy*, Vol. 42, No. S1, 2012, p. 104.

⑤ Rachel Cohon, "On an Unorthodox Account of Hume's Moral Psychology", *Hume Studies*, Vol. 20, No. 2, 1994, p. 191.

⑥ Mark Collier, "Hume's Science of Emotions: Feeling Theory without Tears", *Hume Studies*, Vol. 27, No. 1, 2011, p. 6.

⑦ Mark Collier, "Hume's Science of Emotions: Feeling Theory without Tears", *Hume Studies*, Vol. 27, No. 1, 2011, p. 6.

可能会有两种主要情况。一种情况是：我们会说一个人因为他的房子而感到骄傲，这并不意味着他时时刻刻都在感受着特定的骄傲之感，但我们也不会因此说他没有这种感受的时候就是不为他的房子骄傲的。[①] 在这种情况中，我们所说的这个人的骄傲实际上已经不是指情感本身，而是指这一情感在这个人身上的容易发生，亦即其倾向性。因此"这个人为他的房子而感到骄傲"这一论述或许可以转换成"当这个人想到他的房子（的优点）时总会具有骄傲的感受"，在后面这一论述中，骄傲与其感觉就不再那么容易分离。但即便如此，当这个人在想着他的房子时，亦即当他的骄傲情感的原因具备时，他也很可能并没有感受到明显的、强烈的感觉。这是情感不产生感觉的第二种情况。但这种情况一般只有在这一情感已经被此人反复体验后才会发生。如果这个人在拥有这一房子之初，在想到这个房子时就没能体会到骄傲之感，我们一般并不会认为这个人的确是为他的房子骄傲的。而如果是情感一再重复后才如此，我们对此更合理的解释恐怕应该是情感的感觉因此而变得难以觉察，而并非情感不具有感觉。此外，这一现象体现的实际上是情感的猛烈程度会随其习惯程度的提升而降低这一特性，而这也是为休谟的情感理论所承认的。[②] 因此这第二种情况也不能作为反对休谟情感理论的理由。

第二点反对理由是：情感具有单纯感觉所不具有的意向性。但原子主义式的情感理论并不否认情感具有意向性，而只是认为情感的意向性并非情感的内在性质，而是与其具有因果关系的外在性质。单纯感觉则不具有这种外在的意向性。因此，情感和感觉仍然可以凭此区别开来。在心灵哲学和认知科学中，一般也会将感觉、情绪与意向性分离开来，因而与这里的外在关系观点也是相吻合的。[③] 借此，我们还能进一步考察情感的意向性对于休谟来说究竟意味着什么。休谟对意向活动的表述是"观点的固定""注意的转向"。[④] 这意味着这里的意向性实际上是心灵对

---

① Páll S Árdal, "Hume and Davidson on Pride", *Hume Studies*, Vol. 15, No. 2, 1989, p. 392.

② ［英］休谟：《人性论》，关文运译，商务印书馆 2016 年版，第 457 页。

③ Elizabeth S. Radcliffe, "Hume's Psychology of the Passions: The Literature and Future Directions", *Journal of the History of Philosophy*, Vol. 53, No. 4, 2015, p. 583.

④ ［英］休谟：《人性论》，关文运译，商务印书馆 2016 年版，第 307、308 页。

特定对象的注意，意向活动实际上是注意力的活动。① 因此，情感的意向性表现为：当情感出现时，其会推动心灵将注意力转向特定的对象。这与休谟的人性理论完全一致，同时似乎也十分符合于我们的直观感受。②

第三点反对理由是：情感的原因和对象必须包含于情感的定义之中，情感与其原因和对象之间必须是逻辑关系。如果所有具有相同苦乐性质的情感也同时都具有相同的感觉，亦即喜悦、骄傲和爱等情感的感觉是一样的，那么这一批评将会是有效的。因为在这种情况下，我们只能通过情感诸要素间的结构来辨别情感，果真如此的话，情感的原因与对象必须成为情感的必要组成部分。但我们的日常经验似乎并不支持这一前提，我们不会把对恋人的那种令人口干舌燥的爱和吃了一碗好吃的面时产生的喜悦，抑或因为这碗好吃的面是自己做的而产生的骄傲相混淆。③ 因此，情感的原因和对象并不需要进入我们对情感的辨认之中。同时，这也符合我们日常生活中所具有的另一类经验，亦即我们时而会具有的莫名的情绪，如发无名火或者是获得莫名的喜悦。我们是否会因为它们是无来由的而否认其是愤怒或喜悦呢？④

---

① Christine Korsgaard, "The General Point of View: Love and Moral Approval in Hume's Ethics", *Hume Studies*, Vol. 25, No. 1&2, 1999, pp. 32; Gerald Postema, " 'Cemented with Diseased Qualities': Sympathy and Comparison in Hume's Moral Psychology", *Hume Studies*, Vol. 31, No. 2, 2005, p. 286; Rachel Cohon, "Hume's Indirect Passions", in Elizabeth S. Radcliffe, eds., *A Companion to Hume*, Oxford: Blackwell Publishing, 2008, p. 165; Amy Schmitter, "Making an Object of Yourself: On the Intentionality of the Passions in Hume", in Jon Miller, eds., *Topics in Early Modern Philosophy of Mind*, Springer, 2009, p. 227.

② 与此相对照的是有学者提出的另一种解读，认为休谟的情感兼具内在和外在的意向性。这种内在的意向性不是注意力的特性，而是情感的感觉的一个层面。但这种解读是缺乏说服力的。我们在经验中所体验的意向性与注意活动更为吻合，而且除此以外我们也无法再分离出一种另外的、非注意力的、单纯感觉的意向性。同时，这种意向性并未能在休谟的文本中找到根据，也未能在休谟的情感理论，乃至整个人性理论中起到任何的解释作用。因此，这一内在意向性的提出既是证据不足的，也是多余的。这一解读参见 Hsueh Qu, "The Simple Duality: Humean Passions", *Canadian Journal of Philosophy*, Vol. 42, No. S1, 2012。

③ 对此休谟也有明确的认识，参见［英］休谟《人性论》，关文运译，商务印书馆 2016 年版，第 508 页。

④ 这里的无来由并不是指它们真的没有原因，而是我们在体验到它们时并没有意识到其原因。

此外，不同情感之间的原因或对象的交换也是完全可设想的：我们在关注自身优点时体会到的不是骄傲的那种满意之感而是遇到爱人时的心跳加速，或者我们在洋洋自得时想的不是自己而是与自己完全无关的另一个人，这类设想虽然在现实中基本不会出现，但却绝非不可设想，因而是可能的。如果这样的话，我们又有什么理由认为原因和对象与情感之间具有的是逻辑关系呢？而如果批评者仅仅是预先认定了这一逻辑关系，除非他们能提出进一步的论证来支持他们的观点，否则他们的这一批评就将是无效的。①

对原子主义式的情感理论的最后一点批评是该理论无法承认情感具有规范性。虽然情感作为原始存在的确不具有表象功能，因而本身无对错，但其仍然可能因为产生它的判断或意见的不合理，或者是为实现这一情感的目的而进行的因果推理的不合理而成为不合理的。② 所以我们所说的情感的规范性实际上指的是与情感相伴随的知性活动的规范性。③ 原子主义式的情感理论并不是没能为情感提供规范性，而只是没有将规范性放在批评者所预想的地方。

因此，这四条反对理由都未能真正表明休谟原子主义式的情感理论的不合理。相反，在处理这四条反对理由时，我们反而发现了休谟的理论比其反对者的理论更符合于经验的地方，并得以对休谟式的情感有了进一步的了解。对于休谟来说，情感指的是“可通过内省直接得到的、能够与其他对象相分离而被单独观察的”④ 感觉。每种情感的感觉都是独特的、与其他情感和感觉相区别的，也正是因此它们才可以通过内省而被直接辨认。情感与单纯的身体感觉不同的地方在于，情感有意向对

---

① Mark Collier, “Hume's Science of Emotions: Feeling Theory without Tears”, *Hume Studies*, Vol. 27, No. 1, 2011, p. 6.

② ［英］休谟：《人性论》，关文运译，商务印书馆2016年版，第450页。

③ Mark Collier, “Hume's Science of Emotions: Feeling Theory without Tears”, *Hume Studies*, Vol. 27, No. 1, 2011, p. 6.

④ 有趣的是，这一颇为准确的描述，却是作为对休谟情感理论的批评而被提出的。参见 Nicholas Capaldi, *Hume's Place in Moral Philosophy*, New York: Peter Lang Publishing, 1989, p. 157。

象，当情感出现时，会推动心灵将注意力固定于特定的对象之上。另一方面，情感也产生于心灵对特定对象的注意。由此可以看到：情感产生于心灵对特定对象的观察，这一被观察的对象是此时心灵所注意的对象，因此位于意识的中心；而在情感产生后，心灵并没有将注意力从原因转移至情感之上，而是被情感推动着转移到了情感的对象之上，如果是直接情感，其原因与对象相同，则注意力仍将停留于原因之上。不论是哪种情况，在情感的整个发生过程中，心灵的注意力始终位于原因和对象之上；情感则始终处于意识边缘，作为意识的“环境”，围绕、渲染和推动着知性活动。[①] 这意味着注意力与情感在心灵中各自有着固定的活动空间，亦即我们在上文对时间与空间的讨论中所区分的“意识中心”和“意识环境”。因此，当两个情感活动或两个注意力活动同时发生时，势必会产生对活动空间的竞争和挤占，因为在一个位置上只能容许一种活动的进行。但一个情感活动与一个注意力活动的同时发生则未必会产生这种冲突；相反，它们可能会“会合在一种活动里面”。[②] 间接情感的双重关系机制即由此发生。[③] 这也就解释了为什么在情感发生时我们常常难以觉察，因为情感并非我们会自然注意到的对象。借此，我们或许能进一步得出相应的实践上的指导。但这已超出了本节的范围，故不再进行讨论。在确定了情感是感觉之后，我们接下来需要考察情感这种感觉所具有的性质。

二　苦乐性质

休谟在论及情感的简单性时认为情感不可定义也不需要定义，并认为我们所能做的顶多就是“列举伴随这些情感的种种条件”。[④] 这很容

---

① 施密特（A. Schmitter）也注意到了这一结构性特征，参见 Amy M. Schmitter，“Making an Object of Yourself：On the Intentionality of the Passions in Hume”，in Jon Miller，eds.，*Topics in Early Modern Philosophy of Mind*，Springer，2009，p. 235。

② ［英］休谟：《人性论》，关文运译，商务印书馆 2016 年版，第 314 页。

③ ［英］休谟：《人性论》，关文运译，商务印书馆 2016 年版，第 317 页。

④ ［英］休谟：《人性论》，关文运译，商务印书馆 2016 年版，第 307 页。

易让人怀疑休谟是否对情感本身进行了讨论。而且《人性论》第二卷给我们的第一印象也很容易加深这一观点，因为休谟在其中所关注的似乎主要是情感的因果机制，而非情感本身。的确，休谟既没有对情感这一概念本身做过多少集中的直接讨论，也极少描述各种情感的具体现象，但这并不意味着我们无法从他的情感理论中得到他对情感的性质和内容的理解。不同于巨细靡遗的现象学讨论，休谟所做的是从情感的具体现象中选取出能够对心灵产生影响的性质，并将其整合进他的因果讨论之中。换句话说，休谟对情感本身的讨论，其意图仍然在于揭示出情感的更为细致的因果机制。[①] 被休谟选出的具有因果效力的性质共有四个，分别是苦乐性质、猛烈性、力度和确定性。

对于休谟来说，驱乐避苦是心灵最根本的原则。[②] 因此，情感所带来的快乐或痛苦，亦即情感的苦乐性质，自然是首先要受到关注的性质。如果将情感与其原因一起考察，我们将能发现它们在苦乐性质上的一致。喜悦、骄傲和爱是令人快乐的情感，而它们的原因都是能带来快乐的对象；相反，悲伤、谦卑和恨这些令人痛苦的情感的原因则都是令人痛苦的对象。[③] 因此，情感的苦乐性质似乎体现了心灵面对苦乐刺激时的“同质反应”。要确定是否如此我们还需要考察心灵面对既不令人快乐也不令人痛苦的中性对象时的情况。

让我们进行一组对照实验：首先，让我们设想或者亲身观察一些较小的，或是单个的中性对象，如一个小水洼、一个土块、一个土丘、一棵树、一位士兵、一艘船或一个路人。我们在想象或观察这些对象时应该都并不会感受到任何情感。这似乎意味着中性对象并不会带来任何情感，更不用提这一情感是否是中性的。现在让我们将这些对象的量扩大到一定程度，将它们变成“海洋、一个广大的平原、一个大山脉、一

---

① 这一点亦为 Baier 所指出，参见 Annette Baier，*A Progress of Sentiments*，Cambridge：Harvard University Press，1991，pp. 36 – 37。

② ［英］休谟：《人性论》，关文运译，商务印书馆 2016 年版，第 135 页。

③ ［英］休谟：《人性论》，关文运译，商务印书馆 2016 年版，第 315、363、473 页。

个辽阔的森林，或是任何众多的对象集合体，如一支军队、一个舰队、一大批群众”。此时，这些对象将会“在心灵中刺激起明显的情绪”。[①] 而因为在前后两次观察中变化的只有对象的量，所以我们在后一个观察中体会到的明显情绪只能“是一个复合的结果，是由原因的各个部分所产生的各个结果结合而成”[②]。也就是说，第二个观察中的这些对象所带来的情感，其实是这些对象的每一单位所产生的情感的加总。这意味着，第一个观察中的对象，亦即单个的或者是单份的中性对象，实际上也产生了相应的情感，只是因为其较不明显，所以需要聚合至一定的量之后才能被明显地觉察。而其不明显的原因，自然在于其本身既不是快乐的也不是痛苦的，因而较难以觉察，这也与我们的经验相吻合。也就是说，苦乐性质上中性的对象也会产生同样中性的情感。因此，我们可以较有把握地认为心灵具有“同质反应”这一性质：我们在观察任何对象时都会产生与其苦乐性质一致的情感。而因为我们在经验对象时或者会感到快乐，或者会感到痛苦，抑或既不感到快乐也不感到痛苦，所以情感在苦乐性质上也有快乐、痛苦和中性三种表现。至于“同质反应”本身则是无法在此给予进一步解释的心灵的原始性质。

但除了原因的苦乐性质以外，情感本身的苦乐性质还会有另外的来源，这将在下文的讨论中加以体现。

三　猛烈性

除了苦乐之别，情感还有猛烈程度上的差别。但就和情感这一概念一样，休谟也并未明确定义过何谓情感的猛烈程度或猛烈性（violence）。根据他的一贯风格，这意味着他认为猛烈性是情感中最基本且最明显的现象，因此既不需要也无法定义。但这却也使得学者们在这一

---

① ［英］休谟：《人性论》，关文运译，商务印书馆 2016 年版，第 406—407 页。

② ［英］休谟：《人性论》，关文运译，商务印书馆 2016 年版，第 407 页。这也是休谟提出的因果推理的规则之一，参见［英］休谟《人性论》，关文运译，商务印书馆 2016 年版，第 196 页。

概念的理解上产生分歧。一种广为接受的理解是情感的猛烈性就是情感出现时心灵的骚乱（disturbance）、无序（disorder）。[①] 这种解读的问题在于，虽然猛烈性与心灵的混乱无序联系紧密，但休谟多处的明确表述都是“猛烈性带来心灵的混乱无序”，而非“猛烈性就是心灵的混乱无序”，因此心灵的混乱是情感猛烈性的结果，而非其本身。[②] 正是因为这一理由，洛布否认了这一解读，并认为情感的猛烈性指的是情感的不稳定性（volatility）。[③] 可是这一解读同样难以令人满意。首先，这一解读似乎与我们的直观并不相符，情感的猛烈性与不稳定性之间的关系可能甚至要弱于猛烈性与心灵的混乱的关系。其次，这一解读的文本证据也不够有力，即使从洛布所给出的唯一文本也很难看出休谟是在论证情感的猛烈性是其不稳定性。此外，这一（不）稳定性反而更接近于休谟所提出的情感的另一个性质，即确定性（certainty）。因此我们认为情感的猛烈程度并非是情感的不稳定性。同时，回到文本我们能看到，在谈及情感的猛烈程度时，休谟总是将其与情感的可感程度或明显程度相等同或混用。[④] 因此我们认为，情感的猛烈程度指的是情感作为感觉的可感程度或明显程度。

情感的猛烈程度受到诸多因素的决定。首先，情感的猛烈性“随着祸福的增减而增减”，亦即随着作为情感原因的苦乐的增减而增减。[⑤] 这里的苦乐增减还可进一步分成两种情况，一是苦乐程度的增减；二是苦乐对象的数量的增减，这两种情况都会导致情感猛烈程度的同样增减。苦乐程度与猛烈程度的同增减可以在平静与猛烈情绪的划分中得到

---

① Louis E. Loeb, *Stability and Justification in Hume's Treatise*, New York: Oxford University Press, 2002, p. 3.

② ［英］休谟:《人性论》，关文运译，商务印书馆 2016 年版，第 451、452—453、472 页。

③ Louis E. Loeb, *Stability and Justification in Hume's Treatise*, New York: Oxford University Press, 2002, p. 4.

④ ［英］休谟:《人性论》，关文运译，商务印书馆 2016 年版，第 306、451、452、453、472 页。

⑤ ［英］休谟:《人性论》，关文运译，商务印书馆 2016 年版，第 453 页。对于休谟来说，“祸福”与“苦乐”是同义词，参见［英］休谟《人性论》，关文运译，商务印书馆 2016 年版，第 135、306、433 页。

验证。平静情绪由美和丑引起，猛烈情绪则由苦乐引起。[①] 同时，美和丑对心灵的作用也是引起快乐和痛苦。[②] 因此，我们可以将美与丑，或者至少是它们在心灵上的作用理解为程度较低的快乐与痛苦。于是我们就可以在平静和猛烈情绪与它们的原因之间看到原因的苦乐程度与情绪本身的猛烈程度之间的正比例关系。苦乐对象的数量与情感猛烈程度的关系则已经在上文对苦乐中性的情感的讨论中呈现。在那里我们看到，随着原因数量的增多，情感变得越发明显，亦即越为猛烈。因此，情感的猛烈程度随其原因的苦乐程度与数量的增减而增减。

其次，情感的猛烈程度也会随其原因的活泼性的增减而增减，“每当我们的祸福观念获得一种新的活泼性时，情感就变得更加猛烈，并且随着想象的各种变化而变化”[③]。因此相比于抽象观念，具体苦乐能引起更为猛烈的情感。[④] 而同一对象，其与我们在时间或空间上越接近，所引起的情感也越为猛烈。[⑤] 这是因为具体对象和与我们更接近的对象的活泼性都更强。[⑥]

在此可以看到，情感的猛烈程度与其原因的苦乐程度、数量和活泼性都有正比例关系。如果说情感与其原因的苦乐一致体现的是心灵面对刺激时的“同质反应”，这里则体现了心灵面对刺激时的“等量反应”。但除此以外，影响情感猛烈程度的还有另一个因素，即心灵的这一特性：当两个情感同时出现且具有关系时，占据主导地位的情感会“吞并”弱势情感并以此加强自己的猛烈性。[⑦] 这一特性将能解释另外一些导致情感猛烈程度提升的原因：当两个情感互相冲突时，例如我们有做某事的冲动却又因为某些原因需要克制这一情感时，这两个相对立情感中占优势的情感往往会因此而变得更为猛烈。我们在触犯禁忌时所体验

① ［英］休谟：《人性论》，关文运译，商务印书馆2016年版，第306页。
② ［英］休谟：《人性论》，关文运译，商务印书馆2016年版，第329页。
③ ［英］休谟：《人性论》，关文运译，商务印书馆2016年版，第458页。
④ ［英］休谟：《人性论》，关文运译，商务印书馆2016年版，第459页。
⑤ ［英］休谟：《人性论》，关文运译，商务印书馆2016年版，第453、460页。
⑥ ［英］休谟：《人性论》，关文运译，商务印书馆2016年版，第461—463页。
⑦ ［英］休谟：《人性论》，关文运译，商务印书馆2016年版，第453页。

到的强烈快感就来自于欲望战胜对其的克制后的猛烈性增强；另一方面，对于欲望的成功克制则有可能导致对相应规范的狂热。[①] 此外，当阻碍情感表达的因素由内在的克制变成外在的障碍时，如果心灵最终得以克服这一困难，其情感也会因此而表现得更为强烈。这一方面是因为心灵为了克服障碍需要投入另外的冲动，亦即额外的情感；另一方面则是因为在克服障碍的过程中，希望、恐惧等其他情感也会加入，从而为心灵的主导情感"增添燃料"。[②] 最后，如果情感具有不确定性，该情感也会因此变得猛烈。[③] 这是因为不确定性也会带来相应的情感，这将在下文进行讨论。因此，当一个情感与其他情感发生互动，不论方向是否相同，只要其占优势，总会因此变得更为猛烈。

在此我们看到，影响情感猛烈程度的诸多因素最终被收归在"等量反应"和"情感合并"这两个心灵特性之下。"等量反应"和"同质反应"一样是无法在经验领域中进一步解释的心灵的原始性质，但"情感合并"这一特性则可以得到进一步的解释，而这与猛烈性造成的心灵"骚动"有关。

上文已经提及，情感的猛烈性会使心灵混乱无序，休谟也常称其为心灵的骚动（agitation）。骚动具体表现为心灵全部能力和官能的混乱，"这时我们就无法区别真伪，每一个模糊的虚构或观念就都和记忆的印象或判断的结论具有同样的影响，也都被同样地看待，并以同样力量作用于情感"[④]。骚动有两个性质，而且这两点初看之下都是难以理解的。首先，骚动的表现意味着当心灵陷于这种状态时，观念会获得其本不该有的活泼性，心灵的混乱亦因此而起。因此，骚动的第一个性质是其能增加观念的活泼性。虽然这一结论的确为休谟所明确承认，但其却是活泼性的产生机制所无法解释的。[⑤] 因为一个观念或者由与之相关的印象

① ［英］休谟：《人性论》，关文运译，商务印书馆2016年版，第455页。

② ［英］休谟：《人性论》，关文运译，商务印书馆2016年版，第455页。

③ ［英］休谟：《人性论》，关文运译，商务印书馆2016年版，第455页。

④ ［英］休谟：《人性论》，关文运译，商务印书馆2016年版，第139页。

⑤ "例如在睡眠、发烧、疯狂或任何心情十分激动的状态中，我们的观念就可以接近于我们的印象。"［英］休谟：《人性论》，关文运译，商务印书馆2016年版，第9页。

或更活泼观念将自身活泼性借自然关系传递于其上，或者通过重复出现成为习惯而提高活泼程度。[①] 而骚动并不符合这两个条件。骚动的第二个性质是其会带来快乐，当它出现时，"心灵就好像从梦中觉醒"，"心情激发"，"整个人都精神焕发"。[②] 这也是令人费解的，一种混乱状态如何能有这样的结果？这两个性质的难以解释共同指向了一种可能性：在情感的猛烈性和心灵的骚动之间还有一个未被提及的因果环节。要引出这一环节还需要引进一个概念，即"心灵的灵敏性"。这一概念从未被休谟提及，但却不难从他的体系中推出。休谟体系有一个根本原则，即一个对象的活泼性与该对象对心灵的作用力之间有正比例关系：一个对象活泼性越强，它越能引发相应的观念、情感或行动，而且被引发的对象的活泼性也将越强。这一正比例关系的基础自然是心灵相应的原始性质，亦即我们这里所说的灵敏性。特定程度的灵敏性对应的是对象的活泼性与其对心灵的影响力之间的特定比例：随着灵敏性的增减，特定量的活泼性对心灵的作用力也会有相应的增减。因此假定一个对象的内容与活泼性不变，但心灵的灵敏性提高，则该对象对心灵的作用力也将增大，而这相当于变相提高了该对象的活泼性。由此，骚动的第一个特性得到解释。但这种增加活泼性的方式与活泼性的常规产生机制所导致的结果并不完全相同。活泼性的常规产生机制所增加的只是该对象的活泼性，对与这个对象无关的其他对象则不会有影响；而心灵灵敏程度的提升改变的则是此时心灵中所有对象的活泼性，从而使得众多平日里并不足以影响心灵的念头现在也得以如同信念一般影响心灵。因此心灵灵敏程度的提升会带来骚乱，而活泼性的产生机制则不会带来这一后果。[③] 此外，

---

① ［英］休谟：《人性论》，关文运译，商务印书馆 2016 年版，第 113、132 页。

② ［英］休谟：《人性论》，关文运译，商务印书馆 2016 年版，第 385—386 页。

③ 这两个机制的对立也解释了休谟所提到的另一个相关现象："诗的描写可以把形成一幅完善的形象或图画的那些情景更多地集拢起来。它可以似乎用较为生动的色彩把对象放在我们的面前"，亦即诗也能够激动我们的心灵从而通过提升心灵灵敏程度的方式增加对象的活泼性。但即便如此我们也不会把这些生动的对象当成真实的对象，因为诗给我们带来的感觉与我们经验真实对象的感觉"悬殊甚大"，心灵绝不至于混淆两者。之所以如此，是因为这两种感觉分别是这里所讨论的两个机制的产物。参见［英］休谟《人性论》，关文运译，商务印书馆 2016 年版，第 140 页。

灵敏性的提升显然更符合"心灵就好像从梦中觉醒""心情激发""整个人都精神焕发"这些描述，因此灵敏性也是骚动会带来快乐的真实原因。由此我们看到，灵敏性既是这里所需要的概念，又与我们的经验相符。因此我们可以较有把握地认为，情感的猛烈性带来的是心灵灵敏程度的提升，后者又进而导致了心灵的骚动。我们归给骚动的两个性质，亦即提升观念活泼性和带来快乐，实际上都是灵敏性的性质。

猛烈性、灵敏性和活泼性三者的因果关系使得"情感合并"的现象得以解释。当两个情感同时出现于心灵之中时，较弱势的情感虽然会被主导情感所取代，但其所具有的猛烈性仍然提升了心灵的灵敏程度，从而变相提升了主导情感的原因观念的活泼性，进而通过"等量反应"提升了主导情感的猛烈程度。这意味着"情感合并"实际上也是通过促发心灵的"等量反应"才得以提升情感的猛烈程度。因此，等量反应是决定情感猛烈程度的根本原则。

虽然心灵灵敏程度的提高令人愉快，但由此而来的骚动是不确定的状态，而不确定性会带来痛苦。[①] 因此，猛烈性"不但增强我们的愉快感情，而且也增强我们的痛苦感情"，因而产生的是苦乐交织的效果。[②] 但尽管夹杂着痛苦，高度灵敏的状态仍然十分令人愉快，因而是非常为心灵所需要的。所以情感猛烈程度的降低是心灵所倾向于避免的，尤其对于本身就令人快乐的情感（比如骄傲）来说更是如此。这一倾向带来的结果就是：当处于某种情感之中时，心灵会主动设想并强化有助于加强这一情感的猛烈性的观念，以此来避免情感猛烈程度的降低，甚至还将其提高。[③] 有学者将此称为"自我辩护原则"（the self-justification principle）。[④] 可以想见的是，在心灵本就因情感的猛烈而处于高度灵敏的状态时，自我辩护原则的实现将会是十分容易的。因此，心灵保持情

① ［英］休谟：《人性论》，关文运译，商务印书馆 2016 年版，第 481 页。

② ［英］休谟：《人性论》，关文运译，商务印书馆 2016 年版，第 457 页。

③ ［英］休谟：《人性论》，关文运译，商务印书馆 2016 年版，第 353、384 页。

④ Éléonore Jallé, "Hume, Malebranche, and the Self-Justification of the Passions", *Hume Studies*, Vol. 38, No. 2, 2012, p. 202.

感猛烈程度的倾向以及猛烈性与灵敏性的因果关系是情感得以影响知性的重要机制。[①] 但如果心灵因为痴迷于某一情感而反复唤起它，我们将会发现，除非心灵用以激发这一情感的原因在量上（不论是其活泼性、苦乐程度还是数量）能被不断增加，否则心灵将越来越难以感到满意。因为随着心灵对这一情感的习惯程度的增加，该情感的猛烈程度将随之减弱，因而所能提升的灵敏程度也就随之减少。[②] 猛烈性与习惯的这一反比例关系既是休谟情感理论的必要环节，又能发展出实践上的指导，在休谟的情感动力学中有着深远的意义。

至此我们得到情感猛烈性的全貌：情感的猛烈程度指的是情感作为感觉的明显程度。影响情感猛烈程度的因素很多，但本质上都是心灵对情感原因的"等量反应"的体现。具体来说，情感的猛烈程度与情感原因的苦乐程度、数量和活泼程度成正比例关系。拜尔曾质疑能否给影响情感猛烈性的众多原因以一个统一的解释，我们相信本节在此给出了答案。[③] 猛烈性会提升心灵的灵敏性并造成心灵的混乱无序从而带来苦乐交织的状态。同时，猛烈性与灵敏性的因果关系以及随之而来的心灵保持情感猛烈程度的倾向都是情感影响知性的重要机制。此外，情感的猛烈性还会随着心灵对其习惯程度的提升而降低，这一关系在情感的猛烈性与其力度的区分中扮演着重要的角色。

四 力度

情感的力度亦即情感对心灵的影响力。我们很容易将其与情感的猛烈程度相等同。很多时候情况的确如此，所以"当我们想支配一个人而怂恿他从事任何行动时，较好的办法通常是鼓动他的猛烈的情感"[④]。

---

① Éléonore Jallé, "Hume, Malebranche, and the Self-Justification of the Passions", *Hume Studies*, Vol. 38, No. 2, 2012, p. 215.

② ［英］休谟：《人性论》，关文运译，商务印书馆 2016 年版，第 457—458 页。

③ Annette Baier, *A Progress of Sentiments: Reflections on Hume's Treatise*, London: Harvard University Press, 1991, p. 167.

④ ［英］休谟：《人性论》，关文运译，商务印书馆 2016 年版，第 453 页。

但我们同样经常能体验到自己对猛烈冲动的冷静克制，而这种克制不是理性，因为它们有着不同的运行机制，因此只能是与冲动方向相反的平静情感。[①] 同时，这一平静情感能够成功压制猛烈冲动，这意味着平静情感比猛烈冲动更为有力，这又进一步意味着情感的猛烈程度与力度并不相同，甚至它们之间也不只是简单的正比例关系。所以我们需要“区分平静的情感与微弱的情感，区别猛烈的情感与强劲的情感”[②]。因此，情感力度的机制应该有别于情感猛烈性的机制。又因为“平静情感的学说是休谟对抗理性主义伦理学的主要手段”，所以情感力度的机制对休谟理论的成败与否至关重要，他需要对平静情感如何能够获得超过猛烈情感的力度给出合理的、令人满意的解释。[③] 休谟给出的答案是“习惯”：习惯会使一个情感的猛烈程度降低，这在上文已经提及。与此同步的则是情感力度的提升。因此，随着心灵对一个情感的习惯程度的提升，该情感一方面逐渐变得平静；另一方面则越来越强有力。最终，它在成为“灵魂的主导倾向”和“确定的行动原则”的同时，却也不再产生任何明显的骚动。[④] 但这一解释难以令人满意，因为休谟在此解释的只是“成为习惯的平静情感”如何变得强有力，却并未解释猛烈情感所以强有力的原因。换句话说，他并未对情感的力度本身给出一个全面的解释。此外，即使就“成为习惯的平静情感”这种情况来说，他也并未给出过习惯与情感之间的深层关系。[⑤] 因此，休谟并未提供给我们关于情感力度的深层机制。

虽然休谟的确有此疏漏，但我们并不难在他的人性体系中找到这一深层机制，只要我们意识到情感的力度实际上是情感的活泼性的体现。

---

① ［英］休谟：《人性论》，关文运译，商务印书馆 2016 年版，第 449 页。

② ［英］休谟：《人性论》，关文运译，商务印书馆 2016 年版，第 453 页。

③ Elizabeth S. Radcliffe, “Hume's Psychology of the Passions: The Literature and Future Directions”, *Journal of the History of Philosophy*, Vol. 53, No. 4, 2015, p. 587.

④ ［英］休谟：《人性论》，关文运译，商务印书馆 2016 年版，第 453 页。

⑤ Jane McIntyre, “Hume's Passions: Direct and Indirect”, *Hume Studies*, Vol. 26, No. 1, 2000, p. 84.

情感的强有力主要体现在其对意志的影响力。[①] 而这一影响力就是活泼性的本质特征之一。[②] 此外，强有力的平静情感具有的是十分确定的状态。[③] 而对象活泼程度高低的差异之一即在于其是否能够长时间稳定不变地“固定”于心灵之中。[④] 更为重要的是，习惯能增加对象的活泼性，这是休谟人性体系所承认的一个重要的心灵原始性质。因此，情感的力度实际上就是情感的活泼性程度，习惯就是通过提升情感的活泼程度从而提升了情感的力度。此外，对于两个习惯程度相同的情感，例如两个同样初次出现的情感，它们对心灵的影响力确实是由它们的猛烈程度所决定的。这也就意味着，在不考虑习惯的情况下，情感的猛烈程度与力度的确是成正比例关系的。果真如此的话，我们就可以较有把握地认为，情感最初的活泼性与猛烈性一样，也是由心灵的“等量反应”特性所决定。因此，情感的力度实际上就是其活泼性程度，一个情感产生之初的活泼性与该情感原因的量相关，重复出现的情感的活泼性则受到原因的量和习惯程度两方面的影响，这也正好对应了活泼性的两个主要来源。所以情感的猛烈程度与力度的分离，实际上是其猛烈性与活泼性的分离。[⑤] 而且这一分离只有在情感成为习惯的过程中才会逐渐出现和明显。在一个情感形成之初，其猛烈程度与活泼程度都因为“等量

① ［英］休谟：《人性论》，关文运译，商务印书馆2016年版，第453页。

② ［英］休谟：《人性论》，关文运译，商务印书馆2016年版，第136页。

③ ［英］休谟：《人性论》，关文运译，商务印书馆2016年版，第453页。

④ ［英］休谟：《人性论》，关文运译，商务印书馆2016年版，第16、488页。

⑤ 休谟在讨论形成习惯的平静情感与猛烈情感之间的对立时用了“momentary”一词来描述猛烈情感。洛布由此认为猛烈情感的表现之一是“短暂”或“易逝”的。如果按我们这里的理解，猛烈情感具有足够的活泼性，而活泼性能使对象持存于心灵之中，那么猛烈情感就不可能是短暂、易逝的。相比于洛布的观点，我们的理解显然与经验更为符合：在我们的实际体验中，越是强烈的情感越应该是长久停留于心间的。因此，休谟所用的“momentary”应如关文运先生所翻译的那样被理解为“暂时发作的”，亦即其并不是用来指示情感存在的时间长短，而是用来与习惯相对立。这就能够作为反对洛布将猛烈性等同于不稳定性的另一个理由。因为猛烈情感的短暂是他用来论证这一关系的论据之一。参见［英］休谟《人性论》，关文运译，商务印书馆2016年版，第453页；David Hume, *A Treatise of Human Nature*, David Fate Norton and Mary J. Norton, eds., Oxford: Clarendon Press, 2007, p. 269；Louis E. Loeb, *Stability and Justification in Hume's Treatise*, New York: Oxford University Press, 2002, p. 4。

反应”而受决定于这一情感的原因，因而两者的水平大致相当；但随着这一情感重复出现次数的增加，其活泼程度随之不断提升，猛烈程度则随之不断下降，两者差距由此越来越大。

五 确定性

情感的最后一个性质是我们在上文中一再提及的确定性。确定性指的是一个对象或一种感觉在心灵中稳定呈现的状态。不确定的状态“本身单独就是令人不快的”①。因此，当一个情感呈现为不确定的状态时，就会由此产生额外的痛苦。这一痛苦又会带来新的情感，并通过心灵的“情感合并”性质提升原情感的猛烈程度。因此，情感的不确定状态会提升该情感的猛烈程度；相反，不确定状态的消除则会减弱情感的猛烈程度。②

情感的稳定呈现需要三个前提：一是该情感具有足够的活泼性；二是其能够独立存在于心灵之中，免于与其他情感一同出现；三是情感的原因需要是为心灵所熟悉的。我们在力度与习惯的讨论中已经指出情感的活泼性与其确定性之间的关系。因此，一个情感如果活泼程度越高、越是强有力，则越能稳固地存在于心灵之中；反之，微弱的情感则难免飘忽不定。也就是说，情感的力度与确定性成正比例关系。其次，当情感面临着其他情感的伴随、混合或冲突时，也将呈现出不确定的状态。这种情况的主要原因之一是知性活动的不确定。当我们面对着概然性的情况，无法得出具体确切的认识时，心灵将在几个不相容的可能性之间摆动。如果这些可能性各自都会引出相应的情感的话，就会导致几种情感交替出现或混合的情况。希望和恐惧即因此产生，所以它们本身就是不确定的。③ 由此我们可以进一步推出，复合情感都缺乏确定性。此外，当心灵处于高度灵敏的状态时，由此产生的骚动也会导致多种情感

---

① ［英］休谟：《人性论》，关文运译，商务印书馆 2016 年版，第 481 页。

② ［英］休谟：《人性论》，关文运译，商务印书馆 2016 年版，第 456 页。

③ ［英］休谟：《人性论》，关文运译，商务印书馆 2016 年版，第 474—475 页。

的冲突或混合。因此，情感的猛烈性是导致这种情况的第二个主要原因。所以两个情感如果力度相同但猛烈程度不同，则较为猛烈的情感的确定性会低于较为平静的情感。此外，一个具有足够活泼性且独立存在于心灵之中的情感也未必就能够具有确定性。如果一个对象突然出现，或者是不为我们所熟悉，其所引起的情感也会是不确定的。因为“一个现象的突然性和奇特性都在心灵中自然地产生一种纷扰”，从而导致心灵的动摇不定。[①] 因此，一个情感的确定程度还与我们对其原因对象的熟悉程度成正比例。这也意味着，一个情感的确定程度与心灵对其的习惯程度成正比。

六　四种性质之间的关系

至此我们完成了对情感四种性质的分析。情感的这四种性质分别是苦乐性质、猛烈性、力度和确定性。在分析中我们不仅看到了四种性质的来源和内容，还呈现出它们相互之间的以及它们和心灵其他官能与性质之间的关系，从而丰富了休谟情感机制的诸多细节。在讨论苦乐性质时我们提到，除了情感原因的苦乐性质以外，情感本身的苦乐性质还有其他来源。现在我们可以确定，情感的猛烈性和确定性也具有苦乐性质。猛烈性会提升心灵的灵敏性从而带来快乐，确定性的缺乏则会带来痛苦。

除了猛烈性、确定性和苦乐性质的这组关系外，我们还可以进一步考察情感的性质所具有的其他关系。让我们考虑一个猛烈情感的出现。根据上文的分析，如果这一情感尚未为心灵所习惯，则其将具有不确定性，并因为不确定性带来的痛苦而引出新的情感。在此，出现了原有情感和新出现的情感之间的竞争。此时，依据两个情感之间的力度大小，较为强有力的情感将吞并较微弱的情感，并因此增强自身的猛烈程度。于是，原情感或者继续占据心灵并变得更加猛烈，或者被新情感取而代

① ［英］休谟：《人性论》，关文运译，商务印书馆 2016 年版，第 480—481 页。

之。如果原情感继续占据心灵，其猛烈程度的加强也就意味着其感觉变得更为明显，因此这一情感的苦乐程度将大于其本来应该有的水平。因为一个情感的猛烈程度是随其习惯程度的提升而递减的，因此情感初出现时，亦即这一情感的原因初出现时，往往是这一情感最为猛烈的时候。所以“新的事物都是最能感动人的，并且给予我们比它（严格地说）原来所能引起的苦、乐更大的苦、乐”①。而如果是不确定性带来的情感取代了原情感，则不论原情感是什么，也不论原情感的原因是好是坏，我们此时都会转而对这一原因产生恐惧。因为不确定的痛苦就是恐惧的本质结构，因此“一切种类的不确定，都与恐惧有一种强烈的联系”②。所以我们容易对新生事物感到恐惧。③ 但如果其不至于使我们恐惧的话，则在其出现之初，将容易受到我们过分的追捧。

此外，我们这里假设的是这一猛烈情感所引起的心灵骚动的不确定性要大于该情感的活泼性所提供的确定性，因此这一情感是不确定的状态，并进而引出之后的一系列反应。但如果这一情感的猛烈程度和活泼程度都高到极致（如前所述，它们在未受习惯影响时成正比例关系），而且活泼性带来的确定性压过了骚动带来的不确定性，则这一情感将呈现为猛烈且确定的状态。此时心灵将完全由这一情感和其对象所占据，而不再会有其他观念和情感的出现。如果这一情感及其对象本该引发新的知性和情感活动，则这些后续的心灵活动会因此而受到“屏蔽”。因此，他人的悲惨遭遇会触发我们的同情机制使我们产生对此人的怜悯。但如果这一遭遇过于悲惨，“以超出平常的力量激动我们时”，我们就会完全被这一极度悲惨的遭遇以及由此而产生的恐惧所控制。期间，我们的同情机制，甚至是正常思考的能力，都将暂时停摆，整个心灵因此陷于停滞。④ 这正对应着我们在讨论心灵中的时间维度时所指出的这种

① ［英］休谟：《人性论》，关文运译，商务印书馆 2016 年版，第 457 页。
② ［英］休谟：《人性论》，关文运译，商务印书馆 2016 年版，第 481 页。
③ ［英］休谟：《人性论》，关文运译，商务印书馆 2016 年版，第 481 页。
④ ［英］休谟：《人性论》，关文运译，商务印书馆 2016 年版，第 422 页。

现象：当心灵完全为现在维度中的内容所吸引时，时间维度间的转换将会因此而停滞。

接下来我们考虑习惯对于情感的影响。设想一个初出现时猛烈且不确定的情感。这一情感将因为提升心灵灵敏性而带来快乐，并因为不确定性而带来痛苦，因此呈现为苦乐交织的状态。而随着这一情感的重复出现，其猛烈程度将逐渐降低，从而对心灵灵敏性的提升效果也将减弱，进而也将减轻其出现时心灵的骚动程度。另一方面，这一情感的活泼性会逐渐增加。骚动的减弱与活泼性的增加共同促进了情感确定程度的提升。在这一过程的某个中间点，情感将仍然能够提升心灵的灵敏性并因此带来快乐；同时，确定性的提升又使得心灵能免于不确定性带来的痛苦。同时，现前的确定状态也将因为免去了先前的不确定之苦而显得是愉快的。[①] 这是习惯所能够产生的顺利之感之所以能带来快乐的原因。[②] 因此在这个阶段，情感带来的将是纯粹且强有力的快乐，其甚至能“把痛苦转变为快乐，并且在相当时候以后使我们对原来是极为生硬、令人不快的事物感到一种兴趣”[③]。但当这一情感的习惯程度继续提升，猛烈性继续下降，灵敏性无法再受到提升，心灵则会因此陷入缺乏灵敏性的、无精打采的痛苦状态。同时，不确定状态已经过去较久，对其的痛苦记忆变淡，当前的确定状态难以再通过与不确定的痛苦的对比带来快乐。因此，此时的情感将失去所有的快乐来源而变得平淡无味。不仅如此，通过与前一阶段的高度快乐的对比，这一平淡无味还将因此而显得痛苦。再加上心灵的无精打采所带来的痛苦，这一阶段的情感将因此是令人痛苦的。[④] 所以情感最令人快乐的状态是其猛烈程度适中的适度状态，而非猛烈程度完全消除的完全平静状态。有学者认为，在休谟看来情感的平静总要优于情感的猛烈，因此休谟无条件地追求情

① ［英］休谟：《人性论》，关文运译，商务印书馆 2016 年版，第 488 页。
② ［英］休谟：《人性论》，关文运译，商务印书馆 2016 年版，第 457 页。
③ ［英］休谟：《人性论》，关文运译，商务印书馆 2016 年版，第 457 页。
④ ［英］休谟：《人性论》，关文运译，商务印书馆 2016 年版，第 458 页。

感的完全平静。① 在此我们看到，情况并非如此。

七　总结

现在，我们得到了休谟式的情感的全貌。情感是“可通过内省直接得到的、能够与其他对象相分离而被单独观察的”感觉，其产生于心灵对注意力对象的“同质反应”和“等量反应”，并在出现后或者将注意力继续固定于该对象，或者推动其转移至特定的对象之上。由此体现出的是情感和注意力的“空间结构”：情感总是处于意识环境之中，作为背景或氛围参与注意力活动，在自然状态下并不进入意识中心。情感自身具有四个性质，即苦乐性质、猛烈性、力度和确定性，它们既与情感的原因和对象、又与知性和习惯关系密切，它们相互之间亦是如此。它们的自身性质以及关系网络揭示出了一个复杂、细密的情感动力学模型，使得我们能够借此对情感的变化以及情感参与下的知性活动进行解释甚至是预测。本节仅仅讨论了情感的抽象概念，并未触及对具体情感类型以及情感分类的讨论。只有这些部分的讨论也得以完成后，休谟的整个情感体系才能最终呈现于我们眼前，知性与情感的具体互动机制也才能得以显现。

第十一节　本章总结：从观念理论到官能理论

本章中我们详细考察了休谟观念理论中的各类知觉、它们各自的性质、它们之间的区分和关系。同时，我们还发现了心灵面对知觉时具有两个视角，它们分别对应着知觉的不同性质和关系。在“第一人称视角”，我们依据活泼性程度将知觉分为印象和观念，又在观念中区分出了记忆观念和想象观念。在“第三人称视角”中，我们同样能做出这两重区分，但区分标准不再是它们的活泼程度而是它们之间的关系。所

---

① John Immerwahr, “Hume on Tranquillizing the Passions”, *Hume Studies*, Vol. 18, No. 2, 1992, p. 295.

以在这两种视角中，两重同样区分的界限却有可能是不相同的。同时，在“第三人称视角”中，心灵还能将知觉划分为自然、身体和心灵三个知觉系统。在自然知觉系统中，联结知觉的关系主要是空间和时间关系。在心灵知觉系统中，发挥作用的则主要是类似关系和习惯性联结。

休谟讨论观念理论的本意在于以其为工具构建他的人性体系。但在这一章中可以看到，这一理论中的要素或者本身的性质和机制并未得到充分的呈现，或者在对它们的描述中实际上已经混入了不属于观念理论的内容，如“注意力”“意识环境”“心理倾向”和“设想”等。这两点似乎一同指出了观念理论作为人性体系基本范式的不足：观念理论无法完整地呈现心灵的全部要素、它们的性质和互动方式。

另一方面，观念理论也有着它独特的优势，亦即其开放性。在这一理论中，所有对象都只是以特定方式相联结和互动的一系列知觉，而任何知觉之间的联结都是可能的，所以不同知觉系统之间的互动也是完全为观念理论所允许的。也就是说，因为观念理论没有进行本体论上的预设，所以我们在用观念理论理解知觉系统间的互动时不需要先处理本体类型不同的对象之间的互动何以可能这类本体论问题。这将使得以观念理论为基础而建立的体系能互相开放，分别以心灵、自然和身体为研究对象的“人性科学”“自然哲学”（自然科学）与“解剖学”（生理方面的学科）之间不仅不会互相排斥而且能够互相补充与印证。

在观念理论中我们的确可以看到自然、身体和心灵三者之间密切的关系和互动。身体作为自然知觉系统的一部分，自然会与该系统的其他部分进行互动、相互影响。自然知觉系统对心灵的影响主要通过两个途径：一是借由身体产生苦乐从而引起一系列的印象、观念和心灵活动；二是与心灵的习惯合力型塑想象力，例如使心灵以特定的空间和时间顺序设想对象、使心灵进行特定的因果推理并做出相应的判断等。身体与心灵之间的互动更为密切：一方面，身体会产生苦乐以及各种原始的倾向，从而引起相应的心灵活动，身体状态的好坏也会影响心灵状态的好坏；另一方面，心灵活动会产生意志从而推动身体进行活动，心灵状态的好坏也会影响身体状态。同时，身体与心灵之间还有着诸多共同的特性和机制。因此，身体和心灵为类似关系和因果关系所紧密地联结并因此形成一个统一的自我知觉系统。

在此我们能得到两个发现而且它们共同指向了同一个结论。第一个发现是：自然、身体和心灵相互间关系密切，而系统就是为关系所联结的知觉集合，这意味着这三个知觉系统能够合并为一个更大的知觉系统。第二个发现是：当我们将注意力放在是否是广延物这个层面上时，我们会区分出身体和心灵两个知觉系统，但当我们将注意力放在它们之间的因果和类似关系时，我们得到的则是一个统一的自我知觉系统。这两个发现共同体现出观念理论的一个特点：同样的一系列知觉之间可能有着多种联结方式，我们将注意力放在不同的联结方式上，就会得到不同的系统分类方式。

这意味着，观念理论向我们提供了不止一种视角，不同视角会呈现出不同的世界样貌。这是观念理论所具有的第二个特点。例如已经为我们所一再提及的“第一人称视角”和“第三人称视角”就是共存于观念理论中的两个视角；再比如休谟自己提及的“日常观点”“假哲学观点”和“真哲学观点”。[①] 在不同的视角中，我们所得到的对于世界的认识并不都会是正确的，所以视角有对错之分。同时，我们往往无法在不同视角之间任意切换，因为有些视角更为基础、自然和难以摆脱，有些视角则相反。例如相比于将自然与自我视为同一个系统，将两者相分离就是更为基础的视角。所以视角还有强弱之分。同时，视角的对错与其强弱也并不对应，日常观点是最强有力的观点，但同时也是错误的观点。

不仅观念理论中包含了不同的视角，观念理论本身也是一种特定的“元视角”，即关注于意识对象的视角。与之相对应的，则是以心灵的基本能力和性质为对象的简单官能视角。我们相信上文指出的观念理论

① ［英］休谟：《人性论》，关文运译，商务印书馆 2016 年版，第 246 页。

的不足正需要由简单官能理论来加以弥补。需要注意的是，简单官能理论只是补充而非代替观念理论。因为简单官能本身并非能直接被观察和分析的对象，我们需要从它们的结果亦即相应的知觉反推至官能本身，以此来确定和分析简单官能的性质。观念理论是简单官能理论的基础，我们所说的简单官能或者是观念间的某些因果关系，或者是因果关系中的某些尚未被揭示的中间环节。所以简单官能理论并未跳脱出观念理论的范畴，其并非经验之外的实体，而只是对经验中的特定环节的“缩写”。从观念理论到简单官能理论的转换实际上只是从以知觉为核心的视角到以关系为核心的视角的转换。这种转换并非毫无意义之举，每一视角都有其所揭示和遮蔽的层面，只有诸种视角的互补和融合才能照亮所有被遮蔽的角落，得到尽可能完整的心灵世界的图景。因此，观念理论的不足并不意味着其应该被抛弃，因为它是经验主义路径仅有的入口。它的不足意味着的是它自身的尚未完整，就如入口还并不是终点，因而需要我们以其为基础而发展进一步的理论和体系。

因此，我们将在下一章中建构能够与休谟的观念理论相契合并相互补充的简单官能理论，从而为最终呈现出他的人性机制提供尽可能完备的基础。这一建构并非凭空捏造，我们将看到其中的大部分核心内容早已隐藏于《人性论》的各个角落，并已经在本章中得到了提示。

第三章　简单官能理论

对简单官能的讨论在《人性论》中并不在少数，但休谟并未在这方面做过系统性的论述，他从未告诉我们在他的人性机制中共有哪些基本的官能、它们都有什么性质、能进行怎样的活动、这些官能之间又是如何互动的。因此，对《人性论》中的官能理论的考察一方面有着充分的文本资源，另一方面却又似乎缺乏清晰的线索。

近年来学者们逐渐意识到休谟的人性机制作为“知觉模式”或“现象模式”与理性主义人性机制的“推理模式”或“逻辑模式”的不同，并开始承认休谟的人性机制的合理性。在逻辑模式中，人性机制根本上是进行命题推演的逻辑系统。对于知觉模式来说，心灵的根本活动则是对现象的接收、处理和反应。① 在观念理论的视角中，这一观点已经得到很好的印证：心灵活动在其中的确呈现为各类知觉间的互动，或者说是各种现象层面的变化；心灵本身则被视为被因果关系所联系的知觉系统。② 此外，休谟对“有着如此精微和精神性本性”（of so refin'd and spiritual a nature），以至于无法为想象所设想的观念，以及与它们相对应的“纯粹且理智的”（pure and intellectual）、“灵魂的更高级官能”

---

① Michael Costa, “Hume on the Very Idea of a Relation”, *Hume Studies*, Vol. 24, No. 1, 1998, p. 81; Henry Allison, *Custom and Reason in Hume*, Oxford: Clarendon Press, 2008, p. 6; Graciela De Pierris, *Ideas, Evidence, and Method: Hume's Skepticism and Naturalism concerning Knowledge and Causation*, Oxford: Oxford University Press, 2015, p. 5; Wayne Waxman, “Hume's Theory of Ideas”, in Paul Russell, eds., *The Oxford Handbook of Hume*, New York: Oxford University Press, 2016, p. 155.

② ［英］休谟：《人性论》，关文运译，商务印书馆 2016 年版，第 288 页。

的拒绝也能很好地印证这一观点。①

因此，就如我们在讨论活泼性时已经指出的，休谟式的心灵是一个以经验为核心的系统：其完全“沉浸于”经验之中，所具有的是处理经验的能力，所进行的也是以经验为对象的活动。这将成为我们考察休谟的简单官能理论的主要线索。在本章中，我们将最终得以发现心灵具有五种与经验相关的活动，它们分别是心灵对经验内容的保留、复现、观察、评价和改变。与之相对应的，我们将发现心灵具有记忆、设想、注意力这三种简单官能以及一系列的情感机制。设想的连续进行是推移，具体来说又有任意推移、联结式推移、或然性推移和二阶推移这几种方式，推移由自然关系所推动。注意力的连续进行是比较，比较的结果是哲学关系的发现。由此，我们得以获得对自然关系与哲学关系的进一步理解。与设想和注意力活动密切联系的是心灵中的动力性因素，亦即自然关系、活泼性与苦乐感受，它们分别为设想和注意力活动提供动力。在情感方面，我们一方面会进一步挖掘情感本身所具有的性质；另一方面也将发现一系列情感机制，它们是情感与注意力和设想之间特定的互动方式。而所有的这些心灵官能与活动都需要在一个意识结构中得以呈现，也就是我们在第二章第八节、第十节中已经指出的心灵的“空间结构”。我们接下来将会看到，这是休谟式的心灵所具有的根本性的结构。本章的讨论将从这一结构开始。

第一节　心灵的“空间结构”：注意力和心理倾向

一　心灵的“空间结构”

我们在第二章第十节已经指出注意力活动和情感活动在意识中的不同位置：注意力活动始终运行于意识的中心；情感则始终发生于意识环

① ［英］休谟：《人性论》，关文运译，商务印书馆 2016 年版，第 84 页。

境之中。在知性活动中同样能看到意识不同位置上的不同表现：心灵在设想活泼性程度不同的对象时的一个不同表现即在于“精神的旺盛或低沉”[①]。在这一活动中，心灵的注意力自然是集中于其所设想的对象之上，所以旺盛或低沉的精神状态只能是与注意力的对象并置于意识之中并位于意识环境的相应感受。活泼性与特定的情感是易于为我们所混淆的。[②] 这其中除了因为它们有着类似的感觉之外，另一重要原因恐怕就在于它们在心灵中的位置相同。因此，不论在知性活动还是情感活动中，注意力始终活动于意识中心，而情感和活泼性则发生于意识环境中。我们将注意力留待下文进行考察，在此先对意识环境做一初步讨论。

二　意识环境：心理倾向

首先需要明确的是，意识环境并非视野边缘，其所承载的是我们的内在感受而非视觉对象。意识环境的状态被休谟以“disposition”所指称，关文运先生在大部分情况下将其译为“心理倾向”，这一概念在我们第一章对活泼性的讨论中也已经出场。休谟并未明确指出过心理倾向的具体内涵，但基于他的相关论述我们可以有较大的把握进行这一断定。在讨论活泼性时，心理倾向被用来指称心灵设想对象时的旺盛或低沉的精神状态。[③] 在对情感的讨论中，心理倾向则被休谟用来指代能带来其他情感的情感感觉：休谟至少两次提到特定的心理倾向会带来特定的间接情感;[④] 这实际上就是间接情感发生机制中的“印象的联结”，亦即一个情感会自然地引出与它类似的情感;[⑤] 而情感作为印象只能是指情感的感觉。因此，当心灵注意一个对象时，意识环境中会有相应的感觉方面的变化，这类感觉被休谟统称为心理倾向。心理倾向与活泼性和情感关系密切，它的具体性质将会在这两方面的活动中得到充分体

---

① ［英］休谟：《人性论》，关文运译，商务印书馆 2016 年版，第 114 页。
② ［英］休谟：《人性论》，关文运译，商务印书馆 2016 年版，第 140 页。
③ ［英］休谟：《人性论》，关文运译，商务印书馆 2016 年版，第 114 页。
④ ［英］休谟：《人性论》，关文运译，商务印书馆 2016 年版，第 317、366—367 页。
⑤ ［英］休谟：《人性论》，关文运译，商务印书馆 2016 年版，第 313 页。

现。所以我们将在讨论进行至情感之时再来具体呈现心理倾向在这方面的性质。心灵倾向在活泼性方面的表现则是在接下来的官能讨论中无法绕开的，所以我们需要在此先行讨论。

我们在第二章第一节第三部分对活泼性的传递机制的讨论中已经指出心理倾向在其中的关键作用：当一个活泼程度高的对象进入心灵时，心理倾向会因此处于高度活泼的状态，其表现为精神的旺盛、注意的集中；相反，当心理倾向活泼程度不够时，精神将会变得低沉，注意力也会因此涣散。[①] 另一方面，当心灵处于高度活泼的心理倾向中时，它所设想的对象也会因此拥有强烈的活泼性。同时，当心灵从一个对象推移到另一个对象上时，心理倾向会相应地发生变化；但如果其推移是“顺利的、不知不觉的”，则心理倾向会因此而留存。这三个因素的结合使得活泼性可以在对象之间传递：当心灵设想或感觉到一个高度活泼的对象时会获得高度活泼的心理倾向；若这一对象与另一个观念之间有联结，心灵就会顺着这一关系顺利地推移至那个观念之上；在这一推移过程中原先活泼的心理倾向得以留存，此时心灵以这一高度活泼的心理倾向设想这一观念，从而使得这一观念获得了额外的活泼性。[②]

在这一机制中我们可以看到心理倾向的三个性质。一、心理倾向的活泼程度对应着精神的振奋程度以及心灵集中注意力的容易程度。二、心理倾向和心灵对象在活泼性上会相互影响：活泼性强烈的对象会提高此时心理倾向的活泼性水平；反之，当心灵以高度活泼的心理倾向设想活泼性不足的对象时，也会赋予该对象以额外的活泼性。这进一步意味着活泼性会在意识环境和意识中心之间由高到低双向传递，从而也就意味着意识环境能够“吞吐”活泼性。三、不同的推移方式会带来心理倾向的不同变化：若心灵在没有联结的对象间进行不自然的推移，心理倾向会发生相应的改变；若心灵在有联结的对象间进行顺利的推移，心理倾向则会因此而留存。我们可以将此理解为心灵在设想对象时会为其

---

① ［英］休谟：《人性论》，关文运译，商务印书馆 2016 年版，第 114 页。

② ［英］休谟：《人性论》，关文运译，商务印书馆 2016 年版，第 114 页。

配备相应的意识环境，所以在进行任意推移时，设想对象的明显变更会使得心灵将意识环境进行相应的“刷新”；相反，顺利推移的过程与无推移的过程十分类似，而没有新的设想对象出现时心灵不会进行意识环境的刷新，所以联结式推移发生于同一个意识环境中。但心理倾向的活泼性的留存并非没有限度，在心灵进行过几次推移之后，心灵活动就会“变得勉强而不自然”，观念则“变得微弱而模糊”。[①] 也就是说，随着心灵的推移，心理倾向的活泼性会逐渐减弱。我们还可以进一步意识到：即使心灵停留于一个对象上，一段时间过后精神的振奋程度也总会逐渐降低、注意力也总将变得难以集中于其上。这意味着心理倾向的活泼程度总会随着该心理倾向的留存时间的增长而降低，或者说同一个意识环境中的活泼性总会逐渐损耗。同时，意识环境既然是活泼性在心灵中的“处所”，那么其自然也就应该是后者在心灵中发挥作用的地方。而我们在第一章中曾指出心灵具有一个与活泼性的影响力相关的性质，亦即灵敏性：灵敏性越高则意味着相同量的活泼性能产生的影响越大。我们在此则得以进一步推出：灵敏性应该是意识环境中所具有的性质。

由此我们得到意识环境的四个性质：一、意识环境能吞吐活泼性。二、心灵顺利推移时意识环境会保持不变。三、随着意识环境的留存其中的活泼性会逐渐损耗。四、意识环境具有灵敏性。

尽管在《人性论》中，“disposition”这一概念大部分情况下都被用于指称意识环境上的特定表现因而具有的是“心理倾向”的内涵，但其也有另外的用法。“disposition”也常被休谟用于指称有广延对象的空间排布方式。所以他会说“我们从可见和可触的对象的排列方式得到空间观念”（'tis from the disposition of visible and tangible objects we receive the idea of space）。[②] 同时，“身体的位置”被休谟表达为“dispositions

① ［英］休谟：《人性论》，关文运译，商务印书馆 2016 年版，第 207 页。

② ［英］休谟：《人性论》，关文运译，商务印书馆 2016 年版，第 44 页；David Hume, *A Treatise of Human Nature*, David Fate Norton and Mary J. Norton, eds., Oxford: Clarendon Press, 2007, p. 28.

of body”。[①] 此外，“棱堡、壁垒、坑道和其他军事建筑的配置和设计”则是“the disposition and contrivance of the bastions, ramparts, mines, and other military works”。[②] 我们在第二章第八节讨论时间与空间时指出，情感和活泼性这些内在感觉具有空间性以及它们在心灵中与注意力对象会处于不同的位置之上。这意味着，当内在感觉出现时，也会呈现为特定的空间排布方式，所以它们是心灵中的“disposition”。因此，“dispositon”作为“心理倾向”和作为“有广延对象的空间排布方式”的内涵在根本上是一致的，它们分别指向自然知觉系统和心灵知觉系统中的有广延对象的共存方式。

由此，我们也能将“disposition”和一些容易与它相混淆的概念区别开来。首先，在《人性论》中，“disposition”常与“character”成对出现，在这时它们都会被用来指向心灵的精神或情感状态。但它们的意义并不完全一样。“character”指的是人的本性或经由长期习惯而形成的较为固定的性格；而“disposition”指的则是心灵在一个短时间内的表现。所以我们常常能看到休谟使用“present disposition”这种表达。[③] 甚至我们还能看到“general character”和“present disposition”的对比。[④] 结合我们刚呈现的“disposition”所具有的“空间排布方式”的内涵，这里的这一区分就是十分容易理解的：“disposition”所指向的是空间关系而非时间关系，因此其并不指向心灵的长时间表现。同时，“disposition”还需要和“propensity”以及“tendency”区分开来。在日常语言中，“disposition”的确有“倾向、趋向”的意思，因而容易与后

---

① ［英］休谟：《人性论》，关文运译，商务印书馆 2016 年版，第 273 页；David Hume, *A Treatise of Human Nature*, David Fate Norton and Mary J. Norton, eds., Oxford: Clarendon Press, 2007, p. 162.

② ［英］休谟：《人性论》，关文运译，商务印书馆 2016 年版，第 485 页；David Hume, *A Treatise of Human Nature*, David Fate Norton and Mary J. Norton, eds., Oxford: Clarendon Press, 2007, p. 288.

③ David Hume, *A Treatise of Human Nature*, David Fate Norton and Mary J. Norton, eds., Oxford: Clarendon Press, 2007, pp. 85、176、285.

④ David Hume, *A Treatise of Human Nature*, David Fate Norton and Mary J. Norton, eds., Oxford: Clarendon Press, 2007, p. 268.

两个词混用。但在《人性论》中，它们的意义有着很大的差别。后面这组概念指的是由本能或习惯提供的推动心灵和身体活动的动力。[①] 虽然心理倾向中也会包含有动力性要素，但其本身并非动力而是意识特定部分的状态的总称。[②] 我们在下文中也会涉及对心灵动力的具体讨论。接下来让我们开始对官能的讨论。

第二节　记忆

观念承载着思维活动的内容，所以观念的产生是思维活动的开始，也是我们需要首先关注的心灵活动。观念一定或直接或间接地源于印象。[③] 同时，观念与其所源自的印象精确的类似。所以观念是对印象的复现。观念只有在“初出现时”需要来自于印象，并不需要每次出现都由印象所激发。[④] 这意味着心灵在复现一个印象之前已经将其内容保留，而这一活动自然需要由记忆官能来进行。同时，对内容的保留是为了对其的复现，亦即回忆。但并非所有观念都来自于回忆，否则也就不

---

① David Hume, *A Treatise of Human Nature*, David Fate Norton and Mary J. Norton, eds., Oxford: Clarendon Press, 2007, pp. 91、112、138 – 139、178、201、222、230、238、250、272、278.

② “disposition” 和 “tendency” 的混淆见 Michael Costa, “Hume, Strict Identity, and Time's Vacuum”, *Hume Studies*, Vol. 16, No. 1, 1990, p. 2。科斯塔（M. Costa）将 “disposition” 和 “custom” 相等同。在他看来，三角形的抽象观念是一个有着具体性质的三角形观念，这一观念与能让心灵在必要的时候想起其他三角形观念的 “disposition” 相联系。科斯塔在此描述的是抽象观念的具体机制。而他用 “disposition” 所指代的实际上就是习惯所产生的、推动心灵产生观念的动力，亦即 “propensity”。因此，科斯塔实际上是将 “disposition” 和 “propensity” 相等同。科斯塔的混淆的另一个直接文本证据见他同一篇文章的第 11 页。首先他提道：“the abstract idea of unity would consist merely in the tendency to think of other unities...” 紧接着他又说道：“the abstract idea of identity involves the confused disposition to think of instances of time and unity together...” 显然，这里的 “tendency” 和 “disposition” 对他来说是同义词。同样的混淆也出现在他的另一篇文章中，参见 Michael Costa, “Hume on the Very Idea of a Relation”, *Hume Studies*, Vol. 24, No. 1, 1998。此外，甘博亚和斯特德也有完全相同的混淆，参见 Steven Gamboa, “Hume on Resemblance, Relevance, and Representation”, *Hume Studies*, Vol. 33, No. 1, 2007, p. 29；Barry Stroud, *Hume*, London: Routledge, 1977, p. 68。

③ ［英］休谟：《人性论》，关文运译，商务印书馆 2016 年版，第 14 页。

④ ［英］休谟：《人性论》，关文运译，商务印书馆 2016 年版，第 12 页。

会有记忆观念和想象观念的区分，所以我们在此必须将记忆与想象两种官能进行区分。如休谟所指出的，想象有两个不同的内涵，其一与记忆相对立，其二与理性相对立。[①] 我们在此是在第一个意义上谈论想象。

记忆观念与想象观念的第一个区别在于它们的活泼程度，前者在活泼程度上要远高于后者。[②] 它们的第二个区别在于：想象观念“不受原始印象的次序和形式的束缚”，而记忆观念则相反。[③] 这意味着记忆官能只能原封不动的复现印象，同时会给予所复现的观念较多的活泼性；想象官能则可以改变所复现的印象，将它们加以分离或组合，但无法给予所产生的观念等同于记忆观念的活泼性。在此，记忆与想象作为官能的区别有了清楚的体现。

但如第二章第四节所指出的，虽然记忆观念和想象观念有两个区别，但我们区分它们的实际标准只是活泼性，这意味着这两种观念之间是能够发生转换的：同一个观念，当它有着强烈活泼性时我们会认为它是记忆，但随着它活泼性的减弱，我们会越发地将其视为想象。同时，我们认为自己在回忆时所产生的可能是想象观念，而认为自己在想象时产生的反而可能是记忆观念。此外，在联结原则所推动的想象活动中也的确有记忆观念的参与。若我们要将记忆活动和想象活动分属于两个相独立的官能，我们所列出的这些现象则意味着这两种互无关联的活动都能产生本该由对方产生的结果。这相悖于休谟所给出的“判断原因和结果所依据的规则”中的第四条：“同样原因永远产生同样结果，同样结果也永远只能发生于同样原因。”[④] 所以更合理的解释应该是想象观念的复现和记忆观念的复现并非由两个不同官能所实现，而只是同一个官能的两种不同的活动方式，这一官能即设想。[⑤] 之所以两种活动方式

---

① ［英］休谟：《人性论》，关文运译，商务印书馆 2016 年版，第 134 页。

② ［英］休谟：《人性论》，关文运译，商务印书馆 2016 年版，第 16 页。

③ ［英］休谟：《人性论》，关文运译，商务印书馆 2016 年版，第 17 页。

④ ［英］休谟：《人性论》，关文运译，商务印书馆 2016 年版，第 195 页。

⑤ 将记忆和想象视为相互独立的官能所产生的上述结果也为欧文所意识到，但他进而得到的结论是：对于休谟来说，在基础层面上并不存在官能，而只有“能以多种方式被归类的印象和观念”。参见 David Owen，*Hume's Reason*，New York：Oxford University Press，1999，p. 76。

所产生的观念在活泼性上会有区别，原因可能在于：设想记忆观念是对所保留印象的直接呈现，是更为自然的活动方式，因此活泼性损耗较少；设想想象观念则需要改变所保留印象原先的关系，是较为不自然的方式，因此活泼性损耗较多。

所以更合理的区分应该是将印象的保留和复现视为两种不同官能的活动：印象的保留是记忆官能的活动；印象的复现则是设想官能的活动。① 同时设想又有两种不同的方式，亦即回忆式设想和想象式设想。我们在此先只考虑记忆和回忆式设想。记忆和回忆式设想是对印象的保留和原封不动的复现，这意味着这两种活动无关乎对象内容的改变。另一方面，不同条件下的记忆观念在活泼性上会有很大的区别，这说明这两种活动的不同状态与其所产生的观念的活泼性关系密切。所以我们在此考察记忆与回忆式设想过程中会影响所产生观念的活泼程度的因素。

记忆的前提是相应的感觉，在此感觉对象和感觉活动本身都值得我们注意。感觉对象本身的活泼程度自然与其成为记忆以后的活泼程度直接相关，活泼性越强的感觉对象在记忆中的活泼性也将越强。与感觉活动有关的变量是我们在感觉时的专注程度和感觉的次数。当我们越专注或者对象越吸引我们注意力时，我们对其的记忆会越深刻，这很容易为

---

① 弗莱奇曾经质疑印象与记忆观念的因果关系能否与休谟对因果关系的定义相一致，因为记忆观念的出现显然不需要紧接在它所表象的印象之后，那么这似乎就违背了休谟对因果关系的定义中的一个必要条件，即原因和结果在时间上的临近。我们在此将记忆官能规定为对印象内容的保留正好能够回应这一质疑：印象与记忆观念之间并非最直接的因果关系，在它们之间还有对印象的保留和对其的复现这两个因果环节。这两个环节中的任何一个都不足以成为记忆观念产生的充分条件而一定需要两者的结合。这也符合休谟对正确的因果关系的第八条规定："如果一个对象完整地存在了任何一个时期，而却没有产生任何结果，那么它便不是那个结果的唯一原因，而还需要被其他可以推进它的影响和作用的某种原则所协助。"［英］休谟：《人性论》，关文运译，商务印书馆 2016 年版，第 196 页。休谟的因果定义参见［英］休谟《人性论》，关文运译，商务印书馆 2016 年版，第 191 页。弗莱奇的质疑参见 Daniel Flage, "Hume on Memory and Causation", *Hume Studies*, 10th Anniversary Issue, 1985, p. 179。同时，特雷格也认为弗莱奇的这一质疑并不成立。他指出这一质疑如果要能成立，还需要弗莱奇证明"不存在能保留（印象和记忆观念作为）原因和结果的时间上的临近关系的机制"。显然，弗莱奇没能证明这一点，而我们在此则表明了这一机制的存在。参见 Saul Traiger, "Flage on Hume's Account of Memory", *Hume Studies*, Vol. 11, No. 2, 1985, p. 171。

经验所证实。所以感觉活动的专注程度与所得到的记忆的活泼程度成正相关。同样容易为经验所证实的是，我们感觉一个对象次数越多，对其越熟悉，相应的记忆也会越深。因此，感觉的次数同样与记忆的活泼程度成正相关。同时，一个记忆总会随着时间的流逝而逐渐暗淡，这意味着对象留存于记忆中的同时活泼性会逐渐损耗。

现在来看回忆式设想与活泼性的关系。首先，显然的是，一个在记忆中活泼程度越高的对象在被回忆式设想所复现时的活泼程度也会越高。其次，回忆式设想有两种方式，或者是对某对象的直接提取，亦即有意地回忆；或者是借由联结而将其引出，亦即联想。我们在有意回忆某个对象时，较之陌生的对象，总是更容易回想起熟悉的对象，而且总是更容易将其清晰稳定地展现于意识中。换句话说，一个熟悉的对象将比一个陌生的对象来得活泼。而一个对象的熟悉与陌生除了在记忆过程中的重复次数以外，还与我们对它的回忆次数有关，所以我们对一个对象的回忆次数与其活泼性成正相关。除了有意回忆以外，我们还会因为一个对象出现于意识中而回想起与它有联结的另一个对象。在此，第一个对象本身的活泼程度和这两个对象的联结的强度都会影响被回忆的这个对象。这主要是因为活泼性的传递机制使得第一个对象上的活泼性能传递到第二个对象上，而这又是借由心理倾向实现的。因此，所回忆对象的活泼性还与心灵在进行这一回忆时的心理倾向的活泼程度相关。

因此，记忆和回忆式设想的不同状态都会影响所保留和复现的对象的活泼程度。在记忆活动中，感觉对象本身的活泼程度、感觉活动的专注程度和次数以及对象在记忆中的留存时间都会影响被保留对象的活泼程度。在回忆式设想中，活泼程度则与所设想对象本身的活泼程度、设想的次数以及设想时的心理倾向相关。值得注意的是，感觉和设想的重复实际上就是习惯形成的过程，因此休谟说习惯以两种方式强化观念：在过往经验中的重复出现以及在心灵中的经常出现。[①] 此外，想象式的

① ［英］休谟：《人性论》，关文运译，商务印书馆 2016 年版，第 132 页。

设想也以记忆所保留的对象为材料，这意味着这里提及的与记忆相关的要素对想象式设想产生的观念的活泼程度也有相同的影响。

完成对记忆官能的功能和性质的描述后，我们得以回答在第二章第四节中就记忆作为官能而提出的一部分问题：记忆与想象观念的易于混淆和能够互相转换是因为它们实际上都是设想官能的产物。回忆与想象的难以区分也是因为它们都是设想官能的活动。回忆式设想中的确存在有意回忆和联想两种设想方式。但除此以外，这两种回忆式设想各自的机制是什么？回忆式设想与想象式设想与记忆观念和想象观念之间有何对应关系？在实际的心灵活动中这两种设想活动又是如何进行互动的？同时，我们又是如何意识到自己在进行的是回忆式设想还是想象式设想？这些问题我们暂时还无法回答，需要留待第三章进行进一步的讨论。

第三节　设想①

记忆是思维活动得以进行的前提，设想（conception）则是思维活动的起点。② 休谟对这一官能的讨论与当时的官能心理学关系密切，所以在具体讨论设想之前，我们需要简要地了解一些相关的历史背景。

一　官能心理学

官能心理学（faculty psychology），亦即对心灵能力的划分和研究，在近代哲学中有着重要的地位。③ 经过经院哲学家和笛卡尔、洛克等人

---

① 本节修改自笔者发表于《政治大学哲学学报》第 45 期的文章《设想、比较与反省：休谟〈人性论〉的官能心理学解读》。

② “conception”一词关文运先生在大部分情况下将其翻译为“概念”，小部分情况下将其翻译为“想象”。但这一概念在《人性论》中专指心灵形成观念的官能与活动而非心灵的对象，所以将“conception”翻译成“概念”并不准确。同时，“想象”会与“imagination”的翻译重合，而“conception”与“imagination”在《人性论》中并非同义词，因此这一翻译也并不恰当。故我们一律将“conception”翻译为“设想”。

③ Lorne Falkenstein and Patricia Easton, “Preface”, in Patricia A. Easton, eds., *Logic and the Workings of the Mind: The Logic of Ideas and Faculty Psychology in Early Modern Philosophy*, Atascadero, California: Ridgeview, 1997, pp. i – iii.

的发展，直至休谟的年代，被广泛接受的主流官能心理学说已经形成。[①]根据休谟的描述，这种官能心理学将知性的作用（the acts of the understanding）分为三种，分别是设想、判断和推理。这三种作用各自的定义是：设想是“对一个或较多的观念的简单观察”；判断是“各种不同观念的分离或结合”；推理则是“借着指出观念间的关系的中介观念把那些观念分离或结合”。[②] 但休谟并没有接受这套当时主流的官能心理学，而是认为这一学说对知性作用的定义与该作用的实际活动方式并不一致。首先，“不是所有判断都是两个观念的结合”；其次，“我们能直接从一个观念推到另一个观念，因此推理并不一定需要三个观念”。[③]之所以会有这样的错误，是因为持有这一学说的学者们没能意识到“关于知性的这三种作用在正确的观点下来看，它们都还原到第一种，都只是设想我们的对象的特定方式”[④]。休谟并未明确所谓的“知性的作用”指的是知性包含的基础官能还是知性本身作为官能的活动方式。但根据他在此的说法，我们有较大把握认为前者才是休谟所要表达的意思。因为只有将“作用”视为“官能”而非“官能的活动方式”，“将知性的三种作用还原为一种作用的不同活动方式”这一说法才有意义。

---

① ［英］休谟：《人性论》，关文运译，商务印书馆 2016 年版，第 110 页。这一官能心理学最早的出处可能是大阿伯拉尔和托马斯·阿奎那，参见 Frederick Michael，“Why Logic Became Epistemology：Gassendi，Port Royal and the Reformation in Logic”，in Patricia A. Easton，eds.，*Logic and the Workings of the Mind*：*The Logic of Ideas and Faculty Psychology in Early Modern Philosophy*，Atascadero，California：Ridgeview，1997，p. 9。笛卡尔之后，这一官能心理学被笛卡尔主义者阿诺德（A. Arnauld）和尼科尔（P. Nicole）发展并记录于近代欧洲最流行的逻辑学课本 *Port-Royal Logic* 中。同时，这一官能心理学也为同时代的诸多逻辑学家所接受，并出现于诸多的逻辑学著作中，对此的考证参见 Charles Echelbarger，“Hume and the Logicians”，in Patricia A. Easton，eds.，*Logic and the Workings of the Mind*：*The Logic of Ideas and Faculty Psychology in Early Modern Philosophy*，Atascadero，California：Ridgeview，1997，pp. 143 – 145。

② ［英］休谟：《人性论》，关文运译，商务印书馆 2016 年版，第 110 页。

③ ［英］休谟：《人性论》，关文运译，商务印书馆 2016 年版，第 110—111 页。

④ ［英］休谟：《人性论》，关文运译，商务印书馆 2016 年版，第 111 页。与此相对应的，是康德将知性的所有活动都还原为判断。休谟与康德的这一分歧指向了两种完全不同的哲学体系。对此的具体分析参见 Jill Buroker，“The Priority of Thought to Language in Cartesian Philosophy”，in Patricia A. Easton，eds.，*Logic and the Workings of the Mind*：*The Logic of Ideas and Faculty Psychology in Early Modern Philosophy*，Atascadero，California：Ridgeview，1997，p. 104.

因此，休谟对当时主流的官能心理学的批评并非在原框架下的修修补补，而是一套新的官能心理学的提出。在这套新的官能心理学中，原先被认为独立存在的三个知性官能被还原为一个官能的多种活动方式。这个官能就是设想。因此，设想是知性活动的主要官能。

二 设想的活动与界限

如上一节已经指出的，设想的功能在于产生观念，不论是记忆观念还是想象观念。从“人性科学中建立的第一条原则”，亦即复制原则中我们能得到休谟对设想的规定。[①] 这条原则指出：“我们的全部简单观念在初出现时都是来自简单印象，这种简单印象和简单观念相应，而且为简单观念所精确地复现。”[②] 同时，复合观念为简单观念所组成。所以所有的观念都直接或间接地源于印象，都是印象的复现。[③] 而印象是感官的产物。[④] 因此，设想实际上是对感觉对象的复现。在内容上，设想无法超出感官为其划定的界限。也就是说设想只能产生我们所感觉过的内容。同时，印象的活泼性总会强于相应的观念。而活泼性强弱的主要表现有：在现象上，活泼性越强的对象越为清晰、细节越为丰富，而且能够更为稳定地呈现于意识之中；在功能上，活泼性越强的对象影响力也越强，能够更为有力地产生其所能产生的结果。这意味着虽然设想和感官产生的对象在内容上相同，但对象的清晰和稳定程度以及它们对心灵的影响力并不相同，在这些方面，设想总要弱于感官。

设想有回忆式设想与想象式设想两种活动方式。回忆式设想如上一节所述，是对记忆所保留内容的原封不动的呈现。想象式设想则不受记忆内容之间的关系的束缚，可以“自由地移置和改变它的观念”。这是

---

① ［英］休谟：《人性论》，关文运译，商务印书馆 2016 年版，第 14 页。

② ［英］休谟：《人性论》，关文运译，商务印书馆 2016 年版，第 12 页。

③ ［英］休谟：《人性论》，关文运译，商务印书馆 2016 年版，第 12 页。

④ 这只是就感觉印象而言的，除此之外还有反省印象。但在所需要讨论的方面，这两者之间并没有什么不同，因此我们将限于对感觉印象的讨论。

休谟为其人性科学设立的第二条原则。[①] 尽管我们接下来将会看到，这一自由仍然有其限度。

想象式设想主要通过三种方式处理记忆内容，分别是分离、组合和"理性的组合"。休谟的观念理论中最基本的两个区分是印象/观念区分和简单/复合区分。上文中我们已经看到，印象/观念区分指示出设想的性质和界限。简单/复合区分则表明心灵对象被分离和组合的可能性，从而指示出设想分离和组合观念的能力。分离观念指的是将观念的不同部分分开来设想，亦即只设想该对象的一部分而不设想其另一部分。但这一活动并不能无限地进行下去，因为我们有一部分知觉"不容再行区分或分离"，这部分对象即简单知觉。对于这部分对象，设想无法再进一步地将其分离。也就是说，在分离活动中，设想只能将复合对象分离成简单对象并止步于此。这是简单/复合区分为分离活动设下的界限。

我们在第二章第九节讨论简单/复合区分时已经指出对这一区分的最合理阐释，亦即将这一区分相对化。同时，在那里我们也留下了尚未得到解决的问题，即如何为这一相对化设定界限。在此我们首先可以看到，这种相对化阐释与我们这里对设想的解读的契合：这一方案需要以相应的心灵能力为前提，而设想正是这种能力。同时我们也不难意识到，心灵将对象统摄为整体的能力是有限的，当对象复杂到一定程度时，我们就只能将其视为复合对象来"分批消化"，这一能力的界限也就是相对化的界限。其次，我们还应该借此意识到设想的分离和组合活动所产生的都是简单观念，所以设想实际上就是产生简单观念的活动。因为简单性不但在分离活动上有知觉原子作为界限，在组合活动上也有"最复杂的简单知觉"作为界限，所以它们是设想的下限和上限，因而也分别是分离和组合活动的界限。

分离活动还有另一方面的界限。休谟的"可分离性原则"（the separability principle）规定："一切差异的对象都是可以区别的，而一切可

---

① ［英］休谟：《人性论》，关文运译，商务印书馆 2016 年版，第 17 页。

以区别的对象都是可以被想象和思想分离的"①；反之亦然。区分是对差异的觉察，而"差异分为两种，即与'同一'相反的差异或与'类似'相反的差异。前者可称为数目上的差异；后者可称为种类上的差异"②。两颗苹果之间有着数目上的差异，而一颗苹果的味道和模样之间则有着种类上的差异。这两种情况都是分离活动可以进行的情况。相反，当两个概念所指称的对象间既无数目上的差异又无种类上的差异时，分离活动就无法进行，例如同一颗苹果的颜色和形状。此即可分离性原则为分离活动划下的界限。

在组合活动中同样有着另外的界限，而且这一界限体现了设想与感觉之间的密切联系。首先，因为心灵所结合的是作为感觉对象之复现的观念，所以组合活动只能在感觉的范围内进行，感觉的边界就是组合活动的边界。其次，即使在这一范围内，也有着无法为心灵所组合的情况，例如一个既圆又方的图形、一座只有山峰没有山谷的山或一个同时既存在又不存在的对象等。排除了这些不可设想的情况后，剩下的所有组合可能性都是可设想的。同时，这个集合所排除的也是不可感觉的情况，所以这个集合同样是所有可感觉的组合情况的集合。因此，设想与感觉有着相同的可能性域：凡是能被我们所设想的，就是能被我们所感觉的；反之亦然。进一步的，凡是有可能被我们所感觉的，就不能被判定为是不可能发生的，因此也就是可能存在的。由此，我们得到休谟著名的"可设想性原则"（the conceivability principle）："凡心灵能够清楚地设想的任何东西，都包含有可能存在的观念，换句话说，凡我们所设想到的东西都不是绝对不可能的。"③ 因此，可设想性原则实际上蕴含了对设想的组合活动的限度以及该活动与感觉的关系的表述。对比两组界限可以看到，第一组界限是对设想内容的量的规定，第二组界限则是对设想内容的可能性上的规定。

---

① ［英］休谟：《人性论》，关文运译，商务印书馆 2016 年版，第 26 页。
② ［英］休谟：《人性论》，关文运译，商务印书馆 2016 年版，第 23 页。
③ ［英］休谟：《人性论》，关文运译，商务印书馆 2016 年版，第 41 页。

除了分离和组合观念以外，设想还有另一种处理对象的方式。例如在面对着一颗苹果时，因为可分离性原则的限制，我们不可能只设想其颜色而不同时设想其形状。但我们仍然可以只注意于其颜色而暂时忽略其形状，或者是忽略颜色而注意于形状。此即休谟所谓的“理性的区分”（distinction of reason）。[1] 当我们通过理性的区分而有了不同的颜色和形状的经验后，我们将可以把不同的颜色与形状相组合，设想出一个（例如）有着苹果颜色和香蕉形状的观念。我们将这一活动称为“理性的组合”，从而将其与理性的区分相对应。理性的区分是注意力的活动，理性的组合则是以注意力的这一活动所提供的材料为基础进行的设想活动。同时，理性的区分又要以联结性推移为前提，而后者是设想的连续活动。在此我们可以看到：一方面，设想的活动仍然是思维活动的起点；另一方面，设想与注意力之间有着密切的互动。

因此，想象式设想能以分离、组合和理性的组合的方式产生观念。同时，人性科学的第一原则和第二原则、印象/观念区分、简单/复合区分、可分离性原则和可设想性原则这些散落在《人性论》各处且看似无关联的原则，实际上都是对想象式设想的这些活动、它们的性质和界限的描述。这是我们在观念理论视角中难以发现的。

三　设想与感觉

同时，我们在此还能看到设想与感觉的紧密联系。它们在内容上和可能性域上的相同已经在上文中呈现。此外，在对对象的分离和组合活动中，感觉和设想也有着相同的界限：感觉中的知觉原子的界限已为休谟的“墨点实验”所证实；感觉中的可分离性原则的界限以及“最复杂的简单感觉”的界限亦不难在经验中进行验证。[2] 理性的组合亦可以在感觉中实现。也就是说，设想活动与感觉活动在内容、活动方式和界限上都相同。

---

① ［英］休谟：《人性论》，关文运译，商务印书馆 2016 年版，第 33 页。

② ［英］休谟：《人性论》，关文运译，商务印书馆 2016 年版，第 36—37 页。

四　二阶设想

“正如我们的观念是印象的影像一样，我们也能够形成次生观念，作为原始观念的影像。”① 这意味着我们不仅能复现印象，也能复现我们对于印象的复现，亦即复现我们的一阶设想活动。因此，设想不仅能以观念为对象进行一阶活动，还能以心灵活动为对象进行二阶活动。具体来说，二阶活动是对先前的印象或观念出现于心灵中时的场景的整体复现，其中既包括对该印象或观念（亦即所复现的一阶活动的对象）的内容的复现，也包括了对这一对象出现时意识环境中的相应表现（亦即相应的心理倾向）的复现。所以休谟会说：“在想到我们过去的思想的时候，我们不但描绘出我们先前所思想过的对象，而且还要想象先前默想时的心灵的行动（the action of the mind），即那种无法下定义、无法形容、可是每人都充分了解的‘莫名其妙’的活动。”② 这意味着二阶的设想主要是回忆式的设想。我们接下来将能看到，这一机制在心灵活动中有着重要的作用。

第四节　推移

单次设想只是思维活动的起点而非全过程。一段完整的思维活动需要的远非单次的设想而是设想的连续进行。休谟将心灵对两个观念的先后设想称为心灵在两个观念间的“推移”（transition）。不论是我们主动的推理活动还是自发的意识流动，推移都是其中的基本环节。推移有不同的进行方式：心灵可以在任意观念间自由地推移，但更常见的推移是遵循特定规则进行的。这两种推移的表现也是不一样的。遵循特定规则进行的推移更为自然和顺利，这意味着心灵在这种推移中对观念的设想将更为容易。相反，任意推移则是困难的，在这种推移中心灵将花费更

① ［英］休谟：《人性论》，关文运译，商务印书馆 2016 年版，第 14 页。
② ［英］休谟：《人性论》，关文运译，商务印书馆 2016 年版，第 122 页。

多的努力产生观念。有规则的推移是知性活动的基础，所以我们将主要讨论这种推移活动。推移所遵循的规则即我们在第一章中所讨论的观念间的联结，因此我们将这种遵循规则的推移称为“联结式推移”。同时，联结式推移根据其推移目标的单一与否和确定与否又有两种不同的表现，我们将目标单一而确定的推移仍然称作“联结式推移”，而将另一种推移称为“或然性推移”。联结式推移是更基本的推移方式，因此我们首先进行讨论。如上所述，这种推移有别于任意推移的地方在于它的顺利与自然。我们将借助于第二章第五节中关于联结的结论来理解联结式推移的性质。

一　联结式推移

联结的作用在于在一个知觉出现时顺利自然地引出另一个观念。联结的强度决定了引出观念的顺利程度。类似关系和习惯是产生联结的两个根本因素，联结也因此分成类似联结和习惯性联结两类。在两类联结中各有三个能影响联结强度的维度。类似联结中的三个维度分别是观念间类似关系的数量、每条类似关系的类似程度和类似关系的受注意程度。习惯性联结中的三个维度则是过往经验中知觉结合的次数、每次知觉结合间的类似程度和知觉结合的受注意程度。从两类联结的数量维度中可以发现联结具有可叠加性。同时，联结还具有可传递性和封闭性。它们也都与联结的强度相关：联结叠加的数量和封闭程度与联结强度成正比，联结传递的“距离”则与联结的强度成反比。

将视角从观念转换至产生观念的官能和活动后可以看到：联结的强度决定了推移的顺利程度。能带来顺利推移的因素有观念间的类似关系和通过过往推移的重复而形成的习惯。从两类联结的三个维度中可以得出以下结论：一、类似与习惯的程度与推移的顺利程度成正比；二、促进推移的因素的数量与推移的顺利程度成正比；三、注意程度与推移的顺利程度成正比。其中第二个结论即联结的可叠加性在推移中的体现。

联结的可传递性意味着推移能在多于两个的观念间连续进行，推移距离与联结强度的反比关系则意味着随着推移的持续进行，推移的顺利程度将会逐渐下降。在对心理倾向的讨论中我们看到了同样的表现：当心灵在对象间顺利推移时，推移之前的心理倾向会得到相应的保留，但同时心理倾向中的活泼性也会逐渐减弱。由此我们可以进一步意识到心理倾向的活泼程度在导致推移距离与其强度成反比关系的机制中的作用：心理倾向的活泼程度越高，对对象的设想将越容易，而所谓的“推移的顺利”实际上就意味着心灵在设想完一个对象后设想下一个对象的容易程度，所以高活泼程度的心理倾向也就保证了推移的更加顺利。相反，心理倾向中活泼性的减弱则意味着心灵设想对象的困难，因而也就意味着推移的顺利程度的降低。这在活泼性本身的性质中也可以得到验证：活泼性能够使对象“以一种强烈的方式进入心中”并“长时间保持稳定不变”，这自然意味着心灵设想该对象的容易。[①] 由此我们可以进一步得出一个在先前对联结的讨论中未能得到的影响联结强度的因素：所引出的观念本身的活泼程度。若被引出的对象本身就具有充足的活泼性，对它的设想自然就十分容易。同时，越能够吸引注意力的对象，心灵对其的设想会更为专注，因而也更为容易。活泼性与注意力在此的相同表现也与我们在讨论注意力时所指出的活泼程度与受注意程度之间的正比例关系相一致。因此，高度活泼的对象和受到心灵高度注意的对象将很容易与其他知觉形成高强度的联结，它们总能“借着最小的暗示和最细微的关系就呈现于心中”[②]。自我观念就是最典型的例子。

二　推移的方向

相反，如果高度活泼或受到心灵高度注意的对象是首先出现的对象，那么心灵将因为被吸引于这一对象之上而不容易向其他观念推移。这指示出了我们在联结中未能发现的另一个推移的性质：推移的方向性。联结本身并不具有方向，因此我们在联结中并不容易发现方向性，但我们

---

① ［英］休谟：《人性论》，关文运译，商务印书馆 2016 年版，第 16 页。

② ［英］休谟：《人性论》，关文运译，商务印书馆 2016 年版，第 371 页。

将视角转换至官能和活动之上后，其中的方向之别就能够得到非常清楚的体现。在此我们能看到，影响推移方向的因素是知觉的活泼程度和受注意程度，心灵将容易从程度低的对象推移至程度高的对象之上，而不容易做反方向的推移。[①] 正是因为推移有方向性才使得联结具有封闭性。

三　推移的“动力系统”

至此，我们得到了能影响推移顺利程度的全部因素，它们分别是：类似关系、习惯、注意力、活泼性以及推移的距离和方向，同时这些因素可以叠加于同一个推移之上，从而进一步影响推移的顺利。这些各不相同的因素都能影响推移的顺利进行，根据“判断原因和结果所依据的规则”中的第五条规则，这意味着它们共享了某种共同性质，是这一性质影响了推移的顺利。[②] 它们的结果，亦即推移顺利程度的可叠加则与第七条规则的描述相符。[③] 这一共同性质（或者是这一性质所产生的无法在经验中呈现的结果）就是推动心灵进行推移活动的原因，或者说是“动力”。这意味着我们这里揭示的是推移活动的“动力系统”，推移的顺利意味着这次的推移活动受到了足够的动力推动。由此，我们能够更好地理解联结式推移与任意推移之间的区别：联结式推移因为本身已经具有足够的动力，因此不需要心灵再付出主动的努力就能得以进行，甚至当其动力强到一定程度后，还会是心灵无法阻止的推移；任意推移则相反，在其中心灵缺乏足够的先在的动力，因而需要付出更多的努力来为这一推移提供动力。同时，这种努力通常在于提升精神的振奋程度，这表明了活泼性具有这种动力性质。

---

① ［英］休谟：《人性论》，关文运译，商务印书馆 2016 年版，第 371 页。

② 第五条规则是：“当若干不同的对象产生了相同结果时，那一定是借着我们所发现的它们的某种共同性质。”参见［英］休谟《人性论》，关文运译，商务印书馆 2016 年版，第 195 页。

③ 第七条规则是：“当任何对象随着它的原因的增减而增减时，那个对象就应该被认为是一个复合的结果，是由原因中几个不同部分所发生的几个不同结果联合而生。”参见［英］休谟《人性论》，关文运译，商务印书馆 2016 年版，第 196 页。

四　或然性推移

在联结式推移中，推移的目标是单一而确定的，多股方向一致的动力汇集在一起形成一股难以抗拒的强大动力推动着心灵设想联结所引出的对象。但还有另一种推移的情况，在其中心灵所获得的原始动力同样足够有力，但这些动力的推动方向并不一致，这使得推移面对着多个目标无法停留于任何一个目标之上而只能轮番设想这些目标中的每一个，在它们之间不断地摆动。“因此，最初的冲动在这里就分裂开来，而散布在所有的那些影像上。”[①] 同时，这多个目标中如果有类似的，则类似目标会合并成同一个目标，它们的动力也会合并成一个动力。[②] 但只要仍有不同的目标存在，即使目标之间的动力差距悬殊，心灵也只会依动力的比例而停留于各目标上相应比例的时间，而不会完全地停止摆动。[③] 我们将这种推移称为“或然性推移”。

五　二阶联结式推移

设想的一阶与二阶活动的差别只在于它们的对象而非运行方式本身，这意味着二阶的设想活动也能发生推移。因为二阶活动的对象是心灵活动本身，所以二阶的推移指的是一个心灵活动发生后对另一个心灵活动的产生。最常发生的也是对心灵有最重要影响的二阶推移活动是联结式推移。联结的两个根本原因是类似和习惯，所以二阶的联结式推移同样分为类似推移与习惯推移两种。二阶的类似推移指的是当我们在设想一个对象或进行一个推移活动时，另一个与这一设想或推移活动类似的活动会被引出，在这种情况下，心灵将会以后面这种心灵活动的方式来处理原本的对象。这种情况的发生往往会导致我们对所设想或推移的对象得出错误的看法，因此是导致我们发生混淆与错误的重要机制。真空观念与没有变化的时间观念就是以这种方式被虚构出来的。[④]

---

① ［英］休谟：《人性论》，关文运译，商务印书馆 2016 年版，第 152 页。

② ［英］休谟：《人性论》，关文运译，商务印书馆 2016 年版，第 153 页。

③ ［英］休谟：《人性论》，关文运译，商务印书馆 2016 年版，第 154 页。

④ ［英］休谟：《人性论》，关文运译，商务印书馆 2016 年版，第 72、77 页。

二阶的习惯推移则与一阶的习惯推移密切联系：习惯性的联结推移需要这一推移活动在过往经验中的不断重复，或者说需要两个知觉在过往经验中以特定的方式恒常结合。在此，推移活动与之后形成的习惯都是二阶设想的对象。在心灵不断经历习惯性联结的形成的同时，也将通过二阶设想不断地经历知觉结合与习惯形成之间的恒常结合，从而在两者之间形成习惯性联结。由此，当心灵又一次经历以这一方式进行的新的知觉结合后，即使尚未能在这两个知觉间形成习惯性联结，却也能借由二阶的习惯推移引出习惯性联结，从而以这种方式来进行这两个对象间的推移。

这两种二阶的联结式推移与哲学关系有着密切联系，我们将会在第三章第六节看到这一点。

第五节 注意力

至此我们讨论了记忆、设想与推移这些与观念的产生相关的官能与活动。但思维活动并不仅止于观念的产生，还有对观念的观察，这一点在《人性论》中也多有体现。例如休谟提到我们可以“实际上形成一个形象和颜色两者的合并观念，不过是暗中着眼于它和黑色大理石球的类似关系”；以及“在自己想象中描绘出宇宙来，并且随意把我的注意固定在宇宙的任何一个部分上”（这两个例子都正好包括了产生和观察观念这两种活动）。[①] 显然，对观念的产生和观察是不同类型的活动，需要由不同的官能来进行。负责观察的官能即“注意力”（attention）。在《人性论》中，注意力也一再作为官能与活动而出现于休谟对各种心灵活动的分析之中。[②]

但不同于对设想作为官能的明确声明，休谟却从未明确承认心灵拥有注意力这一官能。这就产生了一种可能性：休谟将设想和注意力视为

① ［英］休谟：《人性论》，关文运译，商务印书馆 2016 年版，第 34、124 页。

② ［英］休谟：《人性论》，关文运译，商务印书馆 2016 年版，第 59、89、114、124、131、140、207、226、238、320、340、371、373、374、422、427、462、484、485、487 页。

同一个官能，或者说这两个概念对于休谟来说只是可以无条件地交替使用的同义词。但从我们刚给出的两个文段中显然可以看到休谟明确地意识到并区分了对观念的观察和产生。同时，他的官能理论也并不支持这一等同，对此我们能给出三个证明：一、休谟指出心灵对对象的比较“不论当两个对象都呈现于感官之前的时候或者当两者都不呈现于感官之前的时候，或者当只有一个呈现出来的时候”[①] 都可以进行。而比较即注意力的活动。这也就意味着注意力可以在印象上活动，但设想显然无法如此。同时，这还意味着我们能将注意力集中于所设想的和所感觉的对象之上，而且这两种注意之间并没有什么区别。对此最合理的解释显然是注意力是有别于感觉和设想的另外一种官能。二、设想与注意力的功能不同，这在“理性的区分”与“理性的组合”这两个活动上已经有充分的体现，我们在第三章第三节中对此进行了讨论。三、注意力一定活动于意识中心，但设想的对象却并不一定如此。如果我们设想的是情感等发生于意识环境中的感觉，则它们也将复现于意识环境之中。此外，虽然一般情况下注意力总是会为设想所牵引，但这也并非绝对。有时虽然有新观念产生，但我们的注意力也有可能不会转移到这一新的观念上，而会继续停留于原来的地方。例如我们都会有这样的经验：一个念头一闪而过，但我们却并未在意，这就是设想活动与注意力活动不同步的体现。这或许是与潜意识或无意识活动相关的机制。[②]

因此，休谟的体系需要作为独立官能的注意力，可是休谟却忽略了对其的承认和规定。但这一忽略却并未对《人性论》中的相关讨论带来太大的影响，因为在对心灵活动进行具体分析时，对于现象的忠实使得休谟或有意或无意地“擅自”运用其没有正式引进的概念。同时，他的论证结果主要取决于他通过现象描述而得到的结论，所以他在先在

---

① ［英］休谟：《人性论》，关文运译，商务印书馆 2016 年版，第 85 页。

② 休谟理论中暗含的“无意识联结”的可能性亦为拜尔所指出，参见 Annette Baier，*A Progress of Sentiments*：*Reflections on Hume's Treatise*，London：Harvard University Press，1991，p. 42。

的概念界定上的忽略除了容易引发误解以外，并没有带来太多对其理论本身的实质性的破坏。[①] 但对于关注休谟的官能理论的学者来说，这一忽略无疑是伤害巨大的，它或许就是一直以来阻碍学者们得到对休谟官能理论的完整深入理解的一个最大障碍。[②]

在先前的讨论中，注意力已经一再地被提及：在第二章第八节对心灵的“空间结构”的讨论中我们提到注意力是活动于意识中心的官能；在第三章第二节对记忆的讨论中我们提到感觉的受注意程度对所记忆内容的活泼程度的影响。设想与注意力的关系更是密切：设想为注意力的活动提供材料；一般情况下注意力会为设想所引导，我们常会注意于新产生的观念；反过来，注意力会影响联结强度，这也就意味着注意力会影响设想的顺利程度；此外，我们在第三章第三节中也已经提及，“理性的区分”是注意力的活动，而这一活动才使得“理性的组合”这一设想的活动得以可能。或许也正是因为设想与注意力之间的密切关系才使得休谟忽略了对注意力的单独讨论。在第三章第三节对设想的讨论中我们提及休谟将知性的三种官能还原成设想的三种不同活动，但在第四章第五节中我们将看到，知性活动实际上需要设想与注意力的共同参与。

---

① 斯特德和皮尔斯都曾指出休谟用来进行解释的理论是初步的、简陋的，但却往往能得出不受其理论缺陷的限制的出色的结论。他们认为这是因为休谟的洞察力和哲学上的机敏使得他在实际分析中并未严格恪守自己所提出的理论。参见［美］巴里·斯特德《休谟》，周晓亮等译，山东人民出版社 1990 年版，第 50 页；David Pears，*Hume's System：An Examination of the First Book of his Treatise*，Oxford：Oxford University Press，1990，p. 35。

② 欧文认为休谟的理论只需要两个心灵能力，一是唤起观念的能力，二是组合和比较观念的能力。但“组合”和“比较”并非同一种能力；相反，“唤起观念”和“组合”才是同一种能力，亦即设想的能力。参见 David Owen，*Hume's Reason*，New York：Oxford University Press，1999，p. 82。同时，对注意力的忽视使得学者们在讨论想象力的功能和活动时往往只关注于与设想相关的方面，我们在下一章讨论想象力时将表明想象力同时包含了设想和注意力的功能和活动。学者们的讨论参见 Norman Kemp Smith，*The Philosophy of David Hume*，New York：Palgrave Macmillan，1941，p. 459；G. Streminger，“Hume's Theory of Imagination”，*Hume Studies*，Vol. 6，No. 2，1980，pp. 92 – 99；Don Garrett，*Cognition and Commitment in Hume's Philosophy*，New York：Oxford University Press，1997，p. 20；Timothy Costelloe，*The Imagination in Hume's Philosophy*，Edinburgh：Edinburgh University Press，2018，p. 6。

除了对联结强度的影响以外，注意力对设想的促进作用还体现在我们有意进行的设想活动中：我们在努力回忆一个对象时，通常会将注意力集中于记忆中的“某处”，以这种方式来促使我们所希望回忆起的观念的产生；同样，我们在努力想象一个对象时，也需要先集中注意力，然后在意识中心产生出我们所希望产生的观念。这表明注意力对设想的引导和推动作用。此外，注意力还是对象与意识环境的互动机制中的重要中间环节。活泼性会在意识环境与对象之间由高到低传递。一方面，活泼程度高的对象能提高心理倾向的活泼程度，但假设这一对象虽然已经进入意识之中，但并未为我们所注意，我们的精神状态也不会因此而有多大的改变。另一方面，高度活泼的心理倾向也能提高对象的活泼性，不难想象这也需要这一对象是为我们所注意的。因此，注意力是对象和意识环境相互传递活泼性的中介。此外，在第三章第九节对情感机制的讨论中我们将会看到，对特定苦乐对象的注意会在意识环境中引发特定的情感，而这一心理倾向又会反过来将注意力固定于特定的对象之上。在此，注意力同样扮演着促成对象与意识环境互动的中间角色。

和设想一样，注意力的发动也有两种不同的方式：一是心灵主动的推动，二是被对象所引起。我们主动将注意力集中于特定对象上的容易程度会随着精神的振奋程度而改变：在精神振奋时，心灵将更容易专注；在精神低沉时，注意力则总是涣散的。这意味着心理倾向的活泼程度会影响心灵主动集中注意力的容易程度。至于能吸引注意力的因素：首先，自我是我们最常注意的对象。[①] 与此密切相关的是活泼性，越活泼的对象越容易吸引注意力。[②] 因此，不令人意外的是，自我观念有着强烈的活泼性。[③] 此外，影响越大、越重要的对象也越能够吸引注意力。[④] 同时，快乐和痛苦是最能够影响心灵的，因此越能够带来快乐或痛苦的对象，自然也就是影响力越大、越重要的对象，从而也就越能够吸引注意

---

① ［英］休谟：《人性论》，关文运译，商务印书馆 2016 年版，第 462 页。
② ［英］休谟：《人性论》，关文运译，商务印书馆 2016 年版，第 371 页。
③ ［英］休谟：《人性论》，关文运译，商务印书馆 2016 年版，第 349、371 页。
④ ［英］休谟：《人性论》，关文运译，商务印书馆 2016 年版，第 374 页。

力。此外，陌生的对象或突然的事件会振奋精神、提升心理倾向的活泼程度从而使心灵专注，因此这类对象也容易吸引注意力。[①]

此外，注意力有程度之别，不被心灵所完全地注意不意味着完全不被心灵所注意。同时，注意力一次只能注意于一个对象之上，这两点都容易为经验所验证。

第六节　比较[②]

当我们注意于多个对象时，我们就是在进行比较活动。虽然休谟并未明确指出这一点，但从相关的文本中不难看出他的确持有这一观点：首先，比较是发现哲学关系的活动。[③] 其次，如我们已经在第一章中指出的，能够为比较所直接发现的关系本质上都是类似关系。同时，从休谟对“理性的区分”的讨论中可以看出，在他看来对象间的类似关系是由注意力发现的。如他所说：“当我们只是考察白色大理石球的形象的时候，我们实际上形成了一个形象和颜色两者的合并观念，不过是暗中着眼于它和黑色大理石球的类似关系。同样，当我们只考察它的颜色时，我们又注意它和白色大理石的立方体的类似关系。”[④] 结合这两点可以看到，休谟实际上将注意力活动和比较活动视为同一种活动。同时，这一等同也是很容易为我们在经验中所承认的。

因为注意力只能集中于一个对象之上，所以比较只能是历时性的而无法是共时性的：我们在比较时无法同时注意被比较的所有对象，而只能轮流注意它们。这能在经验中得到证实：在比较两个视觉对象时，我们总是只能先注意于一个对象，然后再将注意力转移到另一个对象上。

---

① ［英］休谟：《人性论》，关文运译，商务印书馆2016年版，第457、481页。

② 本节修改自笔者发表于《政治大学哲学学报》第45期的文章《设想、比较与反省：休谟〈人性论〉的官能心理学解读》。在这篇文章中，笔者因为混淆了设想与注意而将比较归为设想的连续活动。尽管如此，该文对比较活动本身的分析的有效性并未因此而受到影响。

③ ［英］休谟：《人性论》，关文运译，商务印书馆2016年版，第21、81、85页。

④ ［英］休谟：《人性论》，关文运译，商务印书馆2016年版，第34页。

而在进行其他感官的比较时也同样如此。如果我们试图同时注意多个对象，例如同时听两个音或同时闻两种气味，它们往往会混合成一个新的对象，使我们无法清楚感知它们各自的内容，更不用说进行比较。虽然注意不同对象的时间间隔会影响比较的准确和确定程度，但并不会阻碍比较的进行，反而是比较所必需的。[①] 比较的结果是对哲学关系的发现，而我们在第二章第六节中已经指出哲学关系本质上是类似关系和时间与空间关系，因此比较是发现对象之间的类似与时空关系的活动。我们接下来将具体考察心灵如何通过比较发现各条哲学关系，在这一过程中我们还得以解答第二章第六节中提出的问题：自然关系与哲学关系之间究竟有何关系？前者何以成为后者的原因？

一　比较与哲学关系

自然关系在联结式推移中的作用是为推移提供动力，因此它们出现于正在进行的推移过程之中。这意味着自然关系在其出场的心灵活动中并非结果而是原因。与此相反，哲学关系在其出场的心灵活动中则是结果而非原因，它是被心灵所发现的对象。同时，比较需要在已经产生的知觉之间进行，所以比较需要感官或设想为其提供环境。又因为比较需要在多于一个的对象间发生，所以当比较发生于观念之间时，需要心灵事先进行过推移活动，不论是否是联结式推移。由此我们能看到联结式推移与比较的关系：前者为后者提供活动的条件。

这使得我们得以理解作为自然关系和作为哲学关系的类似关系之间

---

① 比较的历时性可以用来回应一个始于罗素并延续至埃里森（H. Allison）的批评。这一批评认为：休谟将“复制原则”作为经验命题存在着一个问题，即他预设了我们可以比较印象和观念，但这是不可能的。因为当我们考虑一个印象的观念时，这个印象已经无法再为我们所经验到，所以我们充其量只能比较一个印象的记忆和它的观念，也就是说我们只能进行观念间的比较。可以看到，这一批评的提出者们在此预设了比较是同时性的，而一旦我们意识到比较是历时性的而非同时性的，这一批评就将不再成立。利文斯顿对这一批评亦持有同样的回应。参见［美］唐纳德·利文斯顿《休谟的日常生活哲学》，李伟斌译，华东师范大学出版社2018 年版，第 116—120 页；Henry Allison，*Custom and Reason in Hume*，Oxford：Clarendon Press，2008，pp. 19 -20。

的区别和联系：自然的类似关系并非心灵所关注的对象，而是推动心灵进行推移的动力性因素；在这一推移完成之后，注意力对推移前后的两个对象进行比较并发现其中的哲学的类似关系。① 但并不一定在每次联结式推移之后比较都能够成功地进行：我们有时会觉得两个对象似乎有所相似，却又说不出它们究竟像在哪里，这就是因为我们意识到了联结式推移的发生，却无法发现促进这一推移的类似关系。另一方面，类似关系无所不在，即使在任意推移之后，我们也很可能发现推移前后两个观念之间存在着类似，但这并不意味着在比较中发现的类似关系就能够成为联结，因为它可能因为种种原因而无法提供足够的动力。②

对象在内容上的类似和它们在经验中的位置与前后接续关系都是我们可以直接比较而得出的。因此，类似、数量或数的比例、性质的程度和相反这四种我们在第二章第六节中所称的内在关系可以在观念的比较中直接得到；外在关系中，对象间的时间与空间关系则可以在经验中直接得到。至于同一关系和因果关系，它们的呈现要比前面五种关系的呈现复杂，因为它们所蕴含的信息要多于它们所直接呈现出来的内容。所以我们需要进一步讨论这两条哲学关系的发现机制。

同一关系指的是一个对象在时间流逝中的持守不变，因此是不同时间点中的两个对象之间的类似。这是同一关系之所以不属于能被直接发现的哲学关系的原因：它虽然也是类似关系，但是是在时间中的类似关

---

① 科斯塔和毕比亦如此理解自然类似关系和哲学类似关系之间的关系，参见 Michael Costa，"Hume on the Very Idea of a Relation"，*Hume Studies*，Vol. 24，No. 1，1998，p. 87；Helen Beebee，*Hume on Causation*，New York：Routledge，2006，p. 17。

② 自然类似关系与哲学类似关系之间的区别与联系亦为丘奇所讨论，他也注意到自然类似关系具有哲学类似关系所没有的动力性要素。但他因此而认为"自然类似关系是哲学类似关系外加上了联结的力量"。我们认为这一论断并不符合休谟的看法。首先，休谟从未如此论述过这两种关系之间的关系；相反，他强调哲学关系应该是自然关系的结果，但在这种论述中自然关系却是哲学关系与"联结的力量"混合的结果，因此哲学关系反而成了自然关系的原因。其次，在休谟看来，自然类似关系应该本身就是具有力量的联结，"联结的力量"并不来自于类似关系之外的其他地方。因此，对这两类关系的更合理的理解应该是：它们是位于心灵机制的不同环节中的同一个对象。丘奇的观点参见 Ralph Church，"Hume's Theory of Philosophical Relations"，*The Philosophical Review*，Vol. 50，No. 4，1941，p. 358。

系，而时间关系必须在经验中才能得到。另一方面，同一关系所需要的时间关系实际上是不存在的，因为时间只能在可被感知的知觉接续中才能被发现，而同一关系中的各对象恰恰是不变的因而是不存在知觉接续的。这意味着在其直接的内容中，比较是无法发生的，因而关系是无法形成的。而之所以这一关系还能形成是因为虽然这一对象本身没有变化，但与它共存的其他对象发生了变化，因此我们在这些变化的对象上感受到了时间，进而想象自己在这一不变的对象上也感受到了时间。换句话说，我们在这一不变的对象上虚构了时间，从而将原本的单一存在在想象中分割成了不同时间点中的多个存在，并进而对它们进行比较并得到它们之间的类似关系。① 而这一时间的虚构之所以得以可能是因为我们对知觉接续的设想和对不变对象的设想是类似的，因此当我们在设想不变对象时，会引发二阶类似推移，引出对知觉接续的设想活动，使得我们误以为自己是在设想知觉的接续从而想象着时间在其中的存在。因此，在基于二阶类似推移而进行的比较活动中，同一关系得以出现。②

---

① ［英］休谟：《人性论》，关文运译，商务印书馆 2016 年版，第 223—224 页。

② 科斯塔对同一关系的产生机制做出了类似解释，同样指出了心灵是因为混淆了两种相近的心灵活动而虚构了不变对象所经历的时间，虽然他并没有进一步解释这一虚构的具体机制。参见 Michael Costa，"Hume，Strict Identity，and Time's Vacuum"，*Hume Studies*，Vol. 16，No. 1，1990，pp. 9 - 10。在之后的文章中，他认为心灵是通过"对命题内容的判断"这种专门的心灵活动，亦即他所谓的"judgmentsa"而产生的对时间的虚构。进一步地，他还将此视为休谟对所有的心灵虚构的一般性机制。但我们认为他的"judgmentsa"的说法是不成立的。科斯塔在这同一篇文章的前半部分区分了休谟式的心灵认知机制的两个层面：在基本层面上，心灵处理的是影像式的内容（image-like things）；以此为基础，心灵能进而处理命题式的内容（proposition-like things）。这就是我们在本章开头提到的心灵的"现象模式"。虽然科斯塔没具体解释"judgmentsa"在导致心灵虚构和混淆中的具体机制，但结合他的这一区分不难看出，他将心灵的虚构和混淆视为心灵在进行处理命题的活动时所发生的现象。尽管这的确能在休谟的人性理论中找到对应的机制，例如错将某个抽象观念与某个具体观念相联结，但这却并非心灵发生混淆的根本机制。其根本机制在于我们这里所指出的二阶类似推移，因而仍然是心灵认知机制的基本层面上的活动。这在《人性论》第 72 页中能得到直接的验证："类似关系是错误的最丰富的根源……类似的观念不但是互相关联的，而且我们思考它们时的心灵活动也极少差异，因此我们不能加以区别。"因此，错误的根源在于心灵活动的类似。同时，在休谟的相关讨论中也从未见他提及与语言和命题相关的内容。科斯塔对心灵机制的区分、对"judgmentsa"的讨论和对心灵虚构的解释分别参见 Michael Costa，"Hume on the Very Idea of a Relation"，*Hume Studies*，Vol. 24，No. 1，1998，pp. 81、82、85。

与类似关系一样，因果关系也是既是自然关系也是哲学关系。同时，我们在第二章第六节中也已经指出哲学的因果关系必须以自然的因果关系为基础。之所以我们会说哲学因果关系本身所蕴含的信息要多于它所呈现出来的内容，是因为它所直接呈现的只是两个对象在时间和空间上的接续和邻近关系，而因果关系所描述的却是这两个对象每次都会以这一时空关系出现于经验之中，因而是超越于这一单次经验的论述。[①] 在自然的因果关系中，一个原因或对象出现时，心灵会被习惯性联结推移至另一个对象之上。这种强有力的联结会使心灵无法抵抗其推动。同时，心灵在推移过程中也会感觉到这种被决定之感。[②] 所以因果观念间的习惯性联结建立之后，当心灵比较这两个观念间的接续和临近关系时，就会同时回忆起这种被决定之感，从而断定它们之间一定会有这一特定的时间和空间关系。所以哲学的因果关系实际上是对自然因果关系所推动的习惯性推移的内在感觉的汇报；或者说，在哲学因果关系的比较中，心灵通过对因果间的时间和空间关系的比较引出对它们之间的习惯性推移的二阶设想。自然的因果关系正是因此而成为哲学的因果关系的原因。[③]

此外，当我们有了自然因果关系的形成经验、同时能够对这一习惯性推移进行二阶设想之后，对于只观察到一次以接续和邻近关系结合的对象，我们也将能够以“间接而人为的方式”在它们之间形成因果关系。[④] 当我们经历了足够多的自然因果关系的形成之后，我们将会在对象的接续与邻近式的结合和它们之间的习惯性联结的形成之间也形成习惯性联结。在此之后，只要我们一经发现两个对象以接续和邻近的时空关系出现，即使我们是第一次经验到这两个对象的这种结合，因而还未能

---

① ［英］休谟：《人性论》，关文运译，商务印书馆 2016 年版，第 191 页。

② ［英］休谟：《人性论》，关文运译，商务印书馆 2016 年版，第 186 页。

③ 豪斯曼认为休谟的哲学的和自然的因果关系分别是对因果关系的本体论和心理学讨论。在此可以看到并非如此，哲学因果关系仍然是对心灵活动的汇报，因而仍然是心理学层面上的分析。参见 Alan Hausman, “Hume's Theory of Relations”, *Noûs*, Vol. 1, No. 3, 1967, p. 273。

④ ［英］休谟：《人性论》，关文运译，商务印书馆 2016 年版，第 120 页。

在它们之间形成习惯性联结，但接续与邻近式的结合与习惯性联结之间的习惯性联结也将使得我们赋予这两个对象以因果关系，亦即断定它们总会以这种时空关系在经验中出现，哲学因果关系由此产生。[①] 这一机制也就是我们上一节所呈现的二阶习惯推移。在此，对两个知觉的时空关系的比较引发了二阶习惯推移，从而产生了哲学因果关系。这意味着，比较与对习惯性推移的二阶设想的结合能形成已经有自然因果关系的对象之间的哲学因果关系；比较与二阶习惯推移的结合则能在尚未形成自然因果关系的对象间形成哲学因果关系。

因此，七条哲学关系实际上是心灵在不同环境中的比较结果：内在关系是对观念内容的比较的直接结果；时间与空间关系是可以在经验中直接得到的比较结果；同一关系是二阶的类似推移与比较互动的结果；哲学因果关系则是二阶设想或二阶习惯推移与比较互动的结果。

二　比较的不精确性

比较发现的是对象间的类似而非相同，这意味着比较总是不精确的。在《人性论》第57页中休谟就指出我们在对象大小上的判断总是不准确的："我们这一类的判断并不比关于其他任何题材的判断更能免于怀疑和错误。"[②] 只有当对象间的大小差别明显到一定程度时，我们才能准确无误地直接得到它们的大小关系。当它们的大小差别小于这个界限时，我们就无法区分这一差别，并因此认为它们是相等的。这是心灵在进行数和数量的比较时的不精确性。在性质的程度关系上，情况同样如此。"当任何性质如颜色、滋味、热、冷等的程度差异十分微小时，我们虽然不可能精确地加以判断，可是当它们的差异是巨大的时候，那就很容易决定它们中间某一种较另一种强些或弱些。"[③] 比较在精确性上的缺乏解释了，为什么休谟认为类似关系中只有数和数量的关

① ［英］休谟：《人性论》，关文运译，商务印书馆2016年版，第149页。
② ［英］休谟：《人性论》，关文运译，商务印书馆2016年版，第57页。
③ ［英］休谟：《人性论》，关文运译，商务印书馆2016年版，第82页。

系能进行理证性推理至任何程度而不丧失其确定性和精确性。[①] 严格说来，甚至数和数量的关系也并不比其他关系更为精确和确定。而之所以只有它能保证理证性推理的确定性，是因为只有它能够让我们以“比较人为的方式”，亦即创造出相应的数学系统和精确标准来进行比较。[②]代数学和算术就是这一系统的运用。在其他关系中，如果我们也想要进行相应的精确比较，那么我们将发现唯一的方式就是将它们量化，亦即发现它们的数和数量的关系。

第七节 动力

官能进行活动需要动力的推动，因此动力也是人性机制中不可或缺的因素，我们在前面的讨论中也已经一再涉及这一因素。我们在这一节中对此进行集中讨论。我们在第三章第四节中已经指出联结是推移的动力，而联结有类似关系与习惯两类。这意味着设想有这两个动力来源。类似关系对设想的推动是心灵的原始性质，其作为原初事实无法在此进行进一步的讨论。习惯则尚且需要进一步的讨论。

一 习惯

习惯“对于心灵有两种原始的效果，一种是使任何行为的完成或对任何对象的想象顺利无阻，一种是以后使它对于这种行为或对象有一种趋向或倾向”[③]。可以看到，这两种效果实际上只是习惯为设想提供的动力的不同程度的体现：随着重复次数的增加，对特定对象的设想的动力开始逐渐增加，从而使得这一设想逐渐顺利；随着重复次数的继续增加，动力越来越强，直到最后这一设想活动动力十足过于容易引发，从而成为倾向。因此，习惯的这两个效果之间只有量的区别而没有质的

---

① ［英］休谟：《人性论》，关文运译，商务印书馆2016年版，第83页。
② ［英］休谟：《人性论》，关文运译，商务印书馆2016年版，第82页。
③ ［英］休谟：《人性论》，关文运译，商务印书馆2016年版，第456页。

不同。

行为的顺利意味着我们开始熟悉这一行为，其对我们来说不再是陌生的。陌生和熟悉的行为的区别在于，当心灵进行陌生的行为时会有困难。为了克服这一困难心灵会振奋精神，从而使心理倾向具有较高的活泼性水平。[①] 这会带来两个结果：一是这一行为及其对象的效果会因为心理倾向的高度活泼而被放大，所以任何新鲜事物总会带来超出其真实水平的苦乐；而且心理倾向在高度活泼时通常也会是不稳定的。[②] 二是心理倾向的活泼和精神的振奋也会提高心灵的专注程度，使心灵将注意力固定于这一行为的对象之上，所以陌生的对象总会更吸引注意力。随着这一行为重复次数的增加，这一行为逐渐顺利，心灵在进行这一行动时为了克服困难而提振精神的程度降低。这时心灵进行这一行动所引起的情感的猛烈程度将会减弱，专注程度也将降低。另一方面，行为的顺利本身是令人快乐的，这种快乐不同于其陌生时的那种苦乐交织的状态而是纯粹的快乐。[③] 更进一步，随着这一行为重复次数的继续增加，该行动所拥有的动力将继续增强从而形成倾向。此时，这一行动因为过于顺利，在进行时完全不需要依赖于精神的提振，以至于“不再产生任何明显的激动”[④]。在这种情况下，心灵将容易因为缺乏活跃性而陷入痛苦的无聊状态之中。[⑤]

习惯的效果是随着重复次数的增加而增强的，这意味着习惯所提供的动力是可以叠加的。同时，当心灵在一个行动中面临着几个不同的方向时，这一行动的推动力就会被分散到这几个方向上，每个方向上所得到的推动力也就相应地变少，亦即心灵在进行或然性推移时发生的情况。[⑥] 这意味着这种动力可以通过叠加而被增强，也可以通过分散而被

① ［英］休谟：《人性论》，关文运译，商务印书馆 2016 年版，第 455、457 页。

② ［英］休谟：《人性论》，关文运译，商务印书馆 2016 年版，第 457 页。

③ ［英］休谟：《人性论》，关文运译，商务印书馆 2016 年版，第 457 页。

④ ［英］休谟：《人性论》，关文运译，商务印书馆 2016 年版，第 453 页。

⑤ ［英］休谟：《人性论》，关文运译，商务印书馆 2016 年版，第 458 页。

⑥ ［英］休谟：《人性论》，关文运译，商务印书馆 2016 年版，第 152 页。

削弱。这就是心灵进行经验推理时的“动力机制”：当心灵在两个因果对象间的推移的推动力够强时，其进行的就是因果推理；而当这一推移的推动力强度不够时，进行的就是概然推理。我们将在第四章第三节中对此进行讨论。在此我们还可以意识到习惯的一个特点：习惯并非只有在完全形成之后才会发挥作用；在此之前，其仍然在以较弱的推动力推动心灵进行行动。

与习惯作为动力机制相关的，是我们在第二章第七节讨论抽象观念时指出但未进一步解释的习惯的性质：我们在阅读时并不会每遇到一个词时都清楚地设想这个词所代表的具体观念，但这并不会使我们的阅读成为无意义的，也不会让我们无法发现语言中存在的矛盾。[①] 之所以我们在这种情况下能够获知词语的意义是因为词语总会与其所代表的具体观念存在着习惯性联结，这意味着当我们设想一个词语时，向某些具体观念推移的动力也会随之出现。这一动力是一种特定的感觉，也是我们理解一个词和不理解一个词在感觉上的区别：理解一个词意味着我们在这个词和特定的一系列具体观念间建立了习惯性联结，从而当我们想到这个词时也就会感到相应的推动；相反，我们不理解一个词也就意味着我们缺少这种联结，所以当我们想到这个词时也就感觉不到这种推动。休谟在讨论“理性的区分”时所说的“习惯赋予我们的一种反思”指的也是对这种动力的感觉。[②]

而之所以在这种情况下我们还能发现词语间的矛盾是因为“我们赋予观念以关系的习惯仍跟随着词语”[③]。所谓的“赋予观念以关系的习惯”指的也是习惯性联结，是习惯所赋予的在观念间推移的动力。也就是说，当我们被一个动力推动，而这一动力所指向的对象本身又会带来另一个动力的话，即使我们的第一个动力没有转化为切实的行动，我们仍然能感受到第二个动力。

---

① ［英］休谟：《人性论》，关文运译，商务印书馆2016年版，第32页。
② ［英］休谟：《人性论》，关文运译，商务印书馆2016年版，第34页。
③ ［英］休谟：《人性论》，关文运译，商务印书馆2016年版，第32页。

在此可以看到，习惯是休谟的意义理论中的重要机制。①

二 活泼性与苦乐感受

习惯与心理倾向中的活泼性在动力上会有互补：当习惯提供的动力不足时，心灵将会通过提高心理倾向的活泼程度来补充这部分动力。这有两种可能的解释：一是心理倾向中的活泼性也能够为设想提供动力；二是心理倾向中的活泼性能够为注意力提供动力，使得注意力能够更有力地推动设想活动。第二种可能性能获得更多的支持：首先，心理倾向中的活泼性对心灵专注的容易程度的影响以及注意力对设想活动的影响都已经为我们所论证；其次，活泼性的现象性质之一就是对象在意识中的稳定持存，而这实际上就是注意力集中于这一对象上的表现；此外，在接下来的情感机制中我们还能看到心理倾向对注意力的推动和固定作用。所以我们认为心理倾向中的活泼性是注意力得以进行活动所需要的动力。不仅如此，在第三章第五节中我们也已经指出：活泼程度越高的对象越能吸引注意力。因此，不论是心理倾向中的还是对象上的活泼性都是注意力活动所需要的动力。此外，能够吸引注意力的还有快乐与痛苦，所以它们也会为注意力活动提供动力。

由此，我们得到两组相对应的官能活动与动力：类似关系与习惯为设想和推移提供动力；活泼性和苦乐感受则为注意力活动提供动力。

三 动力的本体论地位

在此需要强调的是，我们所说的动力，不论是习惯、活泼性、苦乐感受还是下文谈及的动机，都是感觉，因而是经验对象而不是为休谟所反对的那种不可感的“事物运行的终极原因”。我们也始终以休谟所承认的因果语言，亦即经验中的恒常结合在讨论动力。所以我们对动力的讨论并不会违背休谟的经验主义要求。

① 利文斯顿正是以此发展了休谟的意义理论，参见［美］唐纳德·利文斯顿《休谟的日常生活哲学》，李伟斌译，华东师范大学出版社2018年版，第94—99页。

第八节　心理倾向的情感性质[①]

至此，我们已经展现了心灵用来保留、复现和观察经验的官能和活动。但心灵并不仅仅是接受和处理经验的系统，对于心灵同样重要的还有对经验的评价和改变。这两个环节主要由情感活动所推动。完整的情感活动发生于一个完整的情感机制之中，而情感本身只是情感机制中的一个要素。正如我们在第二章第十节中所指出的，情感本身只是作为心理倾向的一个方面而发生于意识环境之中的简单的内在感觉。一个完整的情感机制需要情感、注意力和设想的共同参与。在讨论情感机制之前我们需要先来考察心理倾向在情感方面的性质。

一　态度与动机

心理倾向在情感上有两种不同的形态，我们选取喜悦和欲望这两个直接情感来呈现这一区分。喜悦和欲望是我们面对令人快乐的对象时最直接的反应。当我们注意于令人快乐的对象上时，就会产生喜悦的心理倾向，而这一心理倾向又会让注意力固定于这一对象之上。同时，若我们所注意的这一对象是我们尚未得到但相信自己能够得到的对象时，我们还会产生欲望。作为情感感觉，欲望同样是一种特定的心理倾向。与喜悦不同的地方在于，欲望不仅会使注意力固定于这一对象之上，还会引发相应的心灵和身体活动去实现这一目标，这意味着欲望会提供另外的动力推动心灵和身体进行活动。因此，在喜悦和欲望的机制中我们能看到心理倾向发生作用的两种方式：或者只是产生感觉并固定注意力；或者除此以外还会产生动力从而推动相应的心灵和身体活动。我们将前一种心理倾向称为“态度型心理倾向”，将后一种心理倾向称为“动机型心理倾向”；相应地，将只有态度型心理倾向参与的情感机制称为

---

① 本节修改自笔者发表于《现代外国哲学》第20辑的文章《论休谟〈人性论〉中的情感类型》（未刊稿）。

“态度”，而将动机型心理倾向参与的情感机制称为“动机”。可以看到，这两种心理倾向和情感机制分别对应了心灵对经验的评价和改变这两个环节。

因此，喜悦和欲望是我们面对令人快乐的对象时的直接态度和直接动机。而当我们面对的是令人痛苦的对象时，则会产生悲伤和厌恶作为直接的态度和动机。对比喜悦与悲伤我们能看到态度型心理倾向中的进一步区分：喜悦令人快乐，悲伤令人痛苦。我们之后将会看到，所有其他的态度型情感也都是如此，或者令人快乐，或者令人痛苦。因此，态度型心理倾向又分为两类：令人快乐的心理倾向和令人痛苦的心理倾向。

对比欲望和厌恶我们则可以看到动机型心理倾向中的进一步区分：欲望提供的动力推动的是趋向这一对象的活动；厌恶则正相反，推动的是躲避这一对象的活动。对于其他的动机型心理倾向来说也同样如此。因此，动机型心理倾向也可以分为两类：趋向型心理倾向和躲避型心理倾向。同时，动机中也同样会有苦乐感受的出现。首先，动机与态度一样始于对特定苦乐对象的注意，而态度型心理倾向是这一注意的直接反应，这意味着在动机中同样会出现态度型心理倾向，从而在欲望中会有喜悦，在厌恶中会有痛苦。同时，动机型心理倾向本身作为感觉也会有苦乐性质：在其作为动力进行推动时是令人痛苦的，也就是我们在“欲火焚身”时会具有的那种痛苦。而在动力消失后，则会因痛苦的消失而令人快乐，也就是“释然”的感觉。这种动力的消失有三种方式：一是动力所推动的行动成功达成其目标；二是心灵发现目标不存在或者不可能达到；三是随时间流逝而逐渐减弱最终消失。

如我们已经在第二章第十节中指出的，情感有意向对象，亦即情感会将注意力固定于特定的对象之上。这意味着情感与活泼性一样能为注意力的发动提供动力，对于两种类型的心理倾向来说都是如此。此外，动机型心理倾向还会提供额外的动力去推动设想与身体行动：当我们的欲望和厌恶发生时，就会“被推动了要去避免引起不快的东西，而接受引起愉快的东西”[①]。这一推动的具体表现在于：“把一切通过因果关系与原始对象有关的一切对象都包括无余。这里就有推理发生，以便发现这种关系；随着我们的推理发生变化，我们的行为也因此发生变化。”[②] 亦即欲望和厌恶会提供动力推动推移的进行。相反，如果原因和结果并非我们欲望或厌恶的对象，“我们就丝毫不会关心去认识某些对象是原因，某些对象是结果”，推移活动在此就会因为缺少动力而无法发动。[③] 这就涉及了动机的发动条件：动机的目的在于趋乐避苦，所以仅在我们有这一需要时才会产生。[④] 这意味着当我们已经处于快乐状态中时动机将不会出现，只有在我们处于痛苦状态时，或者至少是缺乏快乐时动机才会产生。

二　印象的联结

除了表现上的不同外，心理倾向还有另一个性质需要我们注意，亦即“印象的联结”。印象的联结是休谟在讨论情感时提出的心灵原则，即“所有类似的印象都联系在一起，一个印象一发生，其余的就立刻随之而来”[⑤]。就感觉印象而言这一说法是难以理解的，一个苹果的出现并不意味着其余的与之类似的对象（例如其他的苹果）也会跟着出现。但对于情感来说这却的确是经常会发生的现象。我们不难体验到“悲伤和失望产生愤怒，愤怒产生妒忌，妒忌产生恶意，恶意又产生悲伤，一直完成整个一周为止”。同样，当我们心生喜悦时也很容易产生爱情、慷慨、怜悯、勇敢和骄傲等类似的情感。[⑥] 因此，虽然休谟并未明确声明，但我们应该将印象间的联结理解为仅仅是反省印象亦即情感间的联结。而作为印象的情感只能是情感的感觉，因此这一联结就是发

---

① ［英］休谟：《人性论》，关文运译，商务印书馆 2016 年版，第 448 页。
② ［英］休谟：《人性论》，关文运译，商务印书馆 2016 年版，第 448 页。
③ ［英］休谟：《人性论》，关文运译，商务印书馆 2016 年版，第 448 页。
④ ［英］休谟：《人性论》，关文运译，商务印书馆 2016 年版，第 474 页。
⑤ ［英］休谟：《人性论》，关文运译，商务印书馆 2016 年版，第 313 页。
⑥ ［英］休谟：《人性论》，关文运译，商务印书馆 2016 年版，第 313 页。

生于心理倾向之间的联结。

这一联结只能由类似所引起。[①] 情感的心理倾向之间所具有的类似正好就是我们在上文中对态度型心理倾向与动机型心理倾向所做的进一步分类：苦乐性质与动力方向。因此“两个印象不但当它们的感觉互相类似时是互相关联的，而且即当它们的冲动或方向互相类似、互相对应时，这两个印象也是互相关联的”[②]。

这些是心理倾向在情感方面的分类和性质，接下来我们来考虑意识中心的活动与意识环境的活动之间所具有的几种互动模式，或者说是情感所具有的几种机制。

第九节　情感机制[③]

情感需要被引发，出现后又会对心灵有所推动，我们接下来将会看到，除了本能机制以外，所有情感机制都以这种方式运行。不论中间有多少额外的环节，这一机制总是始于心灵对某原因的注意，情感出现后也总会将注意力固定于特定对象上。所以可以认为“原因—情感—对象”的三元结构是除了本能机制以外的所有情感机制所共同具有的基本结构，其表现的是注意力与心理倾向之间的双向因果关系。即使本能机制也并未跳脱于这一结构之外而只是缺少了其中的部分环节。

一　本能机制与基本机制

有一种产生于“自然的冲动或完全无法说明的本能”的情感，这种情感并非由苦乐原因所引起，因此其机制中只有情感感觉与对象这两个要素。[④] 产生于这种机制的情感有善意、愤怒以及食欲、性欲等肉体

① ［英］休谟：《人性论》，关文运译，商务印书馆 2016 年版，第 314 页。

② ［英］休谟：《人性论》，关文运译，商务印书馆 2016 年版，第 415 页。

③ 本节修改自笔者发表于《现代外国哲学》第 20 辑的文章《论休谟〈人性论〉中的情感类型》（未刊稿）。

④ ［英］休谟：《人性论》，关文运译，商务印书馆 2016 年版，第 474 页。

欲望。可以看到，这类情感中只有动机没有态度。这是最简单的情感机制：动机型心理倾向出现，其使心灵注意于特定对象，并推动心灵和身体以此对象为目标进行活动。我们将此机制称为本能机制。

除了本能机制，情感的三元结构适用于所有其他的情感机制。实现这一三元结构的最简单机制自然是参与要素和要素间的因果关系都尽可能少的机制，符合这一要求的机制只能是：心灵注意到一个对象，由此产生相应的心理倾向，心理倾向又将注意力继续固定于原先的对象上。此即喜悦、悲伤、欲望、厌恶、希望和恐惧这六种直接情感所共有的机制。

喜悦和悲伤具有的是态度机制。喜悦的机制是心灵注意于令人快乐的对象，产生令人快乐的心理倾向，之后仍然注意着这一对象。悲伤也是这同样的机制，只不过其中的对象和心理倾向的感觉都是令人痛苦的。喜悦和悲伤混合后则会产生希望和恐惧。这一混合发生于令人快乐或痛苦的对象处于或然状态时。此时，引发喜悦和悲伤的原因将交替出现，从而使得两种情感活动也交替进行。在这种交替中，喜悦和悲伤的心理倾向将混合在一起从而形成新的心理倾向，根据喜悦所占比例的多或少，所产生的将是希望或恐惧的心理倾向。可以看到，喜悦和悲伤的情感机制是这一类机制中的简单机制，希望和恐惧则是由它们混合而成的复合机制。

欲望和厌恶则是这类最简单机制中的动机机制。一方面，心灵面对令人快乐的对象，产生趋向型心理倾向，从而在继续注意这一对象的同时还产生了动力推动设想和身体进行以获得此对象为目的的活动。这是欲望的机制。另一方面，若心灵面对的是令人厌恶的对象，产生的则是躲避型心理倾向，该倾向将注意力继续固定于该对象上并产生动力推动设想和身体进行以躲避此对象为目的的活动。这是厌恶的机制。

我们在第三章第八节中已经指出，动机只有在痛苦状态中，或者是缺乏快乐的状态中才会产生，这意味着当心灵处于喜悦中时，欲望和厌恶都不会发动，只有当心灵处于悲伤之中，或者至少不处于喜悦中时，欲望和厌恶才会发动。这一对态度和动机所面对的都是最基本的经验，它们的机制也是最为简单直接的，即对苦乐的注意引出相应的心理倾向，而心理倾向又将注意力固定于其原因之上。我们将它们统称为“基本机制”，相应的将其中的态度和动机称为“基本态度”和“基本动机”。在接下来的讨论中我们将看到基本机制在其他情感机制中的根本性地位。

二 属人机制

当我们面对的是与人有关的苦乐对象时会引发更复杂的情感机制。若我们注意到一个令人快乐的对象，同时这一对象与我有联结，它或者是我本身的性质、行为，或者存在于我的附近，这时我将产生有别于喜悦的另一种令人快乐的心理倾向，并将注意力固定于自我观念之上。这一心理倾向即骄傲，这一机制即骄傲的发生机制。

这一机制中有四个要素，分别是原因、原因带来的感觉、作为情感对象的自我以及情感感觉。它们之间有着双重联结：“刺激起那种情感的原因和自然赋予那种情感的对象是关联着的；而原因所分别产生的那种感觉也和情感的感觉是关联着的：那种情感就由观念和印象的这种双重关系产生出来。”[①] 这就是休谟用来解释间接情感的“双重关系机制”。

对于这一机制有着两个较为严重的误解。第一个误解与双重关系机制的具体运行方式有关。休谟从未明确论述过这一机制的具体运行方式，我们很容易认为这四个要素之间存在的是线性因果关系。若是这样的话，骄傲的产生机制将表现为：某个与我有关的事物给我带来了快乐，这一快乐借由印象间的联结引出骄傲，骄傲又引出自我观念，从而使我将注意力放在自我观念之上。[②] 这种线性解读的问题显而易见：其

---

① ［英］休谟：《人性论》，关文运译，商务印书馆 2016 年版，第 317 页。

② Donald Davidson, “Hume's Cognitive Theory of Pride”, *The Journal of Philosophy*, Vol. 73, No. 19, 1976, p. 749; Norman Kemp Smith, *The Philosophy of David Hume*, New York: Palgrave Macmillan, 1941, p. 181; Terence Penelhum, *Hume*, London and basingstoke: Macmillan Press Ltd., 1975, pp. 98 – 99.

无法体现观念间的关系在该机制中的作用。与此相关的是这种线性理解中包含的第二个误解，亦即将原因带来的感觉理解为其所直接产生的快乐。要正确理解双重关系机制的运行方式就需要先正确理解究竟什么是原因带来的感觉，所以我们在此先讨论第二个误解。

就如我们已经指出的，印象间的联结只能发生于情感之间，而快乐本身并非情感，因此作为联结的一端的原因之感觉所指的不能是原因所直接带来的快乐，而应该是心灵在注意到这一对象和它带来的快乐后产生的喜悦。虽然在提出这一机制的这一文段中休谟所指的原因的感觉似乎的确是它所直接造成的快乐，因为他说这种感觉是“独立于情感之外的痛苦或快乐”①。但我们需要注意，这里的“情感”并非泛指的所有情感，而仅仅指双重关系机制所要产生出来的情感，亦即骄傲。同时，喜悦本身也是令人快乐的，因此也并不违背这里休谟的说法。其次，在《人性论》第336页中休谟更是直言：“当心灵遇到一个与己有关的对象出现因而感到骄傲或谦卑情感的时候，除了思想的关系或推移以外，还有被其他原则所产生的一种情绪或某种原始印象。”这足以证明双重关系机制所考虑的原因带来的感觉是喜悦而非原因本身直接带来的快乐。

基于此，我们得以回到对双重机制运行方式的讨论。既然原因带来的感觉所指的是原因所引发的喜悦，所以这两个因素间的环节应该是心灵在注意这一对象的同时产生了喜悦的心理倾向。这意味着在此发生的并非注意力的转移，心灵并非在注意该对象后转而注意它带来的感觉。在这一环节中，心灵始终注意着这一对象，同时感受着对它的喜悦，这两个要素描述的是同一个心灵活动中意识中心和意识环境的表现。之后，因为印象的联结，喜悦的心理倾向引出骄傲的心理倾向。同时，心灵在该对象与自我观念间发生联结式推移，转而设想自我观念。在自我观念出现后，骄傲的心理倾向将注意力固定于该观念之上。由此，双重关系机制实现，骄傲情感的整体结构得以显现。因此，双重关系机制并

① ［英］休谟：《人性论》，关文运译，商务印书馆2016年版，第317页。

非推移或注意力转移的三次接连进行，而是推移、心理倾向的变化和注意力的转移这三者的同时进行，“促进观念推移的那些原则在这里和影响情感的那些原则会合在一种运动里面，使心灵上起了双重的冲动”①。

当我们面对的是与自我有关的令人快乐对象时，骄傲将通过双重关系机制产生；而当我们面对的是与自我有关的令人痛苦对象时，从双重关系机制中产生的则将是谦卑；此外，当我们面对的是与他人有关的令人快乐对象时，从这一机制中产生的将是对此人的爱；相反，当我们面对的是与他人有关的令人痛苦的对象时，这一机制则将带给我们对此人的恨。因此，这两对休谟所谓的间接情感共享着同一个元机制：该机制始于对与人有联结的苦乐对象的注意，由此喜悦或悲伤得以产生；之后意识中心发生联结式推移，心灵设想出自我或他人的观念；同时意识环境发生心理倾向上的变化，新出现的心理倾向将注意力固定于新出现在意识中心的观念之上。相比于基本机制，这一机制中不仅有注意力和心理倾向，同时还有设想的参与。

这一动态机制确定了心灵在物与人之间的推移方向：在这一机制的牵引下，在人与其相关物之间，我们就总将是从相关物推移到人之上，而非相反。我们的注意力也总将跟随着这一推移的方向进行转移。由此，人成了由他自己与他的相关物组成的关系网络的中心。同时，这一机制还使得我们将人本身作为对象。让我骄傲的或许是我出众的节奏感，但我在骄傲时所设想的并不仅是我的节奏感，而是有着出众节奏感的我。对于他人的爱和恨同样如此。② 与此形成鲜明对比的是基本机制。如果我仅仅因为我的节奏感而喜悦但并不因此而骄傲，此时我的眼中就不会有“我”，而只有节奏感。因此，双重关系机制指示出我们对人的反应模式，也正是因为这样，我们将其称为“属人机制”。

同时，若考虑态度与动机的区分我们可以看到，属人机制所产生的

---

① ［英］休谟：《人性论》，关文运译，商务印书馆 2016 年版，第 314 页。

② Rachel Cohon, “Hume’s Indirect Passions”, in Elizabeth S. Radcliffe, eds., *A Companion to Hume*, Oxford: Blackwell Publishing, 2008, pp. 166、169.

这四种情感都是态度。虽然如此，在以自我为对象的骄傲与谦卑和以他人为对象的爱与恨之间仍然有着不同。骄傲与谦卑“并不伴有任何欲望，并不直接刺激起我们的行动”；爱与恨则“本身并不是自足的，也不停止在它们所产生的那种情绪中，而是把心灵带到更远的对象上”。[①]爱带来的是“使所爱者享有幸福的欲望，以及反对他受苦的厌恶心理”，恨带来的则是“希望所恨者受苦的欲望，以及反对他享福的厌恶心理”。[②] 也就是说，爱会带来对所爱者的善意，恨则会带来对所恨者的愤怒。[③] 爱与善意并不是同样的情感，恨与愤怒同样如此。这从它们的机制上也能看出来：爱和恨产生于双重联结机制，善意和愤怒则产生于本能，正是这一本能将爱与善意、恨与愤怒结合在一起。[④] 由此，我们也能看到为什么善意与愤怒不具有完整的情感结构：因为它们的原因已经包含在了爱与恨中，不再需要由另外的原因引发。因此，我们可以将善意与愤怒视为属人机制中的动机。

善意与愤怒和基本动机不一样的地方在于，它们并不以我们自身能得到的快乐或痛苦为对象，而是以他人的快乐和痛苦为对象。与此相对照，我们也就能理解骄傲与谦卑并没有相对应的动机的原因：骄傲与谦卑以自我为对象，而以自我的苦乐为对象的动机已经存在于基本动机之中。此外，善意与愤怒还不像基本动机一样是单一方向的简单动机，而是包含了趋向型心理倾向和躲避型心理倾向的复合动机。同时，爱是快乐的态度，但它却仍然能引出相应的动机，亦即善意。这并不与我们上文说的动机只能产生于痛苦状态这一说法相冲突。因为善意在此的对象并非我们自身的快乐和痛苦，而是被爱者的快乐和痛苦，所以触发善意的条件不在于自身的快乐与否，而是被爱者的快乐与否。当被爱者处于痛苦中时，我们会厌恶他的痛苦并欲求他的快乐。当他已经处于快乐之

---

① ［英］休谟：《人性论》，关文运译，商务印书馆 2016 年版，第 400 页。

② ［英］休谟：《人性论》，关文运译，商务印书馆 2016 年版，第 400 页。

③ “善意”即“benevolence”，关文运先生译为“慈善”。

④ ［英］休谟：《人性论》，关文运译，商务印书馆 2016 年版，第 401 页。

中时，动机的目的已经实现，因此也就不会触发。对于愤怒来说同样如此：当所恨之人处于快乐中时，其才会被引起，当所恨之人已经处于痛苦中时，愤怒动机已经实现，从而也就不会被引起。

三 同情机制

基本机制与属人机制都发端于自身经历的快乐和痛苦。即使是不以自身苦乐为对象的善意和愤怒也需要由爱与恨引起，而后者来自于自身经历的苦乐。换言之，这两类机制都是对自身经验的反应模式。除此之外，我们还能对并非发生在自己身上的、他人的苦乐经验发生反应，这是由同情机制实现的。

对于休谟来说，同情是使我们能够经过传达（communication）而接受他人的心灵倾向与情感的机制。[①] 当他人将情感表现在表情、举止、言谈等外在表现上时，我们由此意识到他人此时的情感，从而具有了这一情感的观念。同时，这一观念与自我观念相关，而自我观念具有强烈的活泼性，因此这一观念借由与自我观念的关系而获得大量的活泼性。又因为印象与观念间只有活泼性程度上的差别，所以这一观念在获得足够活泼性后就转变为印象。由此，这一最开始的想象现在成了我们真正具有的情感。[②]

这一机制在几个细节上有待进一步澄清。首先，我们并非直接感受到他人的情感，而是通过情感的结果，亦即他人的外在表现反推至情感本身。[③] 这一推移得以可能的前提是我们已经在类似的情感体验与外在表现之间形成了习惯性联结。这意味着我们在此实际上是根据自己的过

---

① ［英］休谟：《人性论》，关文运译，商务印书馆 2016 年版，第 348 页。有学者指出，同情机制与同情情感的区别并未为休谟的同时代人，尤其是曼德维尔和卢梭所意识到，因此休谟的这一区分代表了哲学心理学上的一个重大理论进步。它使得休谟可以在一个更深的层次上解释人类情感和行为的复杂性。参见 Gerald Postema，"'Cemented with Diseased Qualities'：Sympathy and Comparison in Hume's Moral Psychology"，*Hume Studies*，Vol. 31，No. 2，2005，p. 257。

② ［英］休谟：《人性论》，关文运译，商务印书馆 2016 年版，第 349—350、351 页。

③ ［英］休谟：《人性论》，关文运译，商务印书馆 2016 年版，第 349 页。

往经验而想象出与之相似的观念。其次，我们过往的经验并不一定要和他人的当前经验完全一致才能引发同情。我或许从没体验过牙痛，但当我面对一个牙痛之人时，我仍然能就疼痛本身而同情他。[①] 当然，我们所能调动的经验与他人经验越相似，同情机制越容易引发，所产生的情感也将越强烈。[②] 最后需要说明的是我们最初得到的情感观念是如何与自我观念相关的。这一点休谟并未讲明，我们认为这里的自我观念实际上指的是我们对过往经历的回忆，而情感观念与之有类似关系。[③] 还是在面对牙痛之人的例子中，这里的自我观念就是我们对自己某次痛苦经验的回忆，其中既有我们当时的痛苦感觉，也有因此而产生的悲伤等情绪。而这些回忆无疑与我们所想象的牙痛之人的悲伤观念相类似。

由此，我们得以更为详细地描述同情机制：首先我们注意到他人的外在表现；通过习惯性推移，我们设想出作为这些外在表现之原因的情感观念；因为这一情感观念与我们的某一情感回忆类似，所以心灵在类似关系的推动下推移至这一回忆之上，而这一回忆本身具有充分的活泼性，这使得心灵此时的心理倾向也具有强烈的活泼性；而当心灵带着强烈活泼的心理倾向顺着这一类似联结又回到这一情感观念上后，这一观念因此获得大量活泼性，并转变为情感印象。这是我们至此所能得到的关于同情机制的描述。但这还并不完整，因为我们此时只完成了从原因到情感感觉的描述，三元结构的后半部分则尚未能确定。

为此，我们需要进一步理解同情机制。严格说来，同情并非传达情感的机制，而是以我们过往经验为材料的想象力机制。所以我们在同情中所体验的情感与他人真正具有的情感往往是不一致的。虽然理论上只要是我们经历过的情感都可以由同情机制所重新引出，但实际上最容易

---

① Nicholas Capaldi, *Hume's Place in Moral Philosophy*, New York: Peter Lang Publishing, 1989, pp. 157 – 158.

② ［英］休谟：《人性论》，关文运译，商务印书馆 2016 年版，第 350 页。

③ 这与休谟的自我理论相一致。在他看来，自我观念作为“知觉束”并不是某个独立持存的观念，而只是回忆与知觉的集合。因此我们在某个环境下的自我也就体现为我们事后的相关回忆。参见［英］休谟《人性论》，关文运译，商务印书馆 2016 年版，第 278—279 页。

由同情机制产生的是喜悦和悲伤这两种情感。这一方面是因为喜悦和悲伤作为最基本和最广泛的情感类型，一定也是我们所经历最多的情感，因此我们对它们的回忆的活泼性最强，也最容易唤起它们。另一方面则是因为不论何种情感，只要其是令人快乐或令人痛苦的，人们在经历这一情感时除了表现出其特有的外在表现以外，总会同时也表现出快乐或痛苦，而喜悦和悲伤是快乐与痛苦的最直接反应，因此任何令人快乐或痛苦的情感的外在表现总能够给我们提供充足的材料让我们借由同情引发喜悦和悲伤。相反，其他的情感因为条件更为具体、苛刻，我们作为同情者不一定能够具有这些条件，所以它们并不如喜悦和悲伤那般容易产生，即使产生也往往因为条件的欠缺而不如喜悦和悲伤来得有力。因此，因为他人的快乐和痛苦表现而产生的喜悦和悲伤将是同情所能够直接产生的主要情感。同时，如我们在第三章第九节对双重关系机制的讨论中所指出的，其他的令人快乐或痛苦的情感也不可避免地会有喜悦和悲伤伴随。而喜悦与悲伤的心理倾向会将注意力固定于其原因之上，所以同情机制最终将回到其发端之处，也就是引起此次同情活动的他人的快乐或痛苦经验，以它们作为对象。

因此，完整的同情机制是：我们在注意到他人外在表现后通过习惯性联结推移至喜悦或悲伤的观念之上，并通过相应的回忆赋予这一观念以足够的活泼性，使之成为真实的喜悦和悲伤；这一心理倾向又将注意力转移至引起这一心理倾向的原因，亦即他人的外在表现之上，以其作为对象。由此，我们注意着他人的快乐或痛苦，并在自身中感受着相应的喜悦或悲伤。我们将因同情而发生的喜悦和悲伤称为“同喜”和“同悲”。

我们已经看到，同情机制的核心之一是活泼性的传递。因此可以想见，活泼性的变化会对整个同情机制带来多大的影响。当我们因他人的痛苦处境而产生同悲之情时，如果此人与我们有密切关系，或我们的相关记忆是强烈而活泼的，同情机制就将赋予这一情感以足够的活泼性，并驱使着我们的想象“扩散到一切相关的观念上”，对此人的一切情感进行生动的设想，“不论这些情况是过去的、现在的或将来的，也不论它们是可能的、很可能的或确定的”。[①] 由此我们获得的是对此人的广泛同情（extensive sympathy）。反之，若最初的同情机制无法提供足够的活泼性，我们则只会停留于此人当下的痛苦之上，从而产生有限同情（limited sympathy）。当我们对他人只有有限同情时，我们会因为同悲之情带来的痛苦而憎恨此人；但当我们对他产生的是广泛同情时，我们则会希望此人摆脱痛苦得到快乐，亦即对此人产生怜悯。[②] 休谟对此的解释是只有广泛同情会涉及对此人将来的好运和厄运的关切，从而才会产生让此人摆脱痛苦得到快乐的欲望。[③] 但这一解释难以令人满意。[④] 首先，在休谟的系统中，除了本能，所有的欲望与厌恶都应是由自身的苦乐产生，但休谟在此并没有指出我们自身的苦乐在广泛同情中的作用。其次，休谟似乎将广泛同情中对他人快乐的欲求和痛苦的厌恶建立于我们对他人将来命运的关切之上，但这倒置了因果。因为我们对前景的关心其实就是对欲望和厌恶的目标是否能实现的关心，因此实际上是欲望和厌恶导致了我们对前景的关心。

我们认为，要理解广泛同情和有限同情的不同结果首先需要意识到休谟人性机制所暗含的一个前提：心灵总会以最经济的方式趋乐避苦。当我们因有限同情产生的同悲之情而痛苦时，最省力的摆脱痛苦的方式将是不去想此人处境从而使同悲之情直接消失。这种情况下，我们自然无法进而产生对此人命运的关切。之所以在此我们能直接摆脱同悲之情是因为有限同情无法为该情感提供足够的活泼性，因此这一情感是微弱无力的。相反，当同悲之情获得足够的活泼性从而变得强有力时，它将持续霸占在意识之中，而无法再仅由逃避来摆脱。这种情况下，原本因为更为费力而不被心灵所考虑的方案此时成为唯一的出路，亦即通过帮

---

① ［英］休谟：《人性论》，关文运译，商务印书馆2016年版，第420页。

② ［英］休谟：《人性论》，关文运译，商务印书馆2016年版，第421页。

③ ［英］休谟：《人性论》，关文运译，商务印书馆2016年版，第420—421页。

④ 阿达尔亦认为休谟在此未给出足够的解释，参见Páll S Árdal，*Passion and Value in Hume's Treatise*，Edinburgh：Edinburgh University Press，1966，pp. 51－52。

助他人摆脱痛苦来使自己摆脱痛苦。因此，广泛同情是因为给心灵以无法摆脱的强烈痛苦而驱使其产生了让他人摆脱痛苦得到快乐的欲望。

四　比较

我们已经看到同情的两种运作方式。同情还有第三种运作方式，其与心灵的这一性质有关："程度较小的任何性质如果继程度较大的性质而来，它所产生的感觉便好像小于其实在性质的感觉，有时甚至正好像是相反性质的感觉"①；相反，如果是程度大的性质继程度小的性质而来，它所产生的感觉则会被放大。简而言之，比较会反向改变对象的感觉。因此，当我们同情他人的快乐时，自己首先会与之同喜。但如果我们自己的处境不如他人的处境来得令人快乐，而我们又将这两者相比较的话，我们就会为自己的处境感到痛苦。同时，我们会认为导致这一痛苦的原因是他人的快乐（而非我们主动进行的比较），并因此产生以他人的快乐为对象的痛苦情感，亦即妒忌。如果妒忌足够强烈，为了去除这一痛苦我们会进而产生"嫁祸于人、以便由比较获得快乐的欲望"②，亦即恶意。另一方面，他人的痛苦会在比较之下"增加我们自己的幸福观念，并使我们感到快乐"③。由此而产生的就是以他人痛苦为对象的幸灾乐祸。但比较的这一效果有一限制：当我们与他人差距过大时，这种比较反而无法发生，因为过大的差距切断了我们之间的联结，从而使得比较无法进行。④ 这意味着只有具有联结的两个对象间的比较才会有反向改变感觉的效果。所以这一机制需要有联结式推移的参与，从他人苦乐到自我苦乐的推移必须是联结式推移。

在此我们看到同情机制与比较机制的重要区别：同情机制中自我只是他人情感观念的原型以及活泼性的来源，其本身并非我们所注意的对

---

① ［英］休谟：《人性论》，关文运译，商务印书馆 2016 年版，第 405—406 页。
② ［英］休谟：《人性论》，关文运译，商务印书馆 2016 年版，第 410 页。
③ ［英］休谟：《人性论》，关文运译，商务印书馆 2016 年版，第 409 页。
④ ［英］休谟：《人性论》，关文运译，商务印书馆 2016 年版，第 411 页。

象；而比较机制中自我观念则是我们所注意的对象之一。[1] 尽管有这一区别，比较仍然以同情为基础，如果我们没有经由同情而体会到他人的快乐或痛苦，接下来的比较就无从谈起。[2] 因此，比较所遵循的仍然是同情的机制，它的原因和对象仍然是他人的快乐和痛苦，只是在得到了他人的快乐或痛苦后多了一步与自身处境的比较，从而反转了先前的快乐与痛苦。所以比较实际上是同情的另一种运作方式。

在此我们看到同情有三种运作方式，分别是广泛同情、有限同情和比较。这三种运作方式的第一步都是产生对被注意者的同喜或同悲；在广泛同情中，同悲会使我们产生对此人的怜悯，亦即对此人快乐的欲求和对此人痛苦的厌恶；比较则会让我们因他人的快乐而妒忌或因他人的痛苦而幸灾乐祸；同时，妒忌还会驱使我们对此人产生恶意，亦即令我们欲求此人的痛苦并厌恶此人的快乐。在同情的其他结果中还会产生爱与恨，但它们并不专属于同情机制而且已经得到了讨论，所以我们在此略过。因此，为同情机制所独有的态度有同喜、同悲、妒忌和幸灾乐祸；动机则有怜悯和恶意。同善意和愤怒一样，怜悯与恶意也是包含了趋向型心理倾向和躲避型心理倾向的复合动机。同时，怜悯由带来痛苦的同悲引出，而恶意则由同样带来痛苦的妒忌引出。它们都是对同情中的痛苦的反应。

五　内在机制

不只是我们自身或他人的外在苦乐经验会引发特定的情感机制，知性活动本身也会带来内在的快乐与痛苦，从而引发相应的情感机制，这与心灵所具有的两个性质有关。

我们在探求真理时会产生相应的快乐。而且这一快乐并不得自于真

---

① ［英］休谟：《人性论》，关文运译，商务印书馆 2016 年版，第 373 页。

② 施密特亦持有相同的看法，参见 Amy Schmitter，“Family trees：Sympathy，comparison，and the proliferation of the passions in Hume and his predecessors”，in L. Shapiro and M. Pickayé，eds.，*Emotion and cognitive life in medieval and early modern philosophy*，New York：Oxford University Press，2012，p. 269。

理本身，而主要产生自探寻真理的心灵活动。[①] 休谟并未进一步解释为何这种活动能带来快乐。我们认为，这是因为心灵在进行探寻真理的知性活动时需要克服障碍，为此就需要投入相应的努力，这会“刺激起了精神”，使心灵摆脱无精打采的痛苦状态，变得活跃。而心灵的活跃状态则会给我们带来极大的快乐。[②] 我们在第三章第七节对习惯的讨论中已经指出，心灵在这种情况下投入努力的结果在于提高心理倾向的活泼程度，因此心灵的活跃状态实际上就是心理倾向的活泼程度，而高度的活泼性会带来快乐。这一点亦为休谟所直接承认。[③] 因此，探寻真理的快乐最终来自于这一活动给心灵带来的活跃状态。同样能带来这种快乐的还有各种游戏，例如打猎和赌博，它们也都是能让心灵活跃的活动。[④] 游戏的一个特性也可以印证我们对这种快乐的原理的解释，这一特性就是游戏需要有一定难度才会带来足够的乐趣，过于简单的游戏很快就无法让我们再从中获得乐趣。这无疑是因为在一定的限度内，难度越高越需要我们投入更大的努力，从而心灵就会更为活跃。我们将这种因心灵的活跃状态而产生的快乐情感称为真理与游戏之喜。另一方面，当心灵缺乏这种活跃状态时，就会变得微弱无力，并产生无聊这种痛苦情感。[⑤]

在此可以看到两种态度：心灵活跃程度的高低会分别带来快乐与痛苦。同时，在快乐和痛苦时我们会因此而喜悦或悲伤，从而产生相应的心理倾向。喜悦和悲伤的心理倾向会将注意力固定于它们的原因之上。在这里，快乐的原因是求真和游戏活动，痛苦的原因则是这些活动的缺乏。因此，真理与游戏之喜是由真理与游戏活动产生的，同时也以它们为对象的令人快乐的态度。无聊则是因为真理与游戏之喜的缺乏而导致的。而之所以如此总有具体的原因，例如我们需要做我们不想做的事情

---

① ［英］休谟：《人性论》，关文运译，商务印书馆 2016 年版，第 483—484 页。
② ［英］休谟：《人性论》，关文运译，商务印书馆 2016 年版，第 385—386、485 页。
③ ［英］休谟：《人性论》，关文运译，商务印书馆 2016 年版，第 488 页。
④ ［英］休谟：《人性论》，关文运译，商务印书馆 2016 年版，第 486—487 页。
⑤ ［英］休谟：《人性论》，关文运译，商务印书馆 2016 年版，第 458 页。

因此无法进行真理与游戏活动，或者是因为我们所进行的真理与游戏活动无法提供给我们足够的快乐。因此，无聊是由它们产生且以它们为对象的令人痛苦的态度。这一对态度是针对心灵活跃性的态度。

无聊令人痛苦，真理与游戏之喜令人快乐，因此心灵厌恶前者而欲求后者。这种欲望即求知与游戏欲。当心灵陷入无聊状态时，这种欲望就会发动，推动着心灵与身体去进行能得到真理与游戏之乐的活动。因此，求知与游戏欲是以心灵活跃性为目标的动机。值得注意的是，心灵的求知与游戏活动并非在所有条件下都能产生快乐，"当我们漫不经心或不注意时，知性的同样活动对我们就没有影响，也不足以传来我们处于另外一种心情中时由这种活动所可能得到的那种快乐"①。因此，只有我们专注于所研究的内容时才能通过探寻真理的活动而获得快乐。同时，越需要我们主动投入精力的活动越难获得我们的专注。这意味着，越不需要我们投入精力的活动，亦即越简单的活动越容易令我们专注从而越容易产生快乐。但另一方面，这种快乐因为活动本身难度的欠缺，将是难以持久的。因此，越不费力的活动越容易上手也越容易从中得到快乐，但这种快乐将难以持久，例如简单的电子游戏或者是朋友间的嬉闹；相反，一种活动如果需要我们投入大量精力，它给我们带来快乐的门槛也就将会很高，但一旦我们开始能够从中体会到快乐，这种快乐将会是持久而深远的，写作即为一例。

心灵的另一个性质则会引出另一组态度和动机。这一性质是："过分突然而猛烈的一种变化使我们感到不快。"② 当我们在某个问题上无法得到确定的答案时，心灵会进行或然性推移，在几个可能的观念间来回摆动，这种思想的变化会让我们感到痛苦。因此，不确定性会因导致心灵的不稳定从而造成不安；相反，当心灵处于稳定状态时，我们则会获得安全感。因此，安全感和不安是我们面对让心灵处于稳定状态和不稳定状态的对象时所具有的快乐和痛苦状态。同时，心灵不稳定时观念

① ［英］休谟：《人性论》，关文运译，商务印书馆 2016 年版，第 485 页。

② ［英］休谟：《人性论》，关文运译，商务印书馆 2016 年版，第 488 页。

的活泼性将会是微弱的，而活泼性的增强同样会使得心灵活跃，从而带来快乐。[①] 因此，在面对不确定的问题从而处于不稳定状态时，心灵将因为对不安之苦的厌恶和对安稳之乐和活泼之乐的欲望而产生得到确定答案的欲望，这就是好奇心，它是以心灵的稳定性为目的的动机。

我们并不会对所有的不确定性都好奇，好奇心的产生需要有特定的条件。只有当一个观念能够“以充分的力量刺激我们，并使我们对它极为关心，以致使我们对于它的不稳定性和易变性感到不快”，我们的好奇心才会被激起。[②] 这一条件与真理和游戏之喜的产生条件实际上是一样的，即需要该对象能够唤起我们足够的注意力。这意味着不同好奇心的产生的难易程度也将是不同的。我们对于他人隐私的好奇总是容易被唤起的，而对于真理的好奇则没有那么容易产生，因为对他人隐私的注意并不需要我们主动投入心力，因而是容易的，而对抽象对象的注意则要主动和困难得多。

因为这两组态度与动机所针对的都是心灵的内在状态，所以我们将它们统称为内在机制。内在机制分为两类：活跃性机制和稳定性机制。活跃性机制中的态度有真理与游戏之喜和无聊，动机则有求知与游戏欲，其由无聊所引发。稳定性机制中的态度有安全感和不安，动机则有好奇心，其由不安引发。

六　总结

至此我们得到了意识中心与环境的五种互动机制，分别是：本能机制、基本机制、属人机制、同情机制和内在机制。除了本能机制外，其余四种机制同属于情感的三元结构。这一三元结构实际上是对特定苦乐对象的反应结构，因此这四种机制指示出我们面对四类苦乐经验时所具有的反应机制：面对经验，心灵产生快乐或痛苦的态度，如果是痛苦态度则进一步引发趋乐避苦的动机。

---

① ［英］休谟：《人性论》，关文运译，商务印书馆 2016 年版，第 114、488 页

② ［英］休谟：《人性论》，关文运译，商务印书馆 2016 年版，第 488 页。

这四种机制中，同情机制和内在机制都是基本机制的变形，在其中，最初的原因并不直接引起该机制中的心理倾向，而是引起了进一步的推移活动，然后才引起相应的态度型心理倾向，而这一心理倾向又反过来将注意力推回最初的原因之上。由此，原先简单直接的“直线模式”在加入了推移活动之后演变成复杂的“扇形模式”。在此我们看到了基本机制的基础性地位，同时也看到了属人机制的独特性。

第十节 本章总结

至此我们发现，心灵面对经验所进行的活动有五种，分别是保留经验内容、复现所保留的内容、观察经验和所复现内容、对所复现和观察的内容进行评价以及改变经验。前三种活动分别由记忆、设想和注意力三种官能进行，后面两种活动则发生于情感机制之中。而且它们发生于意识的不同位置，从而体现了心灵所具有的“空间结构”。

记忆负责对印象内容的保留。理论上说记忆内容与印象内容不会有区别，它们的区别在于活泼程度。与记忆对象的活泼程度相关的因素有：印象本身的活泼程度、对该印象的感觉次数、心灵在感觉该对象时的专注程度以及内容在记忆中的留存时间。

设想是对记忆所保留内容的复现。设想有两种方式：对于内容的直接复现是回忆式设想，这种设想方式不改变记忆内容本身的性质以及相互间的空间和时间关系；改变记忆内容本身性质和相互间时空关系的复现是想象式设想，其对记忆内容的改变方式有分离、组合和理性的组合三种。虽然想象式设想享有很大的自由，但其仍有界限。它的各方面活动分别为复制原则、简单/复合区分、可分离性原则和可设想性原则等原则所规定。设想与感觉连接紧密，它们在内容和活动限度上都相同。同时，设想不仅能进行复现感觉对象的一阶设想，还能进行复现一阶设想的二阶设想。

心灵对两个对象的接连设想是推移。推移的发生导致了心灵中的思想流变。推移可以是任意的，也可以是由自然关系所推动的联结式推移，联结式推移中还可以进一步区分出或然性推移这种活动方式。联结式推移因其原因的不同而分为类似推移与习惯性推移。联结式推移最重要的性质是推移的顺利程度，它意味着心灵设想推移之后的对象的容易程度。与推移顺利程度相关的既有联结的强度又有被设想对象本身的性质。影响联结强度的有类似和习惯本身的程度、联结的数量、距离以及封闭程度，还有联结被注意的程度。被设想对象中的相关因素则是该对象的活泼程度和被注意程度。同时，推移在一阶设想与二阶设想中都会发生。

除了保留和复现印象，心灵还有另外的官能用来观察印象与观念，此即注意力。注意力会影响记忆和设想的进行。记忆内容的活泼程度与感觉时心灵的专注程度有关。注意力还能引导设想的进行，此即有明确意图的回忆和想象。也正是因为如此，对象和联结的受注意程度会影响设想与推移的顺利程度。此外，注意力还是被观察对象与意识环境的互动的中介，这体现在活泼性的传递与情感的发生之上。注意力有两种发动方式：一种是心灵的主动推动，与此相关的是心理倾向的活泼程度，活泼程度越高，心灵越容易集中注意力；另一种是由对象所引起，活泼程度高的、重要的、苦乐程度高的、陌生与突然的对象以及自我都容易吸引注意力。

对多个对象的轮流注意是比较。这种活动能发现对象间的哲学关系，根本上说即对象间的类似关系和时空关系。由此我们能厘清自然关系与哲学关系之间的关系：自然关系推动联结式推移，联结式推移为比较提供材料，使得哲学关系得以被发现。正是在这个意义上哲学关系是自然关系的结果。哲学关系中能在比较中被直接发现的那类关系是观念间的比较的结果；时空关系是经验中的比较的结果；同一关系是二阶类似推移之后的比较结果；因果关系则是经验中的比较引起二阶设想或二阶习惯推移的结果。同时，比较发现的是现象间的类似而非相同，所以在进行这方面的比较时，其结果总是不精确的。此外，心灵对对象的注意有程度之别，不被完全注意不意味着完全不被注意。因为注意力活动于意识中心，我们可以将对象的受注意程度理解为对象与意识中心的“距离”，越受到注意意味着离意识中心越近。

官能的活动需要动力的推动才能得以进行。使推移得以顺利进行的联结实际上就是推动设想活动的动力。所以类似关系和习惯为设想活动提供动力。联结强度可以通过叠加而增强，这意味着动力是可叠加的。同时，动力还可以被分散从而被削弱。此外，习惯还与我们对语言意义的理解密切相关。注意力的动力则由活泼性和苦乐感受提供。同时，因为注意力对设想的推动作用，活泼性借此得以影响设想的进行。

对印象的保留和复现总会或多或少为心灵所注意，因此它们是发生于意识中心或附近的活动。情感总会伴随着感觉、设想和注意活动的进行而发生，但其却往往并非被注意的对象，因此其并不位于意识中心而是发生于意识环境之中。但完整的情感活动并非情感本身就能实现，还需要有设想和注意力的共同参与，这三者的互动才构成一个完整的情感机制。同时，情感活动总需要由苦乐经验所引发，所以情感机制实际上是心灵对苦乐经验的整体性的反应机制。情感机制有态度与动机两种基本形态，它们分别对应着心灵对苦乐经验的评价与改变。

至此，我们得到了心灵所具有的全部基础的、不可进一步区分的官能和活动，亦即全部的简单官能和简单活动。简单活动并不直接对应着我们的日常经验，我们所能够直接经验到的往往是多个简单活动结合而成的“复合活动”，它们或者是一个简单官能的连续活动，或者是多个简单官能的同时或连续活动。这意味着我们在这章中得到的心灵的“底层机制”与日常的“复合经验”之间还隔着一个由复合活动构成的中间解释层次。在这一层次中，我们得以用底层机制中的原子式的构件来刻画出更具整体性的心灵活动。

第四章　复合官能与复合活动

复合活动是我们能直接经验到的心灵活动，其自然也是哲学家们开始考察心灵时将首先发现的心灵活动。在缺乏对心灵机制的充分分析的情况下，哲学家们往往会忽略这些活动的复合性而将它们视为简单活动，并认为存在着与它们直接对应的心灵官能。判断力、理性、知性和想象力等官能概念正是因此而产生并成为哲学家们所共同使用的官能心理学语言。对这些官能和活动的过于简单的理解往往使哲学家们没能正确认识到它们的性质、机制和相互间的关系。同时，这些复合活动与它们的复合官能并非毫无意义因而应被弃用的概念。它们作为中间层次的概念既与日常经验和心灵的整体表现相对应，又与底层机制相联系，从而使得由此形成的人性体系兼具细节上的准确与丰富和整体的清晰与明确，因而是不可或缺的解释层次。唯一的问题只在于对这一中间层次的先在的错误观点使其无法被直接用来建立人性体系，所以在使用它们之前还需要对它们本身做出正确的解释。这正是休谟在《人性论》中所面临的挑战。因此，在《人性论》中我们能看到两个层面的解释工作在交替进行：一方面，底层机制被提出并用来解释中间层次的复合官能和活动；另一方面，中间层次又被用来解释心灵在经验中的表现。

我们在本章中将着力于呈现底层与中间层次之间的关系，亦即解释复合官能和复合活动的具体机制。我们将首先考察直观与理证性推理这一对近代哲学中重要的官能概念，并从这一考察中进一步发掘哲学关系的相关性质。之后，我们进而讨论判断。判断有两种，分别是知识判断和经验判断。前者是对直观与理证性推理活动结果的确证；后者则是对感觉、回忆和经验推理的对象的存在的确证。由此，我们得以呈现心灵活动的两个领域，亦即观念内部的活动以及印象与观念之间的活动，心灵通过直观和理证性推理在前一个领域中活动，后一个领域则通过经验推理进行。于是讨论进展到经验推理，经验推理分为因果推理和概然推理，两种推理中又各有进一步的机制上的区分。它们都是合理的推理，因而也是合理的判断的基础。由此，我们也得以对休谟的认识论中的规范性问题略作讨论。完成对这些复合活动的讨论之后，我们得以进而展开对理性、知性和想象力等复合官能的讨论，它们都将被呈现为包含着特定简单或复合活动的集合。此外，我们还将讨论反省和回忆这两种活动。这一系列讨论完成之后，我们将得以廓清想象力的范围：想象力包含了排除了感觉和回忆之后的心灵在经验的复现和观察环节的所有活动。这意味着对于休谟来说，心灵的全部认识活动都是想象力活动。在情感方面，本章也将基于情感机制而对情感进行分类，由此呈现的将是一个以情感类型为基本单位的情感系统。这部分体现的是心灵在对经验的评价和改变方面的系统性特征。在完成对心灵的认识部分与情感部分的完整讨论之后，我们将得以进而处理它们之间的互动机制。由此，通过与底层机制的"映射"，一个完整的中层机制也得以呈现。

第一节 直观与理证性推理

一 直观

"直观"（intuition）和"理证性推理"（demonstration）在近代哲学的官能体系中有着根本性的地位。[①] 这一对概念同样出现在《人性

① 在近代官能心理学中，与"理证性推理"意义相近的是"演绎"（deduction）这一概念。如欧文所着力论证的，在当时的语境中，这两个概念都是"推理的非形式概念"（non-formal conception of reasoning），它们无关乎推理的有效性而指向推理时的实际心理过程。这一特点为笛卡尔、洛克和休谟所共有。详细讨论参见 David Owen，*Hume's Reason*，New York：Oxford University Press，1999，pp. 1 – 6。对笛卡尔的直观和演绎概念的讨论与洛克的直观和理证性推理概念的讨论分别参见 David Owen，*Hume's Reason*，New York：Oxford University Press，1999，pp. 17 – 24、33 – 44.

论》中，虽然休谟对其着墨不多，但我们仍然能够从相关文本中得出休谟对其的理解和界定：我们在第二章第六节中已经将哲学关系分为内在关系与外在关系两类。内在关系有四条，分别是类似、性质的程度数量或数的比例、相反。它们仅与观念的内容有关，通过观念间的比较而得到。同时，它们是直观和理证性推理的对象。[①] 所以直观和理证性推理是比较观念从而发现内在关系的活动。

直观能发现的是观念间的能够直接显现的关系，在通过直观发现关系时我们往往“无需任何研究或推理，一看就可以做出决定”[②]。这意味着直观是最简单直接的比较活动，因而也就是单次的比较活动。同时，比较的前提是可被比较的对象，而直观所进行的是观念间的比较，所以需要有推移活动先在发生使得被比较的观念得以产生。这种推移可以是任意推移也可以是联结式推移。因此，直观是单次的任意推移或联结式推移以及对推移前后的观念的比较这两种简单活动的复合活动。

对于能够为直观所发现的关系，我们称其具有“显明性”；相反，在直观中无法被发现的关系则具有“隐蔽性”。因此，显明性和隐蔽性都是就直观而言的。下文中我们将指出，它们与理证性推理无关。同时，如果关系满足以下条件：若 A 对象与 B 对象有某一关系，B 对象与 C 对象也有同一条关系，则 A 与 C 之间也有相同的关系；我们则称此关系具有“可传递性”。

类似关系显然具有显明性：“当任何一些对象互相类似时，这类类似关系首先就刺激眼睛，或者不如说是刺激心灵，很少需要再一次的考察。”[③] 同样显然的是，类似关系也具有可传递性，而且经过传递之后的类似关系同样具有显明性。

相反关系也具有显明性：“没有人能够有一次怀疑，存在与不存在

---

① ［英］休谟：《人性论》，关文运译，商务印书馆 2016 年版，第 82 页。

② ［英］休谟：《人性论》，关文运译，商务印书馆 2016 年版，第 82 页。

③ ［英］休谟：《人性论》，关文运译，商务印书馆 2016 年版，第 82 页。

互相消灭。”[①] 但相反关系却并不具有可传递性，一条特定的相反关系只能存在于一个特定对象的存在与不存在的观念之间，而无法延伸至其他观念之上。

性质的程度则并非在所有情况下都是显明的。该关系有“强于”“弱于”和“相等”三种具体表现。当性质之间的程度差异微小时，我们就无法分辨两个观念间的程度强弱；但若它们的差异是巨大的，则它们之间的强弱“无需任何研究或推理，我们一看就可以做出这个决定”[②]。这实际上就是我们已经指出的比较的不精确性。因此，差异过小的程度关系将是隐蔽的，我们在其中将无法判断两者的强弱关系；这意味着程度上的相等关系也将是隐蔽的；只有差异足够大的程度关系才是显明的。同时，性质的程度具有可传递性：因为对象间只要有相同性质就可以进行程度上的比较。而相同性质实际上就是类似关系，所以是可传递的。因此，程度的比较也就是可传递的。但传递之后的关系是显明或隐蔽的则是不确定的：有可能由两条隐蔽关系所联系的两个观念间反而具有了足够大的程度差异从而显明了它们之间的强弱关系；也有可能两条显明关系所联系的两个观念之间的程度差异反而小得隐蔽了它们之间的强弱关系。此外，对于具有隐蔽性的这类关系，我们无法通过加入中间环节的方式将其发现，因为加入中间环节也就意味着我们要考虑比它们差异更小的程度关系，而这是更不可能的。

数量与数的比例与性质的程度一样既有显明关系也有隐蔽关系。这类关系中其实包含了两种不同的比较：一种是量上的比较，例如长度、面积或体积之间的比较；另一种则是数的比较，例如两堆苹果之间的个数比较。两种比较都有“大于”“小于”和“等于”三种结果。量的比较与程度的比较基本上性质一致：当两者之间的大小差异显著时，它们之间的大小关系将是显明的；相反，当两者间差异小于一定范围时，其大小关系则是隐蔽的；进一步地，对象间的量的相等关系更是隐蔽的。

---

① ［英］休谟：《人性论》，关文运译，商务印书馆 2016 年版，第 82 页。

② ［英］休谟：《人性论》，关文运译，商务印书馆 2016 年版，第 82 页。

同时，量的比较也是可传递的，关系的显明性与隐蔽性也有可能因此转换，原本隐蔽的关系也无法通过插入中间环节而将其发现。对这些论断的证明与上一段对程度的相同论断的证明一样，故在此不再赘述。

数的比较也有与前两种关系相似的地方：当被比较对象间差异巨大时，它们之间的大小关系是显明的；当被比较对象数额巨大而且相互间差异不显著时，它们之间的大小关系则是隐蔽的。但当被比较对象数额不大时，它们之间的三种比较结果却都是显明的。这就使得我们可以将大数额且差异不显著的比较分成一系列小数额的比较，从而得到一系列显明关系。这些关系如果都是相等关系，则说明隐蔽关系也是相等关系；若去掉所有相等关系后剩下的是"大于"关系，则这条隐蔽关系就是"大于"关系；对于"小于"关系来说同样如此。这意味着在数的比较中，我们可以通过插入中间环节来发现隐蔽的关系。此外，数的比较是可传递的。又因为在数的比较中相等关系能够显明，所以这里可以进行无法在前两种关系中进行的相等关系的传递。为这一传递所联系的两个观念之间自然具有的也是相等关系。同时，它们的这一关系并不一定能在直接比较中显明，例如"384 乘以 439"与"168576"是相等的，但这一相等关系却并非可以在这两者的直接比较中得出的结果。以这一相等关系为基础，数之间精确的比例关系这一同样的隐蔽关系也能以同样的方式被发现。但需要指出的是，隐蔽关系的被发现并不意味着该关系因此具有了显明性。因为如上所述，显明性是仅就单次直观而言的，而这一关系即使在通过连续直观被发现后，在单次直观中仍然无法直接呈现。

在此我们发现了一种在前几种关系中都无法进行的活动模式：在一系列接连的直观活动中通过具有可传递性的显明关系发现对象间的隐蔽关系。类似关系具有可传递性，因此可以在不同对象间进行连续的直观活动，但其关系都是显明的，因此没有传递之后的隐蔽的类似关系可让其发现。相反关系不具有可传递性，因此无法进行连续的直观活动。性质的程度和量的关系具有可传递性，也有隐蔽因而有待发现的关系。但因为比较的不精确性，单次的直观活动的结果往往同样是隐蔽关系，这些中间环节本身尚且是不确定的，更无法向我们提供它们所联系的两端之间的确定信息。所以只有数的比较同时具备了显明性、可传递性和传递之后的隐蔽性这三个条件。这种连续直观活动就是理证性推理。在这四条能够为直观所发现的关系中，只有数的相等关系和精确的比例关系能够成为理证性推理的对象，或者说只有这种隐蔽关系能够被发现。[①]

二　理证性推理

因此，理证性推理是通过具有可传递性的显明关系发现对象间的隐蔽关系的连续直观活动，具体来说就是通过对 AB、BC、CD 的比较来发现 AD 之间所具有的关系的这样一种活动。单次的直观由单次的任意推移或联结式推移和对推移前后的观念的比较结合而成。相应的，连续的直观活动也就由连续的任意推移或联结式推移和对每次推移前后的观念的接连比较结合而成。[②] 当我们处理的是不熟悉的问题时往往任意推移居多，这也是直观和理证性推理会被认为是有别于感觉、联想等被动心灵活动的主动心灵活动的原因。

此外，一个值得注意的现象是，休谟会将理证性推理与“抽象推理”（abstract reasoning）混用，或者是将理证性推理得到的关系称为“抽象关系”（abstract relations）。[③] 我们已经指出理证性推理能够发现的只有数的相等关系和精确的比例关系。我们对这种关系的最直接的直观是设想两堆个数相等的物体，如苹果或任何可数的对象，然后对它们进行比较。但我们在进行理证性推理时往往不会使用这种最原始的直观方式，而会使用“比较人为的方式”，亦即用特定的字符来指代各种对象的特定数量的呈现，例如从“五颗苹果”“五头奶牛”以及所有相等

---

① ［英］休谟：《人性论》，关文运译，商务印书馆 2016 年版，第 83 页。

② 因此，虽然理证性推理由直观组成，但直观本身不是理证性推理，这亦是休谟在《人性论》第 82 页中做的区分。这一区分并非没有意义，如我们这里指出的，它们对应着对不同关系的发现。

③ ［英］休谟：《人性论》，关文运译，商务印书馆 2016 年版，第 81、133、448、487 页。

数量的观念中抽象出“五个个体”这一类似，并将其命名为“5”。[①] 在形成“5”和“五个个体”之间的习惯性联结后，心灵将会用对“5”的设想来代替对“五颗苹果”或“五头奶牛”的设想，以此为基础来进行进一步的直观和理证性推理，此即心灵进行算术活动的具体过程。代数则是对算术的进一步抽象。因此，算术和代数作为能够建立于理证性推理之上的仅有的两门学科能够很好地体现理证性推理的抽象性质：理证性推理以抽象观念作为比较对象，比较的结果自然也就是抽象关系，这种推理活动自然也就是抽象推理。[②]

由此我们能对理证性推理的完整机制进行描述：心灵在多个数的抽象观念间进行任意推移或联结式推移；同时，心灵在所产生的抽象观念间进行连续的比较；由此，相等关系或精确的比例关系得以呈现。因此，理证性推理是连续的任意推移或联结式推移与连续的比较同步进行的复合活动。

三　知识与确定性

可以看到，直观与理证性推理所考虑的是观念的内容，所以一旦心灵已经能够产生比较所需的观念，直观与理证性推理就不再需要经验的参与。因此，它们是心灵在观念间进行的活动。同时，既然它们发现的关系只与所比较观念的内容有关而与它们的时空关系无关，所以只要观念本身不发生变化，这些关系也不会发生变化，因此它们是必然的。同时，这些关系或者本身能够为我们所直接“看见”或者使其能够被发现的中间环节能够被我们所直接“看见”，因而都是确定无误的，所以它们都有完全的确定性。因此，这类关系都是确定而必然的，因而是知识和确定性的对象。[③]

---

① ［英］休谟：《人性论》，关文运译，商务印书馆2016年版，第82页。

② ［英］休谟：《人性论》，关文运译，商务印书馆2016年版，第83页。

③ ［英］休谟：《人性论》，关文运译，商务印书馆2016年版，第82页。

第二节　判断与相信[①]

直观和理证性推理得到的结果也往往会被我们相信。相信某关系存在也就意味着判断这一关系的存在。因此,“判断”和“相信”实际上指向了同一种心灵活动,它们也的确是被休谟等同和混用的一对概念。[②] 同时,判断分为两种:在观念间,判断针对的是直观和理证性推理所发现的结果;在经验中,判断针对的则是对象的真实存在。休谟并未赋予这两种判断以专门的名称,为了讨论的方便起见,我们称前者为知识判断,称后者为经验判断。

一　知识判断

知识判断是对直观和理证性推理的结果的确证。这种确证往往是与直观和理证性推理同步发生的:当我们在这两种活动中发现了某条关系时,我们也就确认自己的确发现了这条关系。[③] 同时,我们在进行这种确认时并没有进行除了直观和理证性推理之外的其他活动。这也就意味着对结果的发现和确认实际上来自同一个活动。这一活动即比较活动。因此,知识判断即直观和理证性推理中的比较活动。如我们第四章第一节中所指出的,直观和理证性推理的结果是必然的,这也就意味着心灵在此的比较一定能够有特定的发现,从而一定能够有特定的判断。因此,在这种判断中,心灵将感到自己“必然被决定在那个特定方式下来想象这些观念,不论是直接地想象,或是以其他观念作为媒介”[④]。

---

① 斯特德和埃里森认为休谟的体系中缺乏一个完整的判断理论,参见[美]巴里·斯特德《休谟》,周晓亮等译,山东人民出版社1990年版,第301页;Barry Stroud,“Hume and the Idea of Causal Necessity”, *Philosophical Studies*, Vol. 33, No. 1, 1978, p. 55; Henry Allison, *Custom and Reason in Hume*, Oxford: Clarendon Press, 2008, p. 191。我们希望能通过本节证明这种观点是错误的。

② [英]休谟:《人性论》,关文运译,商务印书馆2016年版,第100、112、172—173页。

③ 在不考虑《人性论》第一卷第四章中所说的我们对自己的理性的可靠性的怀疑的情况下。

④ [英]休谟:《人性论》,关文运译,商务印书馆2016年版,第109页。

需要注意的是，休谟的这一论述似乎意味着在他看来心灵是通过设想而非注意力在进行直观和理证性推理。但我们认为事实上并非如此，因为由注意力进行直观和理证性推理才更符合我们至此所整理的休谟的官能心理学体系。所以我们认为这只是休谟因为没有明确区分设想与注意力活动而导致的论述上的不严谨。因此，心灵在此感到的实际上是比较活动必然会以特定方式进行并必然会得出特定的结果的那种必然之感。[①]因此，知识判断的结果将是完全确定的：某条关系或者一定存在或者一定不存在，心灵对此或者完全相信或者完全不相信。

与直观和理证性推理相对应的这类关系既不与现实中的存在直接相关又不会带给我们快乐或痛苦。这意味着它们的存在与否本身对于心灵这种以经验为主要对象的系统来说并不重要，所以知识判断本身也不会对心灵产生进一步的影响。[②]

二　经验判断

在观念间，心灵通过直观和理证性推理进行活动。在经验中，心灵则通过感觉、（回忆式的和想象式的）设想和经验推理进行活动。这些活动的结果都是对特定对象真实存在的信念，所以经验判断所针对的不是关系而是对象的真实存在。[③] 一个知觉能否成为信念与其内容并无关系，因为不论相不相信一个对象存在，我们都能对其进行同样的

① ［英］休谟：《人性论》，关文运译，商务印书馆2016年版，第187页。

② ［英］休谟：《人性论》，关文运译，商务印书馆2016年版，第447—448、483页。

③ ［英］休谟：《人性论》，关文运译，商务印书馆2016年版，第100、172—173页。加勒得认为：休谟从未将感觉和记忆观念视为判断；相反，他明确地将感觉和记忆与判断相区分。对此加勒得给出了三个文本证据，分别是《人性论》第124、141、653页。他并没有进一步呈现这三个文本中具体的文本证据，所以我们需要对此略加猜测。在第124页中，休谟讨论的是感觉和记忆会形成一个知觉系统，因果信念会形成第二个知觉系统，后面这个系统是判断的对象。在第141页中，被加勒得视为文本证据的似乎是这句话："可是它（诗）所呈现出的观念仍然和来自记忆和判断的那些观念在人的感觉中有所不同。"第653页则明确地对比了记忆和判断之间的不同。在这三个文本中，判断指的都是因果信念，所以的确是和记忆与感觉相区别的。但另一方面，在第172页中休谟说："每一种还没有达到知识地步的意见或判断，完全由知觉的强力和活泼性得来，而且这些性质就在心中构成我们所谓对任何对象的（转下页）

想象。[1] 所以所有的这类“对任何对象的存在所具的信念”都“完全由知觉的强力和活泼性得来”，这种相信只是心灵在处理具有足够活泼性的对象时对特定心灵活动的感觉。[2] 这里的问题在于：这一特定的心灵活动是什么？这有两个可能的答案：一是这一活动指的是产生知觉的活动，所以对感觉对象的相信是对感官活动的感觉，对观念的相信则是对设想活动的感觉；二是这一活动指的是对知觉的注意活动，所以对任何知觉的相信就是对心灵相应的注意力活动的感觉。休谟的表述似乎指向了第一个答案，例如他说：“这种信念就不在于我们观念的本性和秩序，而在于它们被设想的方式（the manner of their conception）。”[3] 但感觉和设想是产生意识对象的活动，而判断和相信则更像是与观察和分析相关的、因而是与注意力更相关的活动。所以我们认为第二个答案更合理：相信应该是注意力活动的感觉而非感官和设想活动的感觉。这也更契合于我们先前的分析：首先，注意力能够与感官和设想一同活动。其次，注意力与活泼性的关系更为密切，这尤其反映在活泼性的双向传递上：意识环境与对象会借由注意力而影响对方的活泼程度。这也正是经验判断的具体机制：这种感觉是心灵注意于特定对象时意识环境在活泼

（接上页）存在所具的信念。这种强力和活泼性在记忆中是最为明显的。”在此，记忆被视为知识之外的最高程度的判断。同时，我们也能看到休谟对“判断”和“信念”的等同。而在第100页中休谟说：“那种永远伴随着记忆和感官的信念或同意只是它们所呈现的那些知觉的活泼性。”休谟在此显然认为感觉中也存在着信念，亦即也存在着判断。因此，对加勒得所提供的三个文本更合理的理解应该是：休谟在此使用的是“狭义的判断概念”；另一方面，休谟对“判断”这一概念也有“广义的用法”，亦即第100和172页中的“判断”。在不同范围下使用同一个概念对休谟来说是很常见的。最典型的例子是他自己在第133—134页中所承认的对“想象力”这一概念的狭义的和广义的使用。同时，在下文中我们也将论证“理性”这一概念在《人性论》中也有狭义的和广义的内涵。最重要的是，对“判断”的广义理解更符合休谟为这一活动提供的机制，对此我们马上就将呈现。加勒得的观点参见 Don Garrett, “Reason, Normativity, and Hume's ‘Title Principle’”, in Paul Russell, eds., *The Oxford Handbook of Hume*, New York: Oxford University Press, 2016, p. 35。

① ［英］休谟：《人性论》，关文运译，商务印书馆2016年版，第98页。

② ［英］休谟：《人性论》，关文运译，商务印书馆2016年版，第172页。

③ David Hume, *A Treatise of Human Nature*, David Fate Norton and Mary J. Norton, eds., Oxford: Clarendon Press, 2007, p. 68.

性上的相对应的表现，或者说是与所注意对象的活泼程度相对应的心理倾向的活泼程度。所以经验判断，亦即对特定对象的真实存在的判断就是对心灵注意该对象时的心理倾向的活泼程度的感觉。所以休谟会说“相信是我们天性中感觉部分的活动，而不是认识部分的活动”。感觉部分的活动指的自然是对意识环境的感觉，认识部分的活动则是心灵与此同时在意识中心对对象的注意力活动。①

活泼性有程度之分，这意味着经验判断也有程度之别。最高程度的信念将“完全没有怀疑和不确实性”，甚至能“在许多方面等于对一个理证所有的那种信念”。② 随着活泼程度的降低，信念的程度也将随之降低，此时我们并不会直接不相信这一对象的真实存在，而是对其持怀疑的态度。只有当活泼性低至一定程度之后，怀疑才会最终转变为不相信。③ 所以经验判断并非如知识判断那般非此即彼或者完全相信或者完全不相

① ［英］休谟：《人性论》，关文运译，商务印书馆 2016 年版，第 206 页。

② ［英］休谟：《人性论》，关文运译，商务印书馆 2016 年版，第 142、172 页。

③ 斯特德质疑休谟的理论如何能区分“相信”、“单纯的设想”（mere conception）和“否认”这三种互不相同的心灵活动，因为他认为休谟仅仅靠“设想的方式”区分这三者，但设想的方式又只有活泼程度高低的区分，因而只能区分两种不同情况而无法区分三种不同情况。我们在此考虑这一质疑。“否认”可以有两种机制。例如我们否认“小王昨天晚上去蹦迪”这一论断。我们会否认这一论断的一种情况是我们清楚地记得并因此相信他昨天那个时间段和自己去练瑜伽，所以他不可能去蹦迪。在此，否认源于心灵所持有的一个与所否认内容相冲突的信念。第二种情况则是昨晚那个时候我们去蹦迪了，并且清楚地记得在场的所有人（假设昨晚迪厅生意黯淡，没几个人），但其中并没有小王。此时，我们既有可能如第一种情况中那样依据于一个与小王昨晚蹦迪这一观念相冲突的信念而否认这一观念的真实性，也有可能设想小王昨晚蹦迪的观念，但在注意这一观念时感觉到的是活泼程度很低的心理倾向，从而否认这一观念的真实性。在这种情况中，否认发生于我们在注意所否认观念时所感觉到的心理倾向的活泼程度。在此，单纯的想象和否认发生于同一个复合活动中。前者是对小王昨晚蹦迪这一观念的想象式设想，后者则是在此基础上对这一观念的注意和对此时心理倾向的感觉。实际上，在持有信念的情况中心灵也在进行相对应的复合活动：首先通过回忆式设想产生观念，然后注意这一观念并感觉此时的心理倾向。因此，单纯的设想和否认不是同一种简单活动；同样，回忆和相信也不是同一种简单活动。斯特德所说的靠设想的方式区分的是相信和否认，单纯的设想并不靠这种方式被区分。进一步的，斯特德还指出我们还有可能对一个观念具有其他的态度，例如好奇、希望等，而休谟的理论显然也无法对它们进行区分。这些的确并不通过心理倾向的活泼程度来区分，而是通过相应的情感来区分。所以斯特德对休谟理论的这一系列批评并不成立。参见［美］巴里·斯特德《休谟》，周晓亮等译，山东人民出版社 1990 年版，第 105 页。

信，而是存在着一个从完全相信经由怀疑再到完全不相信的程度序列。

经验判断会对心灵产生重要的影响。这种相信会将它的对象"灌注到心中"，让它们"在思想中较有分量""使它们显得更为重要""使它们对情感和想象发生一种较大的影响"从而"使它们成为我们全部行动的支配原则"。[①] 这是经验判断与知识判断的另一个重要区别。

三　心灵活动的两个领域

可以看到，两种判断的机制、结果和影响都截然不同，这自然是因为两种判断所针对的是在两个不同领域中进行的两种不同机制的心灵活动。观念领域中的活动已经在第四章第一节中进行了讨论，我们接下来讨论经验领域中的活动。

第三节　经验推理

经验判断有两种机制。一是对感觉和设想对象的直接判断。在此，意识环境中的活泼性直接得自注意力对象。所以这种判断是能够在感觉和回忆中直接进行的。除此以外，我们还能对没感觉过的对象进行判断。但这种判断无法如前一种判断那般直接进行。因为这种对象是想象观念，其本身活泼程度不够，所以相信这类对象所需要的意识环境中的活泼性无法直接得自这一观念本身。因此，这种判断要能够得以实现就只能是心灵先在别处提高了意识环境中的活泼程度，然后借着顺利推移产生出这一观念，原来的心理倾向在这一顺利推移中得以保留，从而使得心灵能够以高度活泼的心理倾向注意这一对象。这一过程即心灵在经验中的推理活动。休谟并未赋予这一推理以专门的名称，在大多数情况下他称其为"根据原因或结果而进行的推理"（reasonings from causes or effects）或者是"概然推理"（probable reasonings），小部分情况下称其

① ［英］休谟：《人性论》，关文运译，商务印书馆2016年版，第113页。

为“根据因果的推理”（reasonings from causation）。[①] 但因为“概然推理”在《人性论》中也被用来指称更为具体的一类推理，而另外两个名称一方面较为冗长，另一方面与另一类同样更为具体的推理，亦即“因果推理”名称过于接近，所以为了讨论的方便和清晰，我们将这类推理称为“经验推理”。可以看到，经验推理必须以印象或记忆观念为起点，因为只有它们才有足够的“知觉的强力和生动性”，从而能够将意识环境的活泼性提高到足够的程度。[②] 所以经验推理是让我们得以从一个能够直接进行的经验判断得出另一个无法直接进行的经验判断的心灵活动，它能让我们“超出了直接呈现于感官之前的对象，去发现对象的真实存在”[③]。

经验推理分为因果推理和概然推理两种，两种推理中又各自有不同的“子机制”。但我们在下文中将能看到，所有的这些子机制实际上都源自同一个“元机制”，前者可以视为后者的变型。这一元机制存在于因果推理中。

一　因果推理

因果推理让我们能基于对感觉或记忆的经验判断而对未被我们所经验过的对象做出判断。在这一推理过程中，这两个判断的对象因此被认为具有因果关系。[④] 这意味着因果推理与理证性推理在机制上截然不同：后者是根据观念间的关系而进行的推理；前者则是推理之后才得以发现关系。[⑤] 因果推理的顺利进行需要心灵在推移完成后仍保留有足够

---

① “根据原因或结果而进行的推理”所在的文本有：［英］休谟：《人性论》，关文运译，商务印书馆 2016 年版，第 95、97、108、117、206、219 页。“概然推理”所在的文本有：［英］休谟：《人性论》，关文运译，商务印书馆 2016 年版，第 103、119、133—134、163、184 页。“根据因果的推理”所在的文本有：［英］休谟：《人性论》，关文运译，商务印书馆 2016 年版，第 109、194、217 页。

② ［英］休谟：《人性论》，关文运译，商务印书馆 2016 年版，第 100 页。

③ ［英］休谟：《人性论》，关文运译，商务印书馆 2016 年版，第 85 页。

④ ［英］休谟：《人性论》，关文运译，商务印书馆 2016 年版，第 102 页。

⑤ ［英］休谟：《人性论》，关文运译，商务印书馆 2016 年版，第 120 页。

活泼程度的心理倾向，这就使得这种推理需要具备两个条件：一是推移之前心灵的意识环境中已经具有足够程度的活泼性，所以因果推理必须起始于印象或记忆观念；二是推移必须是顺利的，只有这样才能保证推移过程中心理倾向不会有大的损耗，所以因果推理需要由联结式推移来推动。因此，“所有根据原因或结果而进行的推理都建立在两个条件上，即任何两个对象在过去全部经验中的恒常结合，以及一个现前对象和那两个对象中任何一个的类似关系”[①]。可以看到，这里实际上有三个因素：一是“现前对象”，亦即一个印象或记忆观念的存在；二是该对象与某个记忆观念的类似关系；三是后面这个记忆观念与另一个记忆观念之间的习惯性联结。结合这三者可以看到，这种因果推理是起始于印象或记忆观念并先后由类似关系和习惯性联结推动的、“两段式”的联结式推移。

这一推理的运行并不需要注意力的参与，在这一推理的过程中心灵将不会“特意考虑任何过往经验”（carries its views expressly to consider any past experience）。[②] 休谟将这一对过往经验的考虑称为“反省”（reflection），它实际上就是心灵对特定记忆观念的注意。但完全不需要注意力参与的因果推理一般只有在“最为确定而一致的因果结合”中才会发生。[③] 当因果结合“较为稀少而不常见”时，心灵将“或许会借这种反省去帮助观念之间的习惯和推移”。[④] 进一步的，我们往往还会在只经历过对象间的一次邻近和接续式的结合后就认为这两个对象间存在因果关系并以此为基础进行因果推理。这种情况下，即使是最低限度的习惯性联结也尚未能形成，所以只有反省在其中发挥作用。因此，因果推理有三种运行方式：完全由联结式推移所推动、联结式推移与注意力结合进行、完全为注意力所推动。第一种运行方式的机制已经在上文中

---

① ［英］休谟：《人性论》，关文运译，商务印书馆 2016 年版，第 160—161 页。

② David Hume, *A Treatise of Human Nature*, David Fate Norton and Mary J. Norton, eds., Oxford: Clarendon Press, 2007, p. 73.

③ ［英］休谟：《人性论》，关文运译，商务印书馆 2016 年版，第 120 页。

④ ［英］休谟：《人性论》，关文运译，商务印书馆 2016 年版，第 120 页。

展开。第二种和第三种运行方式实际上遵循同一机制，只不过第三种运行方式是这一机制的极端表现，所以我们在此先讨论第三种运行方式。

如我们在第三章第六节中指出的，在完全为注意力推动的因果推理中，注意力对第一次结合在一起的对象进行比较并发现它们之间的接续和邻近关系，从而引发了先已存在的这一关系与习惯性联结之间的习惯性联结，进而通过二阶习惯推移赋予这对对象以习惯性联结。在此"反省以一种间接而非人为的方式产生了那种习惯"[①]。在联结式推移与注意力混合进行的因果推理中同样如此：对象在过往经验中的结合还不够充分，所以它们之间的习惯性联结强度还不足以引发因果推理；在此，注意力通过二阶习惯推移补足这一关系，从而使得因果推理得以进行。因此，第二种和第三种因果推理仅仅是第一种因果推理的衍生机制，前者必须以后者为基础。[②] 第一种因果推理，亦即起始于印象或记忆观念并先后由类似关系和习惯性联结推动的、两段式的联结式推移就是我们上文所说的"元机制"。

因果推理产生的判断都是"完全没有怀疑和完全确定的"[③]。当其运行机制中的条件发生改变时，其产生的判断将会是怀疑而不确定的。这种产生不确定判断的推理即概然推理。

二 概然推理

判断中确定性的不足意味着心理倾向中活泼性的不足。会导致这种结果的原因之一在于：过往经验间联结强度的不足导致推移不够顺利并最终使心灵在推移过程中损耗了较多的活泼性。在这种情况中，习惯虽不完善，但仍以较少的动力在推动推理的进行。所以在此这一推理仍然

---

① ［英］休谟：《人性论》，关文运译，商务印书馆 2016 年版，第 120 页。

② 罗斯（A. S. Roth）亦注意到了"非反思性的"（unreflective）和"反思性的"（reflective）因果机制之间的区别，但并未给出具体的机制上的解释。参见 Abraham Sesshu Roth，"Causation"，in Saul Traiger，eds.，*The Blackwell Guide to Hume's Treatise*，Oxford：Blackwell Publishing Ltd，2006，pp. 99 – 103。

③ ［英］休谟：《人性论》，关文运译，商务印书馆 2016 年版，第 142 页。

完全由联结推动而不需要注意力的参与。[①] 但对于已经形成关于因果关系的二阶习惯联结的心灵来说，这一原因将不会再发挥作用。因为当会引起不完善习惯的印象出现于心灵中时，注意力将接替习惯成为这一推理的主导，从而如第四章第三节中所描述的那样通过二阶习惯推移引出完善的习惯性联结以代替原先不完善的习惯性联结，从而使这一推理成为因果推理而非概然推理。所以习惯的不完善并非导致概然推理的主要原因。

我们在第三章第四节对推移的讨论中已经指出，在有动力推动的推移中还有联结式推移和或然性推移的区分。它们的不同在于：前者的推移方向只有一个；后者则有多个不同的推移方向，从而使得心灵在多个对象间来回摆动。如果一个对象在过往经验中被发现和不止一个对象发生了邻近和接续式的结合，当心灵借由印象或记忆观念而推移至这一对象上后就会引发或然性推移，从而在多种可能性之间游移不定。此时，不同的可能性将会依据其与该对象在过往经验中的结合次数而获得相应强度的习惯性联结，而这又决定了印象传递至该可能性之上的活泼性，所以各可能性间的活泼程度与其强度成比例。[②] 活泼性越强的对象越能吸引注意力，所以心灵将更多地停留于越大的可能性之上。但纵使可能性之间的大小差距再过悬殊，心灵也不可能从不考虑小的那种可能性。所以心灵不可能稳定地停留于一种可能性上，而只能在各种可能性之间摆动。因此，过往经验的不一致是导致概然推理的第二个原因，而且与第一种概然推理不同，这种概然推理中的怀疑和不确定性无法消除。

虽然无法最终获得确定的判断，心灵最终还是能以最大的那种可能性为判断对象，并使这种可能性产生与其完全被相信时所会产生的影响类似但程度较低的影响。休谟对此的解释是：因为几种可能性不相容，所以它们所提供的动力会相互抵消，直到最后较大的可能性因为还剩余

① ［英］休谟：《人性论》，关文运译，商务印书馆 2016 年版，第 144 页。

② ［英］休谟：《人性论》，关文运译，商务印书馆 2016 年版，第 147—148 页。

未被抵消的动力而胜出。[①] 但这一解释存在着一个问题：如果这里发生的是不同动力间的抵消，则较小的可能性在抵消之后理应因为动力的完全缺失而不再出现，那么心灵将只会设想较大的可能性而不再考虑其他的较小的可能性。而我们已经指出这是不能发生于概然推理中的。所以我们需要为概然推理的判断的最终形成提供更合理的解释。我们认为：首先，几种可能性都会一同出现于心灵之中，并如上文所述各自具有与它们的联结强度程度相当的活泼性。其次，心灵会轮番注意这几个可能性，并同时也轮番感觉注意它们时的心理倾向的活泼程度。可能性越大，活泼程度越高，其心理倾向与相信的心理倾向也就更类似。同时，如上所述，心灵将更多停留于更大的可能性之上。心理倾向的更为类似和注意力的更为集中使得心灵在注意更大的可能性时更容易通过二阶类似推移引出相信的心理倾向。但在此与在完全相信中的感觉毕竟还是有确定程度上的很大区别，所以心灵对其持有的只能是较弱的相信态度。[②]

因此，由经验的不一致引发的概然推理的完整机制是：心灵通过类似关系从印象或记忆观念联结式推移至某一个记忆观念之上；该记忆观念因为与多个不同对象有习惯性联结所以引发了心灵在这几个对象之间的或然推移；同时，心灵通过注意力比较这些可能性的活泼程度，并在活泼程度最高的可能性上通过二阶类似推移引出相信的心理倾向，从而对其持有较弱的相信态度。

此外，当两种可能性各自的程度都很高而相互间的差异又很小，例

① ［英］休谟：《人性论》，关文运译，商务印书馆 2016 年版，第 148 页。

② 因为我们这里所指出的休谟的解释的不准确，同时也因为休谟对这一机制并未给出更为详细具体的说明，导致学者们历来不满意于休谟对这种经验不一致的概然推理的机制的解释。有不少诠释者因此从休谟的心理学之外寻求资源来解释这一机制。但如科利尔所指出的，这类诠释“不必要地抛弃了休谟的解释的精神和文本”，是得不偿失的：一方面，这将使得休谟的概然推理机制无法融进其整个人性机制之中；另一方面，休谟对概然推理机制的整体描述实际上受到了当代不少认知科学实验的印证。因此，科利尔进一步指出，我们所需要的并非放弃休谟的心理学路径，而是为这一概然推理机制提供更具体准确的休谟式的心理学解释。我们在此正是在这一方向上所作的努力。科利尔的观点参见 Mark Collier, “A New Look at Hume's Theory of Probabilistic Inference”, *Hume Studies*, Vol. 31, No. 1, 2005, pp. 29 – 33。

如 50.1% 比 49.9% 这种情况时，因为比较的不精确性，心灵将无法觉察到这两种可能性之间的活泼程度的差异，因而无法引发上述机制。但心灵仍然会选择 50.1% 的这种可能性作为判断的对象。这是因为当心灵经历了足够多的可能性之间差异足够大的概然推理之后，心灵将在更大可能性和对其的相信之间建立习惯性联结。当可能性之间因差异的不明显而无法引发二阶类似推移时，心灵对较大可能性的注意将引发二阶习惯推移，从而引出对这一可能性的相信。[①] 可以看到，这一机制与注意力主导的因果推理的机制相同。

我们在第四章第三节中已经指出因果推理由三个环节组成，分别是印象或记忆观念的存在、类似关系推动的联结式推移以及习惯性联结推动的联结式推移。我们已经呈现的两个因素，亦即习惯的不完善和经验的不一致都是因为使习惯性联结推动的联结式推移发生了变化而使因果推理褪为概然推理。此外，如果印象或记忆观念与它通过类似关系而引出的观念间的类似程度不够，换句话说，如果类似关系本身强度不足时，意识环境中的活泼性也会在心灵进行推移的过程中有较大程度的损耗，从而使得推移之后的判断是怀疑而不确定的。这是由类比发生的概然推理。[②] 在此，心灵进行的是与因果推理相同但顺利程度较逊的两段式的联结式推移，这一活动并不需要注意力的参与。同时，因为这里发生改变的不是习惯性联结的环节，所以心灵无法像在第一种概然推理的情况中那样通过二阶习惯推移来完善这一环节从而消除最终判断中的怀疑和不确定。因此，这种由类比发生的概然推理与因为经验的不一致而发生的概然推理一样，其不确定性是无法消除的。

因此，有三种因素会导致因果推理褪为概然推理，它们分别是习惯的不完善、经验的不一致和类似程度的不足。在习惯不完善的情况中，推理完全由联结式推移所推动而不需要注意力的参与；同时，注意力将能通过二阶习惯联结消除这一推理中的不确定性从而使其转为因果推

① ［英］休谟：《人性论》，关文运译，商务印书馆 2016 年版，第 159—160 页。

② ［英］休谟：《人性论》，关文运译，商务印书馆 2016 年版，第 160—161 页。

理。所以这种概然推理的不确定性是可消除的。在经验不一致的情况中，推理在进行完类似推移之后紧接着进行的是或然性推移，之后需要借助于注意力引发二阶类似推移才能最终形成判断。因此这一机制一定需要注意力的参与。同时，或然性推移的特性使心灵无法只停留于一种可能性之上，所以这种概然推理的不确定性无法消除。类似程度不足的概然推理与习惯不完善的概然推理在机制上相同，都为联结式推移所推动而不需要注意力的参与；另一方面，它的不确定性是类似关系的环节而非习惯性联结的环节导致，无法通过二阶习惯性推移来补救，所以无法消除，这点上它与经验不一致导致的概然推理一样。

概然推理得到的结果是对对象真实存在的程度较弱的相信，亦即怀疑。所以如我们在经验不一致的概然推理中已经指出的，得自概然推理的判断同样会引发当这一对象的真实存在被完全相信时所会产生的那种对知性、情感和行动的影响，只不过影响的程度会较弱。

结合两种因果推理与三种概然推理可以看到，不论具体过程如何，它们的运动轨迹都是从当前对象推移至已经历过的经验再进展到对我们尚未经历过的情况的判断，也就是我们在第一章指出的心灵在其所保留的自然时间维度中进行的“现在—过去—未来”的迂回运动模式。因此，在经验推理中“我们总是明确地或暗中地、直接地或间接地把我们的经验转移到我们所没有经验过的例子上”①。在因果推理中，过去经验总恒常结合着，这些过往经验具有完全的一致性。三种概然推理的原因分别是习惯的不完善、过往经验的不一致和当前经验与过往经验的不够类似。习惯的不完善意味着我们对经验一致性的经历不够；当前经验与过往经验的不够类似则意味着心灵所用于理解当前经验的特定的经验一致性并不完全适用于当前的经验；它们都意味着心灵所具有的特定过往经验的一致性的不足。所以三种概然推理都是心灵基于一致性不足的过往经验而对可能到来的事件的反应。将这些经验推理结合起来可以

---

① ［英］休谟：《人性论》，关文运译，商务印书馆 2016 年版，第 121 页。

看到，所有的经验推理都是由当前对象所引发的、基于过往经验而对未来事件的预料。过往经验的一致性是这里最关键的要素，推理得出的判断的程度就是对在这一推理中起作用的过往经验的一致性程度的反应。因此，对于心灵来说经验重要的性质并非其真伪而是其一致性，“我们的知觉不论是真是伪，我们总可以从它们的一致性中得出一些论断，不论它们是正确地表象自然事物，或者只是感官的幻象”①。

三　推理与判断的合理性②

从上文的分析可以看到，三种概然推理实际上都是因为因果推理的三个环节中的某个环节发生变动而形成的变种。这也正是我们在本节开头说这些推理共有一个元机制的原因。同时，我们还能看到，三种概然推理在机制上的变化并未遍及因果推理的所有变化的可能性：它们只源于因果推理的两个联结式推移的环节上的变化，但作为推理之起点或终点的判断本身的活泼性也有可能发生变化，从而使因果推理褪为或然推理，而这些变种却并未被休谟包含于对概然推理的讨论之中。之所以如此，是因为本节所呈现的两种因果推理和三种概然推理是仅有的五种合理的经验推理，只有它们能产生合理的、由推理产生的经验判断。③ 休

---

① ［英］休谟：《人性论》，关文运译，商务印书馆 2016 年版，第 97 页。罗斯指出很多学者认为休谟将所有的经验推理都理解为直接的和非反思性的。不同意于这一看法，罗斯强调休谟同时也考虑了与这种最简单的推理不同的复杂推理。为此，罗斯列出了一系列文本证据并对这种复杂推理的机制给出了试探性的解释。欧文也区分了这两种经验推理，他将简单的和复杂的经验推理分别称为“reflexive response”和“reflective reasoning”并完全从观念理论的视角对后者做出简短的解释。我们在本节第一、二部分中对经验推理机制的讨论正是在这一方向上的进一步努力。罗斯和欧文的观点参见 Abraham Sesshu Roth，“The Necessity of ‘Necessity’：Hume's Psychology of Sophisticated Causal Inference”，*Canadian Journal of Philosophy*，Vol. 41，No. 2，2011，pp. 265 – 285；David Owen，*Hume's Reason*，New York：Oxford University Press，1999，pp. 149、168 – 171。

② 学者们对休谟的认识论中的规范性已经有了颇为广泛和深入的讨论，我们在此无意于过多介入这一讨论而仅旨在于指示出一种与我们所发展的官能理论所契合的规范性理论。施密特（F. Schmitt）对学者们在这方面的讨论进行了颇为完整的梳理，参见 Frederick Schmitt，*Hume's Epistemology in the Treatise*，Oxford：Oxford University Press，2014，p. 1n 2。

③ ［英］休谟：《人性论》，关文运译，商务印书馆 2016 年版，第 161 页。

谟并未明确界定评判推理和判断的合理性的标准，但他给出了不合理的概然推理的几种情况，其中正好就包含了我们这里所提及的判断本身活泼性发生变化的情况，我们可以通过对这几种不合理推理的考察来厘清他对合理性的理解。

休谟给出了四种推理不合理的情况，我们在此先考察前三种：第一种情况是一个原本会引出因果推理的记忆观念因为时间流逝而活泼程度减退，从而导致推理得出的结果的活泼程度也相应减退，使得心灵对推理结果的相信程度降低。[①] 第二种情况是因果推理得出的判断本身随着时间流逝而活泼程度减退，从而降低了其相信程度。[②] 第三种情况是一个在各个环节上都完全符合因果推理条件的推理，仅仅因为因果链条过长、推移经过的对象过多而导致最终结果的活泼程度下降，从而使得心灵对其的相信程度降低。[③] 这正是我们在第三章第一节对心理倾向的讨论中已经指出的：在顺利推移中，随着推移的持续进行，心理倾向的活泼程度会逐渐下降。

将这三种情况与作为信念合理基础的那三种概然推理相对比可以看到：这两组推理得出的同样是不确定的判断，但合理的概然推理中导致最终判断的不确定的原因是经验本身一致性的不足；而不合理的这三种概然推理中导致最终判断不确定的原因都在于心灵本身。因此，这三种情况的不合理之处在于它们所得出的判断的确定程度与经验一致性程度的不相符。在此，本该具有完全确定性的信念却褪为了不确定的怀疑。另外，如果与经验相符的判断本该是不确定的怀疑，而心灵在推理之后得出的却是完全确定的相信，那么这同样也是推理结果与经验的不相符，从而也同样是不合理的。这种情况主要发生于情感对判断产生了影响的时候。因此，这一组对比中的合理性标准在于推理所产生的判断的相信程度与我们所经历过的经验的一致性程度

---

① ［英］休谟：《人性论》，关文运译，商务印书馆 2016 年版，第 161—162 页。
② ［英］休谟：《人性论》，关文运译，商务印书馆 2016 年版，第 162 页。
③ ［英］休谟：《人性论》，关文运译，商务印书馆 2016 年版，第 163 页。

的相符。

休谟所给出的第四种情况是我们在过往经验中将偶然出现的因素错当成了真实的原因或结果，从而产生了错误的习惯性联结，并基于这一错误的习惯性联结进行因果推理。[①] 可以看到，这种情况与合理的因果推理的区别在于：合理的因果推理所得出的判断的内容是与经验相符合的，心灵在此相信某个对象存在，而现实中这一对象的确存在；相反，不合理的因果推理所得出的判断的内容则是与经验不符的，心灵因此而相信的某个对象在现实中并不存在。

结合这四种不合理情况可以看到，推理与判断的不合理在于其结果与经验在两方面的不符合：或者是相信程度与经验一致性程度的不相符；或者是所相信的内容与经验内容的不相符。这意味着推理与判断的合理性在于推理结果与经验在两方面的符合：一方面，相信程度与经验一致性程度相符；另一方面，所相信的内容与经验内容相符。

经验判断总会引发进一步的影响，例如对设想、注意力、情感和意志的进一步推动。这一推动力自然与该判断本身的内容和程度相关：特定内容的判断会引发特定的后续反应；更确定的判断所具有的推动力则将会越强。我们在经验中不断进行各种经验推理，并不断经验着它们产生的判断所引发的影响。我们或许会因为不合理地降低了对特定危险的相信程度从而放松了对其的警惕并造成不好的结果；或者我们会因为对本不需要过于关注的可能性过度关心从而带来了不必要的担惊受怕。同样，推理的结果的正确才能让我们对即将到来的事情做出正确反应，从而让我们能够更好地趋乐避苦；相反，不合理的推理所得出的错误判断则只会带来相反的结果。由此，我们逐渐意识到合理的推理才能带来好的结果，从而才将合理性视为经验推理所应遵守的规范。因此，合理性

① ［英］休谟：《人性论》，关文运译，商务印书馆2016年版，第165页。

的价值来源于其在经验中的效用。①

第四节　理性

“我们的理性必须被视为一个原因，而真理为其自然的结果。”② 同时，“真理有两种，一种是对于观念本身互相之间的比例的发现，一种是我们的对象观念与对象的实际存在的符合”。③ 第一种真理是数学知识，其是理证性推理的结果。第二种真理则是能够与经验相符合的观念，因而是合理的因果推理和概然推理的结果。这意味着对于休谟来说，理性与这三种推理活动相对应。

但理性的这一内涵并未在该概念在《人性论》出现之初就得以确定。这主要是因为休谟与理性主义者们对理性的理解并不一致。同时，为了能进行有效的讨论，休谟有时又不得不在对方的语境下使用这一概念。所以在《人性论》中，理性的内涵在不同的地方并不相同。幸运

---

① 欧文区分了理性的两种规范性：一种是进行因果推理和判断的正确方法；另一种是偏爱正确的推理方法亦即理性的理由。我们也可以将此称为理性的“内部规范性”和“外部规范性”。欧文一方面没有具体讨论理性的内部规范性，另一方面认为理性的外部规范性在于它能让正确使用理性的人自身更快乐而且对社会更有益。我们这里对合理性以及合理性的价值的讨论正对应了欧文的两种规范性的区分，而且我们对合理性的价值的看法与欧文对理性外部规范性的看法一致。毕比没能意识到欧文的这一区分而错把欧文对外部规范性的讨论理解为了他对内部规范性的讨论。因此，他批评了欧文的观点并认为休谟为因果推理提供了“可靠性辩护”（reliabilist justification）：“因果推理因其有用而是正当的（Causal reasoning is justified because it works）：我们的推理习惯与自然的进程相一致。”在此可以看到：首先，毕比与欧文的观点并没有大的区别，他们同样强调因果推理的规范价值在于其有用性；其次，毕比提供了对理性内在规范性的解释，理性的内部规范性在于推理活动与自然进程的一致，这与我们对合理性的解释一致。欧文和毕比的观点分别参见 David Owen, *Hume's Reason*, New York: Oxford University Press, 1999, p. 206, 212; Helen Beebee, *Hume on Causation*, New York: Routledge, 2006, p. 73。此外，施密特也持有相同的观点并对可靠性解读进行了详细的论证，参见 Frederick Schmitt, *Hume's Epistemology in the Treatise*, Oxford: Oxford University Press, 2014. 此外，皮里斯也采用了这一“外在/内在”双重结构理解怀疑论在休谟思想中的位置，参见 Graciela De Pierris, *Ideas, Evidence, and Method: Hume's Skepticism and Naturalism concerning Knowledge and Causation*, Oxford: Oxford University Press, 2015, pp. 20－22。

② ［英］休谟：《人性论》，关文运译，商务印书馆 2016 年版，第 202 页。

③ ［英］休谟：《人性论》，关文运译，商务印书馆 2016 年版，第 488 页。

的是，这并非无迹可寻的前后矛盾或不一致。随着讨论的进展，理性的内涵也在发生着有规律的变化。这一变化主要体现在第一卷第三章中。在第三章第八节之前，休谟强调理性既“不能帮助我们发现原因和结果的最终联系”，也不能将过去经验中的恒常结合扩展到我们未曾经验过的对象上。[①] 所以“当我们由一个对象的印象推移到另一个对象的观念或信念上时，我们不是由理性所决定，而是由习惯或联想原则所决定”。[②] 可以看到，这里的理性并不包括经验推理。之所以如此是因为在第三章的这前半部分中，休谟的主要任务在于反驳当时所盛行的因果理论。这种理论认为理性对对象间因果关系的发现和对数学关系的发现是由同样的官能以同样方式进行的。这意味着这种理论所理解的理性将只包含理证性推理这种活动。因此，当休谟为了反对这一理论而以它的语言来进行讨论时，也就赋予了理性以同样的内涵。但我们同时可以看到，在解构原有理论的同时，休谟也提出了自己的因果推理机制，指出了因果推理实际上“由习惯或联想原则所决定”。在第三章第八节中，休谟进一步明确了所有因果推理“都只不过是一种感觉”，以及心灵在进行这种推理时“无需反省过去的经验”，“无需形成有关这种经验的任何原则”，更无需“根据那个原则去进行推理”。[③] 这也就意味着理证性推理和因果推理实际上是由不同机制进行的不同活动。所以在第九节末尾的注释中我们看到休谟说：“当我把想象和理性对比时，我指的还是同样的官能，只是排除了我们的理证的和概然的推理。”[④] 这意味着在此休谟已经扩展了理性的含义，将进行两种推理的机制都包含于理性这一概念之中。但我们注意到休谟在此所用的概念是“概然的推理”，这是因为有先在的哲学家“将人类理性分为

① ［英］休谟：《人性论》，关文运译，商务印书馆 2016 年版，第 105 页。
② ［英］休谟：《人性论》，关文运译，商务印书馆 2016 年版，第 111 页。
③ ［英］休谟：《人性论》，关文运译，商务印书馆 2016 年版，第 119—120 页。
④ ［英］休谟：《人性论》，关文运译，商务印书馆 2016 年版，第 133—134 页。

知识和概然推断（probability）两种”，所以休谟也“在本书前面一部分就准此采取了这种表达法”。① 但这一先在的区分并未能充分体现理性所包含的全部内涵。因为“概然的推理”，亦即我们所说的经验推理还有进一步的区分，这一点我们已经在上文中呈现。所以“把人类理性分为三种或许是比较方便的”，它们分别是“根据于知识的推理，根据于证明的推理，和根据于概然推断的推理”。知识即“由观念的比较得来的那种信据”；证明则是“由因果关系得来、而完全没有怀疑和不确实性的那些论证”；概然推断则是指同样由因果关系得来，但”仍然伴有不确实性的那种证据”。② 因而也就是我们所说的理证性推理、因果推理和概然推理。可以看到，为了与当时的已有观点进行对话，休谟首先在对方的语境下使用理性这一概念，然后开始解构原有的理性概念并不断填进自己对理性的新的理解，直至第三章第十一节才完全展开他自己的理性概念。③

---

① ［英］休谟：《人性论》，关文运译，商务印书馆2016年版，第142页。加勒得指出这些先在的哲学家包括了洛克和他的追随者，参见 Don Garrett, *Cognition and Commitment in Hume's Philosophy*, New York: Oxford University Press, 1997, p. 85。

② ［英］休谟：《人性论》，关文运译，商务印书馆2016年版，第142—143页。

③ “理性”这一概念在《人性论》中的多重含义也为拜尔和洛布所指出。参见 Annette Baier, *A Progress of Sentiments: Reflections on Hume's Treatise*, London: Harvard University Press, 1991, p. 60; Louis E. Loeb, *Stability and Justification in Hume's Treatise*, New York: Oxford University Press, 2002, pp. 53 – 57。相反，加勒得反对“理性”这一概念在《人性论》中的多义性而认为休谟只用其指称进行理证性推理和经验推理的官能，亦即我们这里所指的最广意义上的“理性”概念，参见 Don Garrett, *Cognition and Commitment in Hume's Philosophy*, New York: Oxford University Press, 1997, p. 94。加勒得并没有专门论证他的这一观点而只是指出了一系列文本来作为佐证，这些文本分别是第一卷的第三章第十六节、第四章的第一和第二节、第二卷第三章第二节以及第三卷第一章第一节，参见 Don Garrett, *Cognition and Commitment in Hume's Philosophy*, New York: Oxford University Press, 1997, p. 84。可以看到，这些文本都已经在第一卷第三章第九节之后。在我们的解读中，“理性”概念在这些文本中的确都已经被休谟赋予了最完整的意义，但这丝毫不意味着在《人性论》的前面部分中“理性”也具有同样的意义。我们不知道他该如何解决他的论断与我们这里所给出的文本证据之间的不一致。进一步的，加勒得还以此为基础而推翻了对休谟因果理论的（包括拜尔的解读在内的）四种非怀疑论解读。我们或许应该重新思考加勒得的这一观点。参见 Don Garrett, *Cognition and Commitment in Hume's Philosophy*, New York: Oxford University Press, 1997, pp. 84 – 93。

与判断一样，理性在此也包含了两种机制完全不同的活动。[①] 这一归类并不难理解：首先，在理证性推理和经验推理中，推移活动都是主要环节，心灵在两种推理活动中同样经历了从一个知觉到另一个知觉的运动，所以会将两种推理活动视为相似或相同的活动。其次，两种推理活动都能让我们得到推理之前所无法做出的判断。更重要的是，两种推理活动所得到的结果都是真理。这也就意味着不合理的推理并未被包含于理性之中：理性并未包含所有推理活动而仅包含合理的推理活动。因此，理性是一个规范性概念，理性所进行的活动都是能得出正确结论的活动。

同时，理性并非简单官能，其并不指向心灵的某种专门能力而只是对设想和注意力的一组特定方式的活动的统称，这也就意味着心灵并没有某个专门用来获得真理的能力。心灵的正确与错误认识出自同样的官能，两者的差别只来自于这些官能的不同活动方式。[②]

第五节　知性

在《人性论》中，知性与理性似乎和判断与相信一样是一对被休

---

① 凯尔（P. J. E. Kail）对“理性”这一概念做了如下区分：reasonF 是心理官能，reasonN 是通过判断而得到的作为规范性考量（normative consideration）的关系，reasonI 是从一个判断到另一个判断的推移。这三者的关系如下：reasonF 发现一个 reasonN，并因此而进行 reasonI 从而得到一个结论。可以看到，这实际上是理证性推理的运行方式。同时，凯尔还将 reasonF 分为 demonstrative reasonF 和 probable reasonF，并认为两种 reasonF 都遵循如上呈现的模式活动。这意味着凯尔完全是以理证性推理作为原型在理解理性和理性所进行的活动。因此，凯尔没能意识到在休谟的语境中，“理性”作为复合官能实际上包含了两种在两个不同领域中活动的截然不同的运行机制。施利赛尔（E. Schliesser）亦指出 Kail 对经验领域中的理性机制的误解。参见 P. J. E. Kail, *Projection and Realism in Hume's Philosophy*, Oxford: Oxford University Press, 2007, pp. 36 – 47; Eric Schlilesser, “Philosophical Relations, Natural Relations, and Philosophic Decisionism in Belief in the External World: Comments on P. J. E. Kail, *Projection and Realism in Hume's Philosophy*”, *Hume Studies*, Vol. 36, No. 1, 2010, pp. 70 – 73。

② 加勒得曾将“理性”与“感觉”“记忆”和“直观”相区分，我们这里可以从内在机制的层面支持加勒得的这一区分。参见 Don Garrett, “Reason, Normativity, and Hume's ‘Title Principle’”, in Paul Russell, eds., *The Oxford Handbook of Hume*, New York: Oxford University Press, 2016, p. 35。

谟所混用和等同的概念，但进一步的考察能发现实际上并非如此。休谟指出知性通常被认为有设想、判断和推理这三种活动方式并各自被给予相应的定义，但它们的实际活动与其定义并不相符，它们根本上都只是设想的不同活动方式。[①] 这意味着虽然休谟不同意他所指出的这种观点对设想、判断和推理的定义，但他仍然将这三者归于知性这一概念之下。同时，并非所有的推理都属于知性。在第四章第八节中我们将会指出，知性被包含于想象力中，是“想象的比较一般的、比较确立的那些特性”[②]。这些一般、确立的特性所指的实际上就是理性所包含的那些合理的推理。相反，那些不合理的推理则属于“想象的浅薄提示”而与知性相对立。[③] 同时，既然知性所包含的推理必须是合理的，那么其所包含的判断自然也必须是基于合理推理而得出的，而不能来自于“想象的浅薄提示”。因此，知性包含了理性和由理性所得出的判断。另一方面，推理与判断虽然联系紧密，但它们并不是相同的活动。而理性所包含的只是推理，所以作为理性的结果的判断本身并非理性的内容。因此，知性与理性对于休谟来说并不是相等同的概念。知性和理性都包含了合理的推理活动，但这些就是理性的全部内容，而知性则另外还包含了作为理性的结果的判断。换句话说，理性是知性的真子集。[④]

这一论断不难在《人性论》中找到文本上的支持，我们在此给出三个较为典型的例子。当休谟论及一般人对知觉和外物的混淆以及他们对知觉的独立持存的信念时说：“这种意见既是完全不合理的，所以它

---

① ［英］休谟：《人性论》，关文运译，商务印书馆 2016 年版，第 110—111 页。

② ［英］休谟：《人性论》，关文运译，商务印书馆 2016 年版，第 294 页。

③ ［英］休谟：《人性论》，关文运译，商务印书馆 2016 年版，第 294 页。

④ 加勒得和米利肯（P. Millican）则认为休谟将“理性”与“知性”相等同，虽然加勒得同时也指出“在通常的用法中‘知性’常包括比单纯的推理范围更广的认知和概念活动”，并承认休谟有时的确是在这种“通常的用法”下使用的“知性”概念。如此看来，休谟对知性的使用的确遵循了“通常的用法”，遗憾的是加勒得和米利肯未能意识到这一点。参见 Don Garrett, “Reason, Normativity, and Hume's ‘Title Principle’”, in Paul Russell, eds., *The Oxford Handbook of Hume*, New York: Oxford University Press, 2016, p. 35; Don Garrett, *Hume*, New York: Routledge, 2015, pp. 89 - 91。

不是由知性发生，而必然是由其他官能发生的。”①这说明了知性所包含的必然是合理的认识活动。在第一卷的结论中，休谟提醒我们他在本卷第四章第一节中得到的结论：“知性在依照它的最一般的原则单独活动时，就完全推翻了自己。”② 而在第四章第一节中我们可以看到，休谟所指的知性“最一般的原则”实际上就是合理的推理本身以及由此而产生的判断。③ 这证明了在休谟的语境中知性包含了合理的推理及其结果。此外，我们还能看到休谟说：“知性或是依照理证性推理推理来进行判断，或是依照概然推理来进行判断。”④ 当然，这里的“概然推理”就如上文所提及的是休谟依据于“先在的哲学家的”术语而进行的表达，其实际上所指的是包括了因果推理和概然推理的经验推理。因此，休谟在此明确地指出知性能依照两种合理推理来进行判断，从而再次证明了知性包含了合理的推理和作为其结果的判断。这也就意味着知性与理性一样是一个规范性概念。同样，知性所指向的也不是一个具有规范性的简单官能，而是一组具有规范性的复合活动。

第六节 反省

“反省”（reflection）与我们至此所讨论的这几个概念一样是一个在哲学讨论中被一再使用的概念，其同样也在《人性论》中反复出现。在对经验推理的分析中我们已经看到反省的参与，在那里我们也已经指出在休谟看来反省是注意力所进行的活动。同时，并非所有注意力活动都是反省：例如我们为眼前的一辆保时捷所吸引时，我们是在注意着这辆车，但我们并不会认为自己是在进行反省活动。但如果我们在盯着这辆保时捷的同时注意着自己此时的心理倾向、情感和知性活动，那么这

① ［英］休谟：《人性论》，关文运译，商务印书馆 2016 年版，第 216 页。
② ［英］休谟：《人性论》，关文运译，商务印书馆 2016 年版，第 294 页。
③ ［英］休谟：《人性论》，关文运译，商务印书馆 2016 年版，第 202—205 页。
④ ［英］休谟：《人性论》，关文运译，商务印书馆 2016 年版，第 447 页。

一注意活动将会被我们承认为是反省。同样，如果我们在看过保时捷之后回忆起它，并注意着它，我们也不会认为这一注意活动是反省。但如果我们同时回忆起自己在注意保时捷时的心理倾向、情感和知性活动并注意于其上，则我们将承认这是反省活动。这意味着反省是以我们的内在状态与意识活动为对象的注意力活动。这或许正是情绪、情感等内在状态被称为“反省印象”（impressions of reflection）的原因。同时，对心灵活动本身的回忆是二阶设想的结果。所以反省是以反省印象、反省观念、一阶设想活动本身、注意力活动本身以及二阶设想活动的对象为对象的注意力活动。

反省在知性和情感活动中都有重要作用，是人能够作为“理性动物”的重要原因。在第三章第四节中我们已经指出注意力对联结的形成和强度都有影响，在反省中同样如此。反省能帮助推动二阶联结式推移，这在经验推理的讨论中已经有清楚的体现。同时，反省还能帮助形成二阶习惯性联结，这在合理性的形成中有明确体现。可以想象的是，如果没有对推理活动本身的明确注意，我们经过足够充分的经验积累仍然能够朦朦胧胧地在推移方式及其结果和影响间建立联结从而形成合理性并视其为规范。但合理性的这种形成方式所耗费的时间将会十分漫长，其本身也很容易是模糊不清的。在反省中，我们则能够更快且更明确地形成合理性。此外，在形成合理性之后，我们将能通过反省比较自己已经进行的推理活动和合理的推理活动，从而判断这一推理的合理性；或者是将合理的推理活动与自己正在进行的推理活动进行比照，从而保证当前推理的合理性，知性正是因此“校正了感官所呈现的现象”。[1]

对于情感，反省则有另外的独特作用。我们在第二章第十节对情感的讨论中指出，因为情感发生于意识环境之中，因此它并非注意力的自然对象。也就是说情感的发生是不易为我们觉察的。同时，情感的发生和成型都需要注意力固定于特定对象之上。因此，如果情感发生之后我

① ［英］休谟：《人性论》，关文运译，商务印书馆2016年版，第141页。

们能将注意力转移至这一情感之上，则情感将因此同时失去其原因和成型条件，从而减弱自身力度和猛烈程度。当然，并非只有将注意力转移至情感上才能达到情感减弱的效果，但相比于其他同样容易进入意识中心的对象，意识环境与意识中心的“距离”更远，因此更有助于情感的减弱。这一距离首先体现在“心灵空间”上，我们对情感的注意和对其原因的注意在心灵中的位置的确相去甚远；其次体现在它们的差异之上，相比于同处于意识中心的对象，情感与情感原因之间的差异更大，更大的差异就意味着心灵在两者间更难进行推移，从而也就更不利于注意力的转移。因此注意力转移到情感上将更不容易再转移回情感的原因和对象上，从而能更好地达到减弱情感的效果。

反省还能有助于减缓甚至防止情感对心灵的进一步影响。我们在第二章第十节中已经指出情感有“自我辩护原则”，亦即心灵会为了避免情感的减弱而强化能作为这一情感的原因的观念，主动相信这一观念。因此，我们若讨厌一个人就会更愿意去相信他有各种缺点，即使我们并没有充分的证据做出这些判断。这些判断的对象如我们上一段所说容易将注意力再次拉回到自身之上，因此只有与它们保持尽可能大的距离才能尽可能地防止情感的“自我辩护”。此外，如果情感的自我辩护确实发生，心灵也能通过反省而意识到这一点，并通过与合理推理的比较而断定这一推理和判断的不合理，甚至是对此进行纠正。当然，相比于情感，反省的力量要弱得多，所以这里所列出的这些让我们“保持理性”的办法往往需要长期的训练和坚持才能真正做到。我们相信相应的训练方法是能够从休谟的这套人性机制中得到的，这或许就是他的人性科学作为“人性解剖学”的意义所在。

第七节 回忆

在经验推理中，由类似关系推动的联结式推移是不可或缺的一个环节。而我们在第二章第四节对记忆的讨论中已经指出，这种类似推移所引发的是回忆式设想。这意味着在知性活动中也有回忆式设想的参与。同时，我们一般会认为回忆活动与知性活动是两种不同的活动。这意味着作为日常经验的回忆活动并不能与回忆式设想简单地直接对应。我们接下来就来考察被我们归为回忆活动的心灵活动的具体机制。

一般会被我们认为是回忆的心灵活动有两种。一种是对特定过往经验的有意识的重现，另一种则是过往场景的自发重现。第二种自发进行的回忆活动或者发生于我们走神时的遐想之中，或者发生于我们遇到与我们特定经历有关的对象时的“触景生情”。在这两种情况中，我们都不会只停留于一个记忆观念之上，而会在一系列记忆观念之间推移。这种自发的推移只能是联结式推移。同时，在走神时，引起联结式推移的往往并非某个印象或记忆观念，而可以是心灵中的任何念头。这意味着自发的回忆中的联结式推移不需要以一个生动程度高的对象作为起点。同时，遐想也不需要以任何判断作为终点。此外，既然是回忆，也就意味着这一推移活动只会在记忆系统中进行。因此，自发的回忆是心灵在记忆系统中进行的、不需要判断相伴随的单纯的联结式推移。由此可以看到，这种回忆活动与同样有回忆式设想参与的因果推理活动之间的差别。

除了自发的回忆以外，我们还会有意地回想某段经历。在第三章第五节对注意力的讨论中我们曾指出注意力对回忆式设想的引导作用：当我们想要回忆一个对象时，通常会将注意力集中于“某处”，以这种方式来促使我们所希望回忆起的观念的产生。这也就是这种有意回忆的机制，亦即由注意力引导的回忆式设想。同时，在这种有意回忆中，我们并不一定总能成功地直接复现出我们所希望复现的观念。这时我们往往会先有意回忆与之相关的、能够为我们成功复现的记忆观念，然后通过联结式推移引出我们的目标观念。显然的是，这种联结式推移也一定是在记忆系统中进行的。因此，有意回忆有两种机制：或者是注意力引导的单次回忆式设想；或者是注意力引导的在记忆系统中进行的联结式推移。同时，有意回忆往往是为了过往经验中的特定信息而进行的。这意味着在这种回忆活动中我们会对所设想的观念进行判断，从而确定其真实性。但判断的参与并没有使这种回忆与因果推理活动更加接近，因为有意回忆中的判断是在记忆系统中进行的，而因果推理的判断则是在信念系统中进行的。

因此，日常经验中被我们称为回忆活动的心灵活动都是在记忆系统中进行的设想和推移活动。其中，活动方式又分为两种：一种是单纯的联结式推移；另一种则是注意力引导并伴随有判断的回忆式设想或联结式推移。另一方面，在想象活动中，我们也能看到机制相似的活动。在遐想中，我们往往不会只沉溺于过去，还会幻想着未来的场景。同时，我们也会有意地构想某些在现实中并不存在的观念。换句话说，想象式设想也能进行单纯的联结式推移和有意想象。那么我们又是如何区分机制相近的回忆与想象活动呢？

在遐想中，一个首要的区分自然是记忆观念与想象观念在活泼程度上的差距。此外，如我们在第二章第八节对时间和空间的讨论中指出的，心灵对经验对象的设想总是从自我和当下开始，历经中间的观念后才最终推移至所要设想的对象上。在对过往和未来的对象的设想中，心灵将因此而经历不同的时间序列，亦即从当下回到过去（抑或者又回到当下）和从当下前进到未来（抑或者又回到当下）。[①] 这一过程自然也是能够为我们所感觉到并区分开来的。因此，在回忆或想象中，我们除了感觉到相应的观念之外，还总会感觉到心灵朝着特定方向进行的活动，从而意识到心灵是在向过去还是未来进发。因此，对心灵活动的感觉将是区分回忆与想象活动的第二个标准。

在有意活动中，除了上述两个标准以外，还有一个重要的外部条件。与遐想不同，有意活动往往是出于特定目的而进行的。例如我此刻为了找车钥匙而要努力回忆上次把它放在哪里，或者是我为了装修房子

---

① 这一点亦为特雷格所指出，参见 Saul Traiger, "Flage on Hume's Account of Memory", *Hume Studies*, Vol. 11, No. 2, 1985, p. 171。

而需要想象某种装修效果。这意味着，有意的回忆和有意的想象都是在特定欲望或厌恶的推动下进行的。而这一欲望或厌恶是能够为我们所清楚感知的，所以我们自然也就能够知道为这一动机所推动而进行的是怎样的活动。①

在这种有意回忆中，我们所产生的有可能是活泼程度高但与过往经历并不相符的观念。例如我清楚记得我把车钥匙放在了门边的桌上，但实际上并非如此。在"第一人称视角"中，我们将没有任何方法来否定这一观念是我们的回忆。只有在"第三人称视角"中，我们才能根据其与现实的不相符而否认它是我们的回忆。在这种情况下，若我们回到"第一人称视角"的立场，或者是认为回忆活动的结果都应该是记

---

① 皮尔斯对休谟记忆理论的一个批评是：休谟的记忆理论没法区分"单纯感觉材料的复现"（mere data）、包含对意义的理解的记忆（memory involving the understanding of a meaning）和包含判断的记忆（memory involving a claim to truth）。后面两种记忆往往包含于同一种情况中：当我问自己离开家的时候是否锁门时会回想今早自己离开家的场景，然后根据这一回忆做出判断；在判断之前我们要先理解自己所产生的这一场景意味着什么。因此，这一场景既包含了对意义的理解又在之后包含了判断。在此可以看到：首先，我们对自发回忆和有意回忆的区分正好就对应了皮尔斯对单纯感觉材料的复现和另外两种回忆的区分。其次，在有意回忆中，我们是在特定动机（想要知道自己锁门了没）的驱动下产生了特定的观念（今早我离家时的场景）。这一动机将会驱动注意力集中于这一观念的特定细节或特定层面（我出门后有没有锁门的动作）。注意力的这一指向即对应了我们在这一记忆中对意义的理解。之后，如果我们在这一观念中的确看到了自己锁门的动作，而且这一观念有着足够的活泼性，我们将因此而感到心理倾向中相应的活泼程度，从而做出判断。这就对应了记忆中的判断。因此，有意回忆的机制完全满足了皮尔斯对于记忆的解释的要求。的确，如皮尔斯所言，休谟并没有涉及这方面的讨论，但这并不意味着他的理论中没有足够的心理学资源来提供这方面的解释。因此，休谟的心理学并非如皮尔斯所认为的那般简单粗糙。当然，皮尔斯的这一批评有着更深层的原因，即他认为记忆（包括所有的观念）所应该具有的意义指称和判断功能都只有语言才能提供，而休谟的心理学中并没有涉及多少对语言的考虑，所以其心理学一定是不够完善的。在此可以看到，这些功能的确不需要通过语言来实现。进一步的还可以看到，皮尔斯的这一批评实际上呈现出了对休谟的一种很典型的批评路径：从"逻辑模式"的人性机制假设出发而对休谟的"现象模式"的人性机制进行外部批评。持有前一种人性观点的学者们往往因为没能在休谟理论的"相同位置"中找到他们所期望的相同性质或功能而认为这一理论是不完善的。但实际上并非休谟的理论中缺乏了相应的要素，而只是在这一理论中这些要素并不在其批评者所认为的地方。"现象模式"的人性机制并非比"逻辑模式"的人性机制更为简单低级的心理学，它们是从根本上异构的心理学。对记忆的这一三分的讨论和对休谟心理学的整体评论分别参见 David Pears, *Hume's System: An Examination of the First Book of his Treatise*, Oxford: Oxford University Press, 1990, p. 33、34。

忆观念，那么就会将这一观念称为“错误的回忆”。若我们只以“第三人称视角”的标准来区分记忆观念和想象观念，则会将这一观念视为想象观念。我们在第二章第四节中已对此进行了分析。另一方面，在有意的想象中，我们也有可能产生活泼程度不高但与过往经验相符的观念。如果我们同时也能确定我们的确有过这一过往经验，亦即我们能找到这一观念与过往经验的因果关系，那么我们将从“第三人称视角”出发判定这一观念实际上是记忆观念。但在“第一人称视角”中，我们仍然会更愿意将其视为想象观念。因此，想象观念和记忆观念的判定往往会依据于我们立场的变化而发生改变。我们对特定活动或活动结果是想象还是回忆的争辩也往往只是语言上的争辩。

在确定了回忆的内涵以后，我们将得以进而讨论与回忆相对的“形成微弱观念的那个官能”，亦即想象力。

第八节　想象力

一　“想象力”的内涵

“想象力”（imagination）是《人性论》中范围最广、包含最多复合活动的复合官能。它有着“较广的或较狭的”两种不同意义。广义的想象力指的是“和记忆对比”的、“形成微弱观念”的官能。但休谟在此所指的“记忆”显然不是我们在第三章第二节中修正过后的、被用来专指保留印象内容的那一个官能，而应该是我们在上一节中刚确定其具体内涵的“回忆”这一复合官能。因此，想象力作为与回忆相对立的形成观念的官能，所包含的应该是剔除了回忆所包含的回忆式设想活动后剩下的全部回忆式的和想象式的设想活动。狭义的想象力则指的“还是同样的官能”，但是因为与理性相对所以排除了所有合理推理。①能够与合理推理相对立的自然应该是不合理的推理，这意味着广义的、

① ［英］休谟：《人性论》，关文运译，商务印书馆2016年版，第133—134页。

未排除合理推理的想象力实际上包含了所有的不论合理与否的推理活动。这也就进一步意味着想象力不止包含了设想官能的活动，还应包含着注意力的活动。如我们在第三章第五节对注意力的讨论中指出的，学者们在讨论休谟的想象力时往往只关注于与设想相关的活动，而并没有将与注意力相关的活动包含于其中，从而导致他们未能全面地理解休谟的想象力概念。

想象力不仅包含了所有的推理活动，同时也包含了所有作为推理结果的判断。知性是“想象的比较一般的、比较确立的那些特性”，其作为“恒常的、不可抗拒的、普遍的”原则是“一切思想和行动的基础”，没有了它们“人性必然立即要毁坏、消灭”。[①] 而知性由理性及其相应的判断组成，因此合理的推理和判断包含于想象之中。此外，想象力还包含了另一种“变化的、脆弱的、不规则的”原则，它们“对人类并不是不可避免的，也不是必然的，甚至也不是生活过程中所需用的”。[②] 休谟称之为“想象的浅薄的提示”（the trivial suggestions of the fancy）[③]。这种浅薄的提示“除了往往是互相反对之外，还使我们陷于那样的错误、荒谬和模糊之中，使我们最后对自己的轻信感到惭愧”[④]。也就是说为这种原则推动的想象力活动将会产生“轻信”，亦即我们上文所指出的不合理判断的一种表现。因此，不合理的推理和作为其结果的判断也包含于想象力之中。

经验判断是对意识环境中的活泼性的感觉。想象力包含了经验判断也就意味着其包含了意识环境中与活泼性相关的性质。这其中包括了活泼性的传递机制，亦即意识环境对活泼性的吞吐、意识环境在顺利推移中的留存以及活泼性在意识环境中的损耗。所以想象力能“使某些观念比其他观念较为生动”从而使得记忆、感官和知性得以进行它们所

---

① ［英］休谟：《人性论》，关文运译，商务印书馆 2016 年版，第 249、294 页。
② ［英］休谟：《人性论》，关文运译，商务印书馆 2016 年版，第 249 页。
③ ［英］休谟：《人性论》，关文运译，商务印书馆 2016 年版，第 294 页。
④ ［英］休谟：《人性论》，关文运译，商务印书馆 2016 年版，第 294 页。

能进行的活动。因此，后三者“都是建立在想象或观念的活泼性上面的”①。因为存有活泼性，意识环境会表现为具有特定活泼程度的心理倾向，想象力也因此而有生动与微弱之别。而且“生动的想象往往会堕落为疯狂或愚痴”，因为它们的运作方式十分相似：“在血液和精神特别冲动时，想象获得了那样一种活泼性，使它的全部能力和官能陷入混乱，这时我们就无法区别真伪，每一个模糊的虚构或观念就都和记忆的印象或判断的结论具有同样的影响，也都被同样地看待，并以同样力量作用于情感。”② 这由意识环境的灵敏性的变化所导致。我们在第二章第十节和第三章第一节中指出心灵具有灵敏性这一性质并将其定位于意识环境之中。灵敏性体现了活泼性的量与其影响力的量之间的比例，其是可以变化的。当灵敏性过高时，原本对心灵不会有多少影响的念头也将影响巨大。由此而发生的就是这里所描述的心灵陷入混乱、真假不分的情况。在这几个性质中，意识环境对活泼性的吞吐和在心灵进行顺利推移时的留存是合理推理中的必要环节，所以属于知性原则；活泼性的损耗和灵敏性是不合理的推理和判断的原因，因而属于想象的浅薄提示。

除此以外，想象的浅薄提示还包含了另外的一些原则，而且正是这些原则使得古代哲学会发明出与实体相关的一系列“极不合理和任意臆造”的虚构。③ 同时，这些原则还与心灵所具有的一些倾向有关。

“实体”观念无法在经验中找到相对应的印象因而是虚构的。而之所以哲学家们会发明出这一观念是因为一个复合对象的各种性质是“被一种很密切的关系结合起来的”，所以心灵在观察这一系列性质时

---

① ［英］休谟：《人性论》，关文运译，商务印书馆 2016 年版，第 292 页。换句话说，因为包含了意识环境中与活泼性有关的机制，所以想象力能够调节它的对象的活泼性。这使得想象力既能够产生活泼性微弱的观念，又能够产生活泼性程度强烈的信念。坎普·史密斯曾视想象力的这一双重含义为休谟对想象力概念的“非常令人困惑”的使用，这一“困惑”在此得以被解除。参见 Norman Kemp Smith, *The Philosophy of David Hume*, New York: Palgrave Macmillan, 1941, p. 459。

② ［英］休谟：《人性论》，关文运译，商务印书馆 2016 年版，第 139 页。

③ ［英］休谟：《人性论》，关文运译，商务印书馆 2016 年版，第 243 页。

“必然被一种顺利推移所推动”，心灵在这种顺利推移中将知觉不到其所观察的对象实际上发生了变化，因此就像在观察一个同一不变的对象一样。因此，心灵观察这种由不同性质组成的复合对象与观察真正单一的对象时的心灵活动的感觉十分类似。所以心灵在观察前者时容易发生二阶类似推移，从而将其作为后者来看待，认为对象是同一的。[①] 但另一方面，复合对象的各种性质的确是可分的，对象在时间中也在不断地变化着，所以在不同时刻中也总会呈现出不同的样貌。当心灵从这一视角来看待复合对象时，则无法将其视为同一的。因此，这两种视角之间发生了冲突。[②] 这种冲突将在心灵中引起不适。[③] 为了摆脱这一不适，心灵便虚构出“实体”这种东西，假设它“在这种种变异之下、仍然继续保持同一不变”，以此来化解这一冲突。[④] 可以看到有两个原则在此发挥作用：首先，二阶类似推移使得心灵混淆了复合对象与真正具有同一性的对象；其次，心灵对冲突的不适推动心灵进行虚构以化解冲突。

对实体的虚构会让我们进一步想象对象所具有的可感知的性质与其实体有依附关系。这是因为“使我们推断因果之间的联系的那种习惯，也使我们在这里推断任何一种性质对于那个不可知的实体的依附性”[⑤]。这种推断同样是不合理的：因果关系只能以对象在经验中的恒常结合为前提，而实体并非我们能够经验的对象，所以我们也就不可能产生与其相关的因果推断。这里可以看到，导致这一幻想产生的原因是“使我们推断因果之间的联系的那种习惯”，亦即二阶习惯推移。除了导致我们想象自己能进行实际上无法进行的因果推理以外，二阶习惯推移还会使我们产生“想象力的惯性”，使得“当想象被发动起来进行一连串的思维时，它的对象纵然不在它面前时，想象也仍然会继续下去，正如一

---

① ［英］休谟：《人性论》，关文运译，商务印书馆 2016 年版，第 243—244 页。
② ［英］休谟：《人性论》，关文运译，商务印书馆 2016 年版，第 244 页。
③ ［英］休谟：《人性论》，关文运译，商务印书馆 2016 年版，第 229 页。
④ ［英］休谟：《人性论》，关文运译，商务印书馆 2016 年版，第 244 页。
⑤ ［英］休谟：《人性论》，关文运译，商务印书馆 2016 年版，第 246 页。

艘船在被浆推动以后，不必重新推动，仍然继续前进”①。我们对外物存在的那种超出感官所允许的一致性信念，以及我们对实际上并不存在的绝对精确的相等标准的信念这些没有切实依据的信念都是因为这种想象力的惯性而产生的。②

同时，心灵还具有强烈的倾向“把自身内部所观察到的那些情绪加之于外界对象”，此即学者们所说的心灵向外“投射”（project）的倾向。逍遥学派的哲学家们即因此而发明出“交感”“反感”和“憎恶真空之感”等概念。③ 我们之所以会认为力量和必然性存在于外在对象上也是出于同样的原因。④ 这是因为我们没能将同时出现于意识中心和意识环境中的不同意识对象区分开来，从而将意识环境中的内在感受也归到了意识中心的对象之上。这种倾向只要“稍微通过一些反省便可以压制下去”，也就是说只要能将注意力转移至意识环境之上就能发现相

① ［英］休谟：《人性论》，关文运译，商务印书馆2016年版，第220—221页。

② ［英］休谟：《人性论》，关文运译，商务印书馆2016年版，第58—59、220—221页。在《人性论》第220页中休谟指出对外物存在的那种超出感官所允许的一致性信念和因果信念的不同在于：因果信念是依据于过往经验的恒常结合、亦即经验的特定程度的规则性（regularity）而形成的；但前一种信念的规则性程度则大于产生它们的经验的规则性程度。因此，前一种信念和因果信念的产生机制并不完全一致，前者并不仅由习惯所产生。在此我们看到，这种一致性信念还与其他一些信念共享着相同的机制，它们所具有的规则性程度都要大于产生它们的经验的规则性程度。因此，它们都是与因果信念不同的信念。冈伯格（P. Gomberg）也意识到了这两类信念的区别，但他不认同休谟对这一区别的解释，因为他认为因果信念所包含的规则性也要大于过去经验的规则性。但冈伯格显然误解了休谟所说的规则性。冈伯格之所以说因果信念所包含的规则性要大于过往经验的规则性是因为过往经验的恒常结合并不意味着相同经验在未来的恒常结合，但后者是为因果信念所包含的。但是休谟所说的规则性的差距在于：一致性信念所指向的规则性是心灵之外对象的规则性，但这一信念的产生基础是心灵之内对象的规则性，所以这两种规则性并不是对同一类对象的规则性，前一种规则性范围更广。对比之下可以看到，冈伯格是在时间尺度上“纵向地”理解规则性程度，但休谟所说的规则性程度是指参与这一规则性的对象范围，是“横向的”规则性程度。所以冈伯格的批评是不成立的，这种信念的确不同于因果信念。冈伯格的观点参见 Paul Gomberg，“Coherence and Causal Inference in Hume's Treatise”，*Canadian Journal of Philosophy*，Vol. 6，No. 4，1976，p. 694。与冈伯格相同的观点还来自莱尔德（J. Laird）和帕斯莫尔，参见 Paul Gomberg，“Coherence and Causal Inference in Hume's Treatise”，*Canadian Journal of Philosophy*，Vol. 6，No. 4，1976，p. 700。

③ ［英］休谟：《人性论》，关文运译，商务印书馆2016年版，第248页。

④ ［英］休谟：《人性论》，关文运译，商务印书馆2016年版，第188页。

关的内在感觉与意识中心的对象之间的区别。[①] 但即便是这种“稍微的反省”也并不常见于我们的日常生活之中，否则这类幻想就不会那么普遍，这说明心灵对注意力的掌控的有限。

除了投射的倾向外，心灵还有强烈的补足对象间关系的倾向：“一些对象如果被任何关系结合起来，我们便有在其中加添任何一种新关系的强烈倾向，以便补足那种结合。”[②] 之所以如此是因为推移的顺利是令人愉快的，所以当我们已经被推动着在对象间进行推移，并感到这一推移还不够顺利时，就会希望增加其顺利程度，从而能在其中“感到一种满意”。[③] 所以这一倾向是为我们对顺利的愉快的欲望所推动的。[④]

因此，属于想象的浅薄提示的原则还有二阶联结式推移、心灵反省能力的不足以及各种心灵活动带来的苦乐之感。二阶联结式推移同样参与了合理推理，这再一次印证了我们上文所指出的：对于休谟来说，具有规范性的并非特定的官能，而是特定的活动方式。反省能力的不足作为想象力的性质则意味着反省本身被包含于想象力之中，在理性活动中我们也的确能看到反省活动的参与。另外，如我们在第三章第五节对注意力的讨论中指出的，注意力也可以以感觉印象为对象进行活动，但显然我们并不会把这种活动视为是想象力的活动。因此，并非所有注意力的活动都包含于想象力中。心灵活动所带来的苦乐会引发相应的厌恶和欲望从而进一步推动想象力的活动。这进一步指向了想象力与情感之间

① ［英］休谟：《人性论》，关文运译，商务印书馆 2016 年版，第 248 页。

② ［英］休谟：《人性论》，关文运译，商务印书馆 2016 年版，第 262 页。

③ ［英］休谟：《人性论》，关文运译，商务印书馆 2016 年版，第 262、457 页。

④ 卡斯特洛也注意到了我们在此提到的“想象力的惯性”“心灵对冲突的不适”以及“因心理倾向的类似而发生的混淆”这些现象，但他将它们都归因为是“想象力从根本上是追求快乐的（hedonistic）”这一想象力的根本特性的体现。我们在此可以看到，“实体”以及《人性论》第 220 页中所讨论的“对外物存在的那种超出感官所允许的一致性信念”这些虚构的确与心灵的趋乐避苦的性质有关，但其他的现象则有着另外的机制。同时，心灵的趋乐避苦的性质是由相应的欲望和厌恶亦即相应的动机实现的，它们作为情感并未被包含于想象力之中，所以“从根本上是追求快乐的”并非想象力，而是心灵或者说是人性。卡斯特洛的观点参见 Timothy Costelloe, *The Imagination in Hume's Philosophy*, Edinburgh: Edinburgh University Press, 2018, pp. 22 - 23。

的密切关系，这点将在下文中进行讨论。

因此，在想象力的两种原则中，我们看到了想象式设想的所有方式的活动、注意力的除了以感觉印象为对象的活动以外的所有方式的活动以及意识环境中与活泼性有关的所有性质。除了感觉和回忆，它们是心灵复现与观察经验时所涉及的全部因素。这意味着想象力包括了除了感觉和回忆以外的、心灵复现和观察经验时在意识中心和意识环境中所发生的所有活动。这一归类之所以能够进行自然是因为这些活动都是对现象的处理，所以它们本质上都是同一类活动，能够被归于同一个概念之下。这是对休谟的人性机制的“现象模式”特征的最好体现。

二　想象力内部的冲突

可以想见的是，想象的浅薄提示将总会与知性发生冲突。同样可以想见的是，我们不能完全为想象的浅薄提示所引导，因为它们只会将我们引向错误。但有趣的是，知性在所有冲突中的大获全胜也并不能给我们带来好处，因为其结果将是知性“完全推翻了自己，不论在哲学或日常生活的任何命题中都不留下任何最低的证信程度”，从而令我们陷入完全的怀疑之中。[①] 此即休谟在《人性论》第一卷第四章前两节中所展示的对理性和感官的怀疑论论证。而能将我们从这种完全的怀疑论中拯救出来的恰恰是想象的浅薄提示：一是意识环境中的活泼性随着推理进行而逐渐衰退，从而使得知性最终的结论因为缺乏活泼性的支持而无法对我们造成影响。[②] 二是二阶类似推移、对冲突的厌恶、摆脱这一冲突的欲望以及活泼性在类似对象间的传递这些性质的联合使得由此产生的虚构信念强于知性所得到的微弱结论，从而让我们放弃知性的正确结论而以外在对象的持续独立存在信念作为我们思考和行动的指导原则。[③] 但知性完全独自运行所带来的这一恶果也并不意味着我们要完全

---

① ［英］休谟：《人性论》，关文运译，商务印书馆 2016 年版，第 294 页。
② ［英］休谟：《人性论》，关文运译，商务印书馆 2016 年版，第 207 页。
③ ［英］休谟：《人性论》，关文运译，商务印书馆 2016 年版，第 222—232 页。

放弃知性。首先，若完全放弃知性则意味着我们只能完全接受想象的浅薄提示，我们已经指出这是不可取的。其次，若无知性则我们将断绝一切科学和哲学，也就意味着对自身认识能力的完全放弃。此外，我们对知性独自运作的结果的认识正是通过知性本身而得到的，若我们因此而拒绝知性，则同时意味着我们实际上是接受知性的，这是自相矛盾的。所以想象力的两种原则都无法为我们所完全抛弃，那么剩下的选择只能是这两者的某种结合。所以接下来的问题就是：应该怎样结合想象力的这两种原则？

在此可以看到，知性"完全推翻自己"的地方正是知性运行的两个前提：一是推理活动本身的正确与否；二是经验的一致性。只有知性的运作真的能得出其应得的结果，我们进行知性活动才是有意义的。同时，知性在经验中所进行的实际上就是发现和运用一致性的活动，如果一致性本身并不存在，则知性活动同样没有意义。在这两个问题上知性本身却无法给出肯定的答案，这意味着知性无法为自己的行动提供合理的基础。所以在此自然代替了知性以其"绝对而不可控制的必然性"为我们提供了这两个基础。如我们上文指出的，自然在此提供基础的方式在于剥夺知性的活泼性以及赋予与知性相对立的观点以足够的活泼性，从而使得知性的结论无法影响心灵。自然实现这一目的的手段就是想象的浅薄提示。以此为基础，知性将得以在经验中进行活动。之后，知性就能够拒绝想象的浅薄提示的干扰而坚持自己的判断，因为在这些活动中，知性将具有能够与浅薄提示相抗衡的活泼性，从而能够让自己的结论对心灵产生足够的影响。所以"不论什么地方理性如果是生动活泼，并与某种倾向混合起来，我们就应当加以同意。理性如果不是这种情形，它便永远不能有影响我们的任何权利"①。混有生动性的理性也就是理性及其所产生的有力的判断，因而也就是具有足够活泼性的知性。同时，我们在第四章第三节讨论合理性时已经指出，合理性被确立

① ［英］休谟：《人性论》，关文运译，商务印书馆2016年版，第297页。

为知性活动的规范的原因在于合理的推理能带来比不合理的推理更好的结果。而在知性让位于想象的浅薄提示的地方，后者所产生的信念才能给我们带来更好的结果。所以合理性在此失去其效用，因而不再能够被我们确立为规范。

因此，在知性活动的奠基部分，我们应该接受想象的浅薄提示所带给我们的“自然信念”；在以它们为基础的经验推理中，我们则应坚持想象力中的“恒常的、不可抗拒的、普遍的原则”，亦即知性。

第九节　情感的类型与分类①

想象力涵盖了心灵复现和观察经验的大部分活动，但却并未涉及与评价和改变经验相关的活动。我们接下来将会看到，它们处于有别于想象力的独自的体系中。

一　情感的类型

在第三章第九节中我们已经看到，每个情感机制都对应着一组情感，这些情感并非已经是具体的情感，而是情感的类型。与此相关的是休谟情感理论的一个根本特点：其所讨论的是情感的类型而非具体的情感。这两者之间的关系是：一个情感类型即一个在各方面都得到最详细规定的情感机制；在这样一个最具体的机制中，随着输入条件的细微变化，输出的结果也会呈现出相应的不同，由此一个个具体情感得以体现。换句话说，具体情感是其所属的情感类型的不同表现形式。因此，“恐怖、惊惶、惊愕、焦虑和其他那一类的情感，都只是各种各样程度不同的恐惧”；爱则“可以表现为柔情、友谊、亲密、尊重、善意和其他许多的形式”。② 具体情感中的微观机制，亦即一个具体情感的原因

① 本节修改自笔者发表于《现代外国哲学》第 20 辑的文章《论休谟〈人性论〉中的情感类型》（未刊稿）。

② ［英］休谟：《人性论》，关文运译，商务印书馆 2016 年版，第 482 页。

与其性质之间的具体关系已经在第二章第十节中进行了讨论。在第三章第九节中，我们展现的是中观层面的情感类型机制。现在，我们则可以依据第三章第九节中的讨论结果对情感进行分类，从而呈现出一个完整的、宏观层面的情感体系。

二　情感的分类

我们在此的区分标准是情感机制的相同与否，因此我们需要先明确情感机制间都有哪些可区分的地方。首先，一个最大的区分自然是情感的三元结构之间的具体关系。第三章第九节中得出的五种情感机制就是在这个层面上的区分。我们将此称为“情感层级”。因此，情感有五个层级，根据它们各自的机制，我们分别将它们称为：本能情感、基本情感、属人情感、同情情感和内在情感。在休谟自己提供的情感分类中，属人情感与同情情感被合称为间接情感，剩下的三种情感则属于直接情感。①

本能机制中都是动机，因此本能情感都是动机型情感。按休谟的说法，属于这一层级的情感应该有两种不同的动机型情感，一种是善意和愤怒，另一种则是最基本的身体欲望，如食欲、性欲等。② 我们在此只将身体欲望归入本能情感之中，具体理由将在谈及属人情感时给出。

基本情感中有喜悦、悲伤、希望、恐惧、欲望和厌恶六种。我们已经指出希望和恐惧是为喜悦和悲伤复合而成的，这意味着在基本情感中还有简单情感和复合情感这两个子层级。同时，喜悦的原因的缺乏或者悲伤的原因的出现将会引发欲望与厌恶，这意味着作为喜悦与悲伤之复合物的希望和恐惧也将依据于悲伤在其中所占的比例而有相应份额的欲望和厌恶与之对应。

同时，对比本能机制中的欲望和基本机制中的欲望我们能看到：前者的对象并不一定具有苦乐性质，例如那些我们为了维持生命而必需的食物和水等；而后者的对象则总是具有苦乐性质的，比如美食或美酒

① ［英］休谟：《人性论》，关文运译，商务印书馆 2016 年版，第 306 页。
② ［英］休谟：《人性论》，关文运译，商务印书馆 2016 年版，第 474 页。

等。这正就对应着古希腊哲学和希腊化哲学中经常做出的“必要欲望”和“非必要欲望”的区分。

在属人情感中同样存在着简单情感与复合情感这两个子层级。四种简单的属人情感是骄傲、谦卑、爱与恨，它们也会混合并产生新的情感。在考虑他人的令人快乐的品质或事物时，我们或者在这一观察中产生对此人的爱，或者将其与我们自己稍逊的同类对象进行比较从而产生谦卑，又或者将这两种观察方式相结合，从而形成对此人的尊敬。因此，尊敬是由爱与谦卑混合而成的复合情感。相应的，鄙视则是恨与骄傲的混合物。[①] 对于这一子层级，休谟的分析到此为止，但这并未穷尽该子层级中的所有情感。尊敬是令人快乐的情感，这意味着在它的组成中快乐情感，亦即爱的比重是要大于谦卑这种痛苦情感的。可以想见的是如果在爱与谦卑的混合中，谦卑的比重大于爱，由此产生的将会是妒忌而非尊敬。同样，鄙视中骄傲比恨要来得明显，这意味着鄙视之中骄傲的成分要多于恨的成分。因此，当恨超过骄傲，鄙视也将被另外的情感取代。但这种情感似乎并没有属于自己的名字，这或许是因为它作为复合的恨与简单的恨并没有太大区别，因而未被注意到并与简单的恨相分离。所以在属人情感中，还有尊敬、妒忌、鄙视和恨四种复合情感。这八种简单与复合情感都是属人情感中的态度。我们在第三章第九节第二部分中指出，骄傲与谦卑没有相对应的动机，爱与恨则会引出善意与愤怒这两种动机。这两种动机被休谟放在了本能情感之中，但严格说来这样的安排并不妥当。首先，本能情感没有注意力对象作为其原因，但被爱或被恨之人的痛苦处境实际上可以算作善意与愤怒的原因。其次，善意与愤怒只有被放在属人情感的层级中才更能体现情感划分的系统性。因此，我们将善意和愤怒划分为属人情感中的动机。与基本情感一样，复合的属人情感因为都混合有爱与恨，所以依据于爱或恨在这一情感中的占比，也将有相应比例的善意或愤怒作为动机与之对应。

① ［英］休谟：《人性论》，关文运译，商务印书馆2016年版，第424页。

同情情感中同样有子层级的划分，但不再是根据简单与复合的区分，而是根据它的三种运作方式，亦即有限同情、广泛同情和比较。在三种运作方式中，首先产生的都是同喜和同悲这两种态度。在有限同情中，爱与恨会在它们之后产生。但就如我们在第三章第九节第四部分中所表明的，爱与恨实际上已不是同情机制的产物，而是同情机制的结果所另外引发的情感。因此，为了分类的精简和精确，我们在此将只考虑专属于同情机制中的情感。在广泛同情中，同悲会引起怜悯这一动机。在比较中，同喜与同悲会转变成妒忌和幸灾乐祸这两种态度。妒忌则会进一步引出恶意这一动机。

在内在情感中，有针对于心灵活跃性的态度，即真理与游戏之喜和无聊，无聊则会引出求知与游戏欲作为动机。此外，还有针对心灵稳定性的态度，即安全感与不安，不安则会引出好奇心作为动机。

由此，我们得到五个情感层级和相应的子层级，同时我们还能看到另一个贯穿于这五个层级的区分，亦即态度与动机的区分。同时，在态度中我们还能进一步区分出其是令人快乐的还是令人痛苦的。我们将分类结果在表格中呈现出来。

对比休谟在《人性论》第二卷第一章第一节中所做的情感分类，我们这里的情感分类在多出来几个情感层级和情感类型的同时，还缺少了平静/猛烈情绪与平静/猛烈情感的区分。之所以如此是因为平静情绪是“对于行为、著作和外界对象的美和丑所有的感觉”，亦即审美情绪。[①] 而美与丑的影响即在于给心灵带来快乐和痛苦。[②] 这意味着美与丑的对象实际上也是给我们带来快乐与痛苦的对象。同时，它们发生作用的方式或者是直接带给我们相应的感受，或者是与自我或他人相联系从而引起我们对自我或他人的相应感受，抑或是作为与自我无关的他人经验通过同情机制而带给我们相应的感受。换言之，审美情绪并没有新的情感机制。因此，平静情绪与猛烈情绪的划分并不是情感机制和类型

① ［英］休谟：《人性论》，关文运译，商务印书馆 2016 年版，第 306 页。

② ［英］休谟：《人性论》，关文运译，商务印书馆 2016 年版，第 329 页。

上的划分。情感内部的平静情感与猛烈情感的划分亦是相同的情况。这一划分也并非情感机制上的划分，而只是情感原因的具体性质上的差异，因此也并非情感类型上的区别。[①]

<table>
<tr><th rowspan="2">情感层级</th><th rowspan="2">子层级</th><th rowspan="2">情感机制</th><th rowspan="2">原因</th><th colspan="2">态度</th><th rowspan="2">动机</th><th rowspan="2">对象</th></tr>
<tr><th>乐</th><th>苦</th></tr>
<tr><td>初级情感</td><td>无</td><td>本能机制</td><td>无</td><td colspan="2">无</td><td>身体欲望</td><td>不一定有苦乐性质的对象</td></tr>
<tr><td rowspan="2">基本情感</td><td>简单情感</td><td rowspan="2">基本机制</td><td rowspan="2">令我快乐或痛苦的对象</td><td>喜悦</td><td>悲伤</td><td rowspan="2">欲望、厌恶</td><td rowspan="2">引发这一情感的对象</td></tr>
<tr><td>复合情感</td><td>希望</td><td>恐惧</td></tr>
<tr><td rowspan="4">属人情感</td><td>简单情感</td><td rowspan="4">属人机制</td><td>令我快乐或痛苦且与我有关的对象</td><td>骄傲</td><td>谦卑</td><td>无</td><td>自我</td></tr>
<tr><td rowspan="3">复合情感</td><td rowspan="3">令我快乐或痛苦且与他人有关的对象</td><td>爱</td><td>恨</td><td rowspan="3">善意、愤怒</td><td rowspan="3">与引发这一情感的对象相关的人</td></tr>
<tr><td>尊敬</td><td>妒忌</td></tr>
<tr><td>鄙视</td><td>恨</td></tr>
<tr><td rowspan="3">同情情感</td><td>有限同情</td><td rowspan="3">同情机制</td><td rowspan="3">他人的（而非我自己的）苦乐经验</td><td rowspan="2">同喜</td><td rowspan="2">同悲</td><td>无</td><td rowspan="5">引发这一情感的对象</td></tr>
<tr><td>广泛同情</td><td>怜悯</td></tr>
<tr><td>比较</td><td>幸灾乐祸</td><td>妒忌</td><td>恶意</td></tr>
<tr><td rowspan="2">内在情感</td><td>活跃性机制</td><td rowspan="2">内在机制</td><td>与心灵的活跃性有关的对象</td><td>真理与游戏之爱</td><td>无聊</td><td>求知与戏欲</td></tr>
<tr><td>稳定性机制</td><td>与心灵的稳定性有关的对象</td><td>安全感</td><td>不安</td><td>好奇心</td></tr>
</table>

① 洛布和阿达尔同样指出了这一点，参见 Louis E. Loeb，"Hume's Moral Sentiments and the Structure of the Treatise"，*Journal of the History of Philosophy*，Vol 15，No 4，1977，pp. 398 - 399；Páll S Árdal，"Another Look at Hume's Account of Moral Evaluation"，*Journal of the History of Philosophy*，Vol. 15，No. 4，1977，p. 411。

可以看到，在划分情感类型的同时我们也对经验进行了整理和分类。引发情感的原因都是苦乐经验。对应着五个情感层级，我们的苦乐经验也有四个类型，分别是物的苦乐、自己或他人带给我们的苦乐、他人自己的苦乐和内在苦乐这四类。这里的物应做广义上的理解，即只要是不以属人机制的方式进行反应的自我的外在经验都算作物的经验。这意味着我们对人也可以具有物的反应。因此，这一情感体系不仅呈现了不同情感机制之间的系统性关系，同时还指示出我们全部的经验类型，以及情感机制与经验类型之间的对应。

第十节　想象力与情感

结合第三章第九节中对情感机制的讨论和第四章第八节中对想象力的讨论可以看到，情感作为一种内在感觉实际上就是心灵在进行特定的想象力活动时意识环境中的相应表现。从这个意义上讲，情感“附着于”想象力之上，从根本上受决定于想象力的具体活动。另一方面，我们也已经指出意识环境对设想和注意力活动的重要影响。因此，心灵的这两部分活动有着“密切的结合”，总会不断地影响着对方。得益于前两章对心灵底层机制的分析，我们在此将能展开它们之间相互影响的具体机制。让我们先从想象力对情感的影响说起。

一　想象力对情感的影响

具体情感有具体的苦乐性质、猛烈程度、活泼程度和确定性，决定这些性质的最重要因素是“同质反应”和“等量反应”这两个心灵的原初性质，这是我们在第二章第十节中所得到的结论。现在我们不难看到，这两个性质应该是意识环境所具有的性质。想象力能够产生的最主要影响是改变对象活泼程度从而通过等量反应来改变情感相关性质的程度。改变对象活泼程度的第一种方式在于改变该对象在想象中与自我的空间和时间距离。我们在第二章第八节对时间和空间的讨论中已经指出对象的活泼程度会随着其与自我和当下的距离的增减而相应地增减。而且这一距离不需要是现实中的距离而只需要是想象中的距离，因为这是想象力在“心灵时空”中运动的结果。[①] 这一具体机制也已经为我们在第二章第八节中所指出。因此，改变对象在想象中与自我和当下的距离也就能相应地影响其所引发的情感的猛烈程度和力度。此外，高度活泼的心理倾向也能赋予想象力的对象以活泼性，所以任何能在同一个意识环境中提升心理倾向活泼程度的活动或变化也都能赋予对象以活泼性从而提高该对象所引起的情感的猛烈程度和力度。因此，“生动的情感通常伴随着生动的想象”。[②] 相反，若心理倾向的活泼程度降低，则情感性质的程度也将下降。这尤其发生在心灵进行推移活动的时候。如我们已经指出的，意识环境中的活泼性会随着推移的进行而损耗。因此，心灵经过较长距离或者是较不顺利的推移后设想的对象，其引起的情感将会是微弱无力的。所以“思想的努力将会扰乱情感的正常进程”。[③] 这也就意味着，越顺利自然的想法越能引发强烈有力的情感；越深奥或勉强的想法则越相反。

想象力不仅会影响具体情感的具体性质，想象力本身的“成型与否”也将影响心灵在情感上的整体表现。所谓想象力的“成型”指的是休谟所谓的“通则”（general rules）的形成，亦即对象间习惯性联结的形成，或者说是对对象的固定看法的形成。[④] 从第二章第十节中的情感的微观机制和上一段所展示的想象力对情感的影响中不难看出情感的具体表现会受到诸多因素的影响，这将使得心灵在面对相同的经验时会因为诸多细节的影响而有着十分不同的情感表现。而当心灵形成固定的看法之后，在心灵再次面对这类经验时就会忽略其中的细节上的差异，而对其做出稳定的情感反应。[⑤] 一方面，情感的稳定表现是我们的日常

① ［英］休谟：《人性论》，关文运译，商务印书馆 2016 年版，第 467 页。
② ［英］休谟：《人性论》，关文运译，商务印书馆 2016 年版，第 461 页。
③ ［英］休谟：《人性论》，关文运译，商务印书馆 2016 年版，第 171 页。
④ ［英］休谟：《人性论》，关文运译，商务印书馆 2016 年版，第 165 页。
⑤ ［英］休谟：《人性论》，关文运译，商务印书馆 2016 年版，第 324—325 页。

生活中所必需的。但另一方面，成型的想象力也往往会带来偏见、固执和刻板印象。因此，我们也需要在这两个者之间找到一个平衡。

此外，想象力不仅会影响单个情感的产生和表现，其对于情感之间的变化和互动也有着决定性的影响。我们将此称为“情感的运动”，这是值得我们专门讨论的一个话题。

二 情感的运动

情感存在于情感机制之中，情感机制又由注意力和设想所牵引，这意味着随着注意力与设想的运动变化，情感机制也会发生演变，从而导致情感的相应变化。同时，也有可能出现注意力和设想发生了运动变化但情感机制不变或者是多个情感机制或同一情感机制中的多个情感同时共存于心灵中的情况。因此，至少存在三种情感的运动方式。一是情感的接续：一个情感引出第二个情感，第二个情感又引出第三个情感，一连串的情感就这样交替出现。二是情感的传递：一个情感发生于一个对象上，然后传递到第二个对象上，再传递到第三个对象上，一个情感就这样在不同对象间传递。三是情感的共存，两个情感一同出现于心灵中，其中又有几种不同的情况。现在我们来分别讨论这三种运动方式。

（一）情感的接续

情感接续最直接的发生方式是印象的联结：情感出现后引出类似的情感。我们在第三章第八节中已经指出这一机制发生的条件：在苦乐性质上类似或者是动机方向上类似。因此，对同一个人的美感、善意和性欲会因为它们在苦乐性质和动机方向上的类似而相互引出，怜悯则会因为方向上的类似而引出善意并进而引出爱。[①] 在这种接续方式中情感的对象并没有发生变化。因此，这是对同一个对象的情感接续。

此外，情感还会因为自身的苦乐性质以及情感原因的相关性质而引起接续。如果我的兄弟拥有美德、乐善好施，我将会因为他给我带来的

① ［英］休谟：《人性论》，关文运译，商务印书馆2016年版，第423、429页。

快乐而产生对他的爱。进一步的，我的兄弟是与我相联结的对象，而他因为引发了爱，所以给人带来了快乐。因此，他成了与我相联系的快乐原因，从而引发了我的骄傲之情。在此，爱演变成了骄傲。[①] 可以看到，在这种接续中，情感的对象将有可能发生变化。同时，这种接续需要有观念间的联结才能得以发生，而我们已经指出心灵在进行联结式推移时不会变更意识环境。这意味着这种接续需要在同一个意识环境中才能发生。印象的联结所引发的情感接续更是如此：这一接续的发生需要心灵始终停留于同一个对象之上，因此这一情感接续也需要发生于同一个意识环境之中。所以两种情感接续都需要在同一个意识环境中才能发生，当意识环境发生变化时，情感接续将无法进行。

（二）情感的传递

还是在上面这个例子中，当我产生了对我兄弟的爱以后如果不是推移至自我观念上而是推移到他的妻儿之上，则我也会将爱转移到他们身上。“当我们爱或恨任何人时，那些情感很少继续停留于它们最初的界限以内，总要扩展到一切接近的对象，而包括我们所爱或所恨的那个人的朋友和亲属。”[②] 而且情感一般更容易从重要的人传递到较不重要的人之上而非相反，我们更容易因为较重要的人而爱屋及乌或恶其余胥却不容易因为较不重要的人而反过来对与他相关的较重要人物如此。但这却是与设想和注意力的活动性质相违背的。我们已经提及设想和注意力都容易从重要程度低的对象移动到重要程度高的对象上而不容易做反向的运动。这意味着这种反向活动是不自然的，心理倾向在心灵转移过程中是难以保留的，情感的转移也因而是难以实现的。因此，这需要我们的进一步解释。

我们在第二章第十节中已经指出原因的活泼性与情感猛烈程度成正比，而一个对象的重要程度由于其受注意程度因而与活泼程度成正比。因此，一个越重要的人所引起的情感的猛烈程度将会越高。同时，情感

① ［英］休谟：《人性论》，关文运译，商务印书馆 2016 年版，第 370 页。
② ［英］休谟：《人性论》，关文运译，商务印书馆 2016 年版，第 373 页。

在出现后并不会如观念一般在意识中随即消失，而总会在意识环境中留存一段时间。[①] 这意味着当心灵从我的兄弟推移至他的家人之上时，先前的爱的情感仍将部分留存于心中，而后者因为较不重要、活泼程度较低所以引起的新的心理倾向也将是微弱的。在这种情况下，原先的心理倾向就受到较少的冲击从而得以留存。但如果我们是先对较不重要的人产生了爱，当我们转移至重要的人之上时，所形成的将是猛烈的心理倾向，原先微弱的心理倾向将受到极大冲击从而无法保留。[②] 当然，这一传递要得以实现仍然需要特定的条件："当我们爱一家的父亲或主人时，我们很少想到他的儿女或仆役。但是当这些人在我们面前，或者我们有能力为他们服务时，那么这种情形下的亲近和接近关系便增加了他们的重要性，或至少消除了想象对感情的推移所做的那种对象。"[③] 也就是说我们仍然需要用其他的联结来抵消重要程度的差距带来的对推移的阻碍，否则如果连推移都无法发生，也就更不用谈及情感的传递了。这意味着情感的传递也需要在同一个意识环境中进行。

（三）情感的共存

除了接续和传递以外，情感还有可能同时存在于心灵之中，而依据于条件的不同，共存所引发的结果也会是不一样的。首先，我们需要区分出情感间的四种关系：当两个情感类型不同但苦乐性质或动机方向相同，它们是"类似的"；当两个情感类型相同但苦乐性质或动机方向相反，它们是"对立的"；若两个情感类型不同又不类似，它们是"无关的"；若两个情感类型相同、苦乐性质或方向也相同只是对象不同，它们是"相同的"。现在假设有两个情感原因同时出现。若它们之间没有关系，则心灵将会在它们之间进行任意推移，在这种情况下两个情感将

---

① ［英］休谟：《人性论》，关文运译，商务印书馆2016年版，第475页。

② 我们在此给出的解释与休谟在《人性论》第376页中给出的解释并不完全相同。在那里他借助于印象的联结进行解释。但我们认为印象的联结在这里的作用并不明显。相反，如果仅从情感强度和情感的留存性来考虑也已经足以解释这一现象。因此，我们在此不再考虑印象的联结。

③ ［英］休谟：《人性论》，关文运译，商务印书馆2016年版，第378页。

不发生接触，不论它们之间是什么关系，两个情感都只会交替出现。[①] 若两个原因共存于同一个对象之中。如果两个情感是对立的，则它们会互相抵消，只留下具有较多份额的那个情感以抵消过后剩下的猛烈程度留存于心中；或者两者猛烈程度相同，则抵消过后两者将一起消失，使心灵处于平静状态。[②] 如果两个情感是类似或无关的，则会发生我们在第一章讨论情感猛烈性时所提到的情感合并现象：强有力的情感会吞并微弱情感并因此而提高自己的猛烈程度。若两个原因不是一个对象的两个部分而是它的两种不相容的可能性，此时心灵将在两种可能性之间做或然性推移，两种可能性所各自产生的情感将混合成新的情感，依据于其中快乐情感与痛苦情感的占比多少而成为希望或恐惧。这种情况中，两个情感一般是对立的或者相同的。[③] 若两个原因是两个相联结的对象，心灵将在它们之间进行联结式推移。若这两个原因产生的情感是对立的或者相同的，则心灵会在它们之间进行比较并如我们上文在讨论比较时所提及的那样发生对情感苦乐程度的反向改变，使相比之下较快乐的情感显得更加快乐，较不快乐的情感显得更不快乐或更痛苦。

在此我们看到情感共存的不同结果与设想的不同活动方式之间的对应：当心灵在无联结的对象间推移时，两个情感不发生互动而是交替出现；当心灵未发生推移而只设想一个对象时，若共存情感是对立的则会抵消，若类似或无关的则会合并；当心灵进行的是或然性推移时，两种情感将混合成希望或者恐惧；当心灵进行的是联结式推移且情感是对立或相同的，则会比较并反向改变两个情感的苦乐程度。在第一种情况中，随着任意推移的进行，意识环境发生了变化；而在另外三种情况中，意识环境则并未改变。由此可以看到，情感只有共处于同一个意识环境之中才能发生相互作用。此外，对比第四种情况与第一种情况，如果第四种情况中的两个对立或相同情感的原因之间如第一种情况中那样

① ［英］休谟：《人性论》，关文运译，商务印书馆 2016 年版，第 476 页。
② ［英］休谟：《人性论》，关文运译，商务印书馆 2016 年版，第 476 页。
③ ［英］休谟：《人性论》，关文运译，商务印书馆 2016 年版，第 476—477、479—482 页。

没有联结，则心灵仍然可以在两者之间进行比较，但因为两个情感之间不发生接触，所以苦乐程度的反向改变将不会发生。这意味着只有在同一个意识环境中进行的比较才能引发反向改变感觉程度的效果。

（四）总结

因此，相应于想象力的不同活动方式，情感也有发生接续、传递和共存三种运动；同时，每种运动也会根据想象力活动的具体条件的不同而有进一步的细分。但所有的这些情感运动仍然有一个共同点：它们都只有在同一个意识环境中才能发生。

三　情感对想象力的影响

至此我们看到想象力对情感的各方面表现都有十分重大的影响。同时，情感对想象力活动也有巨大的影响。情感的影响主要发生于判断、推理和反省之上。

（一）情感对判断的影响

“正如刺激我们的情感几乎绝对必需一个信念似的，同样，情感也很有利于信念。不但传达愉快情绪的那一类事实，而且往往还有给人痛苦的那样一些事实，也都因为这种缘故更容易成为信念和意见的对象。”① 所谓的“传达愉快情绪”和“给人痛苦”的事实指的自然是能引发情感的原因。在第三章第九节对情感机制的讨论中我们已经指出所有情感或者是基本情感的变型，或者其中包含着基本情感，亦即喜悦或者是悲伤。而基本情感的机制即在于当情感在意识环境中出现后会将注意力固定于情感原因之上。因为情感本身具有活泼性，所以此时意识环境中的活泼程度会因此而提高；同时，心灵此时注意着引发这一情感的原因。当心灵以高度活泼的心理倾向注意特定对象时也就形成了对这一对象的存在的信念。因此，情感对注意力的固定正好满足了信念产生的条件，所以也就导致了信念的形成。另一方面，情感的猛烈程度会提升

① ［英］休谟：《人性论》，关文运译，商务印书馆2016年版，第136页。

意识环境的灵敏程度从而变相提升心灵所注意对象的活泼程度。这两方面因素的合力使得情感“很有利于信念”。

在此可以看到，情感影响信念的关键环节在于对意识环境的活泼程度的提升，而这一点并非只能通过苦乐对象对情感的引发来实现，同情机制同样能达到这一目的。同情机制在于通过他人的外在表现引起我们自己的意识环境中的相应感觉并提升其活泼性，由此，信念的形成条件也就得到了满足。因此，“别人的单纯意见（信念），尤其是在情感增添它的势力时，会使一个关于祸福的观念对我们发生影响，那种影响在其他情形下是会完全被忽略掉的”①。

此外，情感还可能由印象的联结而被引出。由此产生的情感是缺乏原因的，心灵在此则会主动寻找和相信这一情感所需要的原因，从而防止情感的褪去。② 此即我们在第二章第十节中指出的“自我辩护原则”。如我们在第三章第九节对无聊的讨论中指出的：心灵的活跃状态是令人愉快的；相反，当心灵缺乏活跃状态时则会陷入令人痛苦的无聊状态。而情感不论是对心理倾向中的活泼程度的直接提升还是对灵敏程度的提升无疑都会增强心灵的活跃状态；相反，情感的褪去则会使活跃状态减弱。因此，对活跃状态的欲望和对活跃状态减弱的厌恶共同导致了心灵“自我辩护”的倾向，它们一同推动着心灵去注意任何能强化这一情感的观念，并“赋予它对心灵的权威和影响”，亦即提高心灵注意这一对象时心理倾向的活泼程度。因此，对特定情感的欲望也会影响心灵对情感原因的判断。

可以看到，情感对判断的影响主要在于两个方面：一方面是情感能够改变意识环境中的活泼程度，这一点或者通过情感自身的活泼性，或者通过情感自身的猛烈性对意识环境的灵敏程度的改变来实现。另一方面是情感能推动和固定注意力于特定对象之上，并结合第一方面的影响来形成特定的判断。

---

① ［英］休谟：《人性论》，关文运译，商务印书馆 2016 年版，第 461 页。

② ［英］休谟：《人性论》，关文运译，商务印书馆 2016 年版，第 383—384 页。

（二）情感对推理和反省的影响

情感对注意力的影响意味着情感会影响想象力中有注意力参与的活动，亦即反省和特定的推理活动。在情感活动和反省活动中，注意力的走向往往是相反的。情感往往将注意力往“外”推，使其注意于特定的感觉印象或感觉观念上，反省所注意的则是心灵的内在状态和活动。因此，情感对反省活动的干扰就是显而易见的。另一方面，我们在讨论反省时指出的通过注意情感本身来减弱情感的方式实际上就是反省对情感的“反向干扰”。

在需要注意力参与的推理活动中，注意力总有着特定的走向。在这一过程中，如果有情感出现，而且情感对注意力的推动与推理活动所需要的注意力走向不一致，同时在对注意力的掌控上情感要强于推理活动的话，推理活动自然就无法继续进行。这是我们之所以会走神的原因。反过来，如果反省和推理活动能够具有足够的力量进行下去的话，这一过程中往往也就不会有强烈的情感的出现。这也就是为什么理性活动与平静情感会被人混淆。[①] 因此，“不但心灵的情绪妨害任何精微的推理和反省，而且后面这些活动也同样有害于前面那些活动”[②]。同时，如我们指出的，情感会影响的是需要注意力参与的推理活动，这也就意味着对象间类似和习惯性联结最为完善的因果推理活动一般是不会被情感所影响的。这也能在经验中得到验证：这类因果推理往往是那些最为基本的推理，例如刀会让人疼痛因此需要躲开等等。而我们即使在高兴或悲伤时看到一把刀向我们砍来也总会躲开。但我们在高兴或悲伤时，要如平静时那样顺利地做完一道数学题可能就不是那么容易的事情。

另一方面，情感对注意力的这种影响实际上也就意味着情感能够为注意力提供动力。因此，当我们“预料到任何一个对象所可给予的痛苦或快乐时，我们就随着感到一种厌恶或爱好的情绪”；同时，“这个情绪并不停止在这里，而要使我们的观点转到各个方面，把一切通过因

① ［英］休谟：《人性论》，关文运译，商务印书馆2016年版，第451—452页。

② ［英］休谟：《人性论》，关文运译，商务印书馆2016年版，第208页。

果关系与原始对象有关的一切对象都包括无余”。[①] 也就是说，厌恶或欲望将会推动注意力去寻找与其对象有因果关系的对象。我们在第三章第五节中已经指出注意力对设想有引导作用，在此这一作用便得以体现：在欲望或厌恶的推动下，注意力会引导心灵回想与这一对象有关的习惯性联结，从而使心灵借由这一联结而推移到相关的原因或结果之上。推理活动因此而得以进行。相反，“如果我们对原因和结果都是漠不关心，我们就丝毫不会关心去认识某些对象是原因，某些对象是结果”[②]。也就是说，在缺乏动机推动的情况下，我们因为缺乏动力，所以也就不会进行相应的推理了。因此，当情感与想象力的活动方向一致时，情感将成为想象力中的注意活动所需要的动力，因而是其发生的必要条件。对此，我们可以再提供一个例子：在日常生活中，不想动脑筋是最常在人们身上看到的现象，哲学家们也常将此视为人的惰性的一大体现。所谓的动脑筋实际上就是主动进行与注意力相关的想象力活动。而愿意进行这种想象力活动的人或者是需要以此来达到他们想要达到的目的，例如通过推理来确定投资策略；或者是体会到了智力活动的乐趣；再或者是因为害怕惩罚而不得不进行这一活动，例如做数学作业的孩子们。这也就表明了这类活动需要有足够动力的推动才能得以进行，而这一动力往往来自于特定的苦乐所引起的欲望或厌恶。

四　总结

由此，我们呈现了想象力与情感之间的具体的互动机制。不论是单个情感的具体性质、情感间的运动还是心灵整体的情感表现都与想象力的活动与状态息息相关；另一方面，情感对于想象力各方面的活动也都有着很大的影响。可以看到，想象力与情感间的影响既有促进也有阻碍，心灵因而既有可能和谐一致也有可能分裂冲突。

---

① ［英］休谟：《人性论》，关文运译，商务印书馆2016年版，第448页。
② ［英］休谟：《人性论》，关文运译，商务印书馆2016年版，第448页。

第十一节　本章总结

在本章中我们完成对《人性论》中所使用的所有近代官能心理学中的通用官能术语的考察。直观和理证性推理是比较观念从而发现观念间内在关系的活动。直观能发现的是观念间的能够直接显现的关系，它是单次的任意推移或联结式推移以及对推移前后的观念比较这两种简单活动的复合活动。理证性推理是连续进行的直观活动，所以它是连续的任意推移或联结式推移与连续的比较同步进行的复合活动。理证性推理能发现的是同时具备了显明性、可传递性的隐蔽关系。在所有的内在关系中，只有数的相等关系和精确的比例关系具备这一条件，因此只有它们能成为理证性推理的对象。

这两种活动都是心灵在观念间进行的活动；在经验中，心灵则进行着另外的活动。心灵在经验中最基本的活动是感觉以及对感觉内容的回忆。通过它们，心灵得以将自然知觉系统中的内容转化为心灵知觉系统中的内容。对于自己在观念和经验领域中的活动结果，心灵会进而对其进行确认，亦即相信它们是真实的，这是心灵的判断活动。对直观和理证性推理的结果的发现与判断在同一个活动中同时发生，因此这一判断实际上就是这一复合活动中的比较活动。对感觉和回忆对象的判断则是对心灵注意该对象时的心理倾向的活泼程度的感觉。

同时，心灵还能判断感觉之外的对象的真实性，而这需要以经验推理为前提。经验推理分为因果推理和概然推理两种，同时这两种推理又有着各自的进一步的变型。但所有的这些子机制都有着一个共同的原型，亦即因果推理的基本形式：以印象或记忆观念为起点并先后由类似关系和习惯性联结推动的、两段式的联结式推移。这一活动得以进行需要满足两个条件：一是任何两个对象在过去全部经验中的恒常结合，二是一个现前对象和那两个对象中任何一个的类似关系。它们分别为这一活动提供具有足够强度的习惯性联结和类似关系。但当第一个条件未能具备时，心灵还能通过注意力引发二阶习惯推移从而赋予当前对象以习惯性联结，从而补足因果推理所需要的条件。这是因果推理所具有的两种机制，它们所产生的判断都是完全确定的。当相关条件发生变化时，因果推理将褪为概然推理，由此而产生的判断将是不确定的。概然推理的主要原因在于经验的不一致。当过往经验不一致时，心灵通过类似关系从印象或记忆观念联结式推移至某一记忆观念以后，该记忆观念因为与多个不同对象有习惯性联结所以引发了心灵在这几个对象之间的或然性推移。同时，心灵通过注意力比较这些可能性的活泼程度，并在活泼程度最高的可能性上通过二阶类似推移引出相信的心理倾向，从而对其持有较弱的相信态度。此外，经验的不一致也可能发生于当前经验与过往经验之间。此时，因为两段式推移中的类似关系本身强度不足，意识环境中的活泼性会在心灵进行推移的过程中有较大程度的损耗，从而使得推移之后的判断是怀疑而不确定的。不论是因果推理还是概然推理，心灵的运动轨迹都是从当前对象推移至已经历过的经验然后再进展到我们尚未经历过的情况。这意味着在经验中，心灵总是基于过去而理解现在与未来。而过往经验中最重要的性质是它们之间的一致性，经验推理以及之后的判断实际上就是心灵根据过往经验的一致性而决定如何对当前情况做出反应的过程。我们在此列出的这几种经验推理机制都能较大程度地保证心灵的反应相符合于经验的一致性程度，这使得它们成为合理的推理。又因为相比于不合理的推理它们能带给我们更好的结果，所以合理性被我们视为有价值的。

理证性推理和经验推理有着不少类似之处：首先，推移活动都是其中的主要环节；其次，两种推理活动都能让我们得到推理前无法做出的判断；更重要的是，它们得到的结果都是真理。或许是因为这些类似之处，休谟用理性这一概念来指称这两种推理活动。因此，在《人性论》中，理性是且仅仅是对理证性推理和经验推理的统称。[1] 理性在理性主

① 当然，我们在此指的是在文本中经过充分发展后最终具有完整意义的理性。

义哲学家那里被赋予的先验的和伦理的意涵在此完全为休谟所剥离，但其在认识论上的规范性仍然为休谟所保留。

一个完整的认识活动不仅包含推理活动，还应包含推理前后的判断活动。理性仅指合理的推理活动，因而并未能囊括一个完整的合理认识活动的全过程。在《人性论》中，知性被休谟用来指称这一完整的合理认识过程。因此，知性包含了理性和由理性所得出的判断，这意味着知性同样是一个规范性概念。在知性活动中，除了推移活动以外，同样重要的一个环节是心灵的反省活动。反省是以反省印象、反省观念、一阶设想活动本身和注意力活动本身为对象的注意力活动。其在知性和情感活动中都有重要的作用，我们相信它将会是伦理学中不可或缺的一个要素。

知性作为规范性的复合官能是想象力中恒常、不可抗拒、普遍的原则，是所有思想和行动的基础。这意味着知性被包含于想象力之中。但想象力并不因此而具有规范性，因为它还包含了另一种与知性相对的、变化、脆弱、不规则的原则，它们被休谟称为想象的浅薄的提示，是想象力的一系列性质的原因。

在这两种原则中，我们看到了心灵在意识中心和意识环境中进行的众多简单活动，这很容易让我们认为想象力包括了所有的简单官能和简单活动，并直接把想象力与心灵本身相等同。弗隆就曾认为对于休谟来说，“思考就是拥有影像因而也就是想象，一个关于思考的理论将会是关于想象的理论”①。这一论断显然是过于草率了，因为休谟明确地将一类活动与想象力活动相对立，这类活动就是回忆活动。从上文对经验推理的介绍中可以看到，在进行经验推理时，心灵将穿梭于记忆系统与信念系统之间。在直观和理证性推理中，心灵则可以越出现实系统而在整个心灵知觉系统中活动。在进行任意的想象式设想时同样如此。但想象力活动中唯独缺乏仅在记忆系统中进行的活动。这部分活动即回忆活

① E. Furlong, “Imagination in Hume's ‘Treatise’ and ‘Enquiry concerning the Human Understanding’”, *Philosophy*, Vol. 36, No. 136, 1961, p. 63.

动。回忆有两种活动方式：一种是非有意进行的遐想，这时心灵进行的是单纯的联结式推移活动；另一种则是有意进行的回忆，这时心灵进行的则是注意力引导下的、伴随有判断的回忆式设想或联结式推移活动。

在明确了回忆的内涵之后，我们得以进而确定想象力在《人性论》中的所指：其是对除了感觉和回忆以外的、心灵复现和观察经验时在意识中心和意识环境中所发生的所有活动的统称。换句话说，如果将心灵复现和观察经验的所有简单活动视为一个集合，则其将是感觉、回忆和想象力这三个集合的并集。至此，理性主义的官能图景受到了颠覆：想象力、知性和理性都是产生和观察现象的活动因而不再具有本质上的区别；知性和理性也因此不再是高于想象力的官能。由此，它们之间纵向的等级关系消失，取而代之的是从活动范围的角度考虑的横向关系：理性被包含于知性之中，知性则被包含于想象力之中。①

同时，即便不考虑感觉，回忆和想象力的合集也并不等同于整个心灵所含括的所有活动。因为除了对经验的复现和观察以外，心灵还会对经验进行评价和改变，后面这两类活动并非回忆和想象活动，而是情感活动，由情感机制所推动。情感机制与情感类型相对应，所有的情感类型则组成一个层级分明的情感系统。这一系统一方面向我们指示出心灵在对经验的评价和改变上的几种类型，另一方面还向我们勾勒出心灵所面对的经验所固有的几种类型。

除了情感本身以外，情感机制还需要设想和注意力的相关活动的参与，这意味着情感活动实际上也需要想象力的参与。同时，情感机制内部会有情感和想象力活动的双向互动，它们具体的互动机制成为了由想象力与情感共同参与的心灵的整体性活动的微观基础。

① 这一范式的转换也为加勒得所指出，参见 Don Garrett, *Cognition and Commitment in Hume's Philosophy*, New York: Oxford University Press, 1997, p. 39。

第五章　本书总结

在本书中，我们通过对《人性论》中的观念理论和简单官能理论的考察，重构了暗藏于休谟思想中的底层机制理论，也就是关于心灵基本能力和性质的理论。基于这一理论，我们进而梳理了《人性论》中所采用的另一套官能语言，亦即那些被我们称为复合官能和复合活动的概念。在对底层机制的探究中，我们得以发现心灵在经验层面上的基本结构以及最微观的表现；在对复合官能的考察中，我们则得以进一步意识到心灵如何将它的基本能力和性质"封装"成一个个复合的"模块"，以此来与经验进行互动。同时，在本书中，与心灵机制一同呈现的还有心灵与自然之间具体的互动过程。这意味着我们在此呈现的是"自然之中的心灵"，而非一个独立的封闭系统。此外，就如我们在第二章第八节所暗示的，我们所呈现的还有可能是一个"具身的心灵"。

我们在本书中所进行的讨论可能会被认为更多的是心理学而非哲学方面的讨论，而且因为缺乏自然科学在方法和内容上的支持，所以还是业余的心理学讨论。就哲学与心理学的混淆这一可能的批评而言，如我们已经在绪论中指出的，这并非休谟以及他所处的时代所具有的一个区分，因此对休谟而言并非正当的批评。而本书作为思想史研究，首先关注的是对休谟思想本身的梳理和重构，而非基于当代立场对其进行的批判。所以在这个层面上本书或许能够避免这一批评。但另一方面，我们认为重构之后的这一理论并不仅仅具有思想史上的意义，它很可能也向我们提供了一种或许是正确的、至少是行之有效的对人类心灵的理解和刻画，因而是一套能够参与当代相关讨论的理论。这就使我们需要面对本书所可能面临的这两个批评并作出相应的回应。

首先，至少就与心灵或精神相关的领域而言，哲学与经验科学（例如心理学、生理学等）之间的严格区分似乎并非任何先验自明的、无法为任何人所合理反对的真理，而更像是特定思想流派（如康德主义或逻辑实证主义）对哲学或者是对人类整体知识图景的一种先在的预设。因此，这一区分似乎并非所有哲学活动都需要首先遵循的准则。相反，在另外的（例如休谟主义式的或自然主义式的）观点看来，作为哲学活动之对象的各种概念以及它们之间的关系只能来自经验，所以经验研究是哲学研究不可或缺的一个部分。因此，包含有心理学讨论或许不应该作为否定休谟这一理论的理论价值的理由。

其次，休谟理论中的经验研究并非对自然科学规范指导下的量化研究的代替，它们处于对人的研究这一整体性工作中的不同位置，所具有的是互补而非互斥的关系。量化研究需要首先确定相关的变量，而休谟的这一理论所做的工作实际上就是从繁复的经验中确定、提取相关的变量，并寻找它们之间可能具有的关系，从而为接下来的量化研究提供基础。在第二章第五节对联结原则的强度的讨论中，以及在第二章第十节对情感性质的讨论中，我们最终都呈现出能够被量化的各因素之间的因果机制。同时，因为休谟对经验主义方法的严格遵循，使得他的理论中鲜少出现无法在经验中得到验证的概念或论断。这就使得休谟的理论具有与经验科学相融合的天然优势。换言之，本书所重构出的休谟的底层机制理论很可能是能够被进一步量化的、可证伪的理论。但另一方面，它并非已经是自然科学研究本身。所以如果从自然科学方法论的层面批评这一研究在心理学上的业余并因此而否认其理论价值，或许也是不公平的。

最后我们认为，如果本书所重构的这一理论得以成立，它所具有的描述和预测心灵活动的能力或许能在认知、情感、伦理和各种实践层面上对各类休谟主义的或自然主义的研究有所推动。

参考文献

中文著作

陈晓平：《贝叶斯方法与科学合理性：对休谟问题的思考》，人民出版社 2010 年版。

宫睿：《论休谟“想象”概念的多重含义》，《外国哲学》（第 16 辑），商务印书馆 2004 年版。

黄昉：《休谟“活泼性”概念的新阐释》，《清华西方哲学研究》2020 年第 1 期。

黄昉：《设想、比较与反省：休谟〈人性论〉的官能心理学解读》，《政治大学哲学学报》2021 年第 45 期。

黄昉：《论休谟〈人性论〉中的情感类型》，《现代外国哲学》，第 20 辑，未刊稿。

黄振定：《通往人学途中——休谟人性论研究》，湖南教育出版社 1997 年版。

雷德鹏：《走出知识论困境之途——休谟、康德和胡塞尔的想象论探析》，人民出版社 2007 年版。

罗中枢：《人性的探究：休谟哲学述评》，四川大学出版社 1995 年版。

骆长捷：《休谟的因果性理论研究：基于对“新休谟争论”的批判与反思》，商务印书馆 2016 年版。

张志林：《因果观念与休谟问题》，中国人民大学出版社 2010 年版。

周晓亮：《休谟哲学研究》，人民出版社 1999 年版。

中文译著

［美］巴里·斯特德：《休谟》，周晓亮等译，山东人民出版社 1990 年版。

［德］康德：《康德著作全集·第四卷》，李秋零主编，中国人民大学出版社 2005 年版。

［英］罗素：《西方哲学史（下卷）》，马元德译，商务印书馆 1982 年版。

［美］唐纳德·利文斯顿：《休谟的日常生活哲学》，李伟斌译，华东师范大学出版社 2018 年版。

［英］托马斯·里德：《论人的理智能力》，李涤非译，浙江大学出版社 2010 年版。

［英］休谟：《人性论》，关文运译，商务印书馆 2016 年版。

外文文献

Ainslie, Donald C. 1999. "Scepticism About Persons in Book II of Hume's Treatise", *Journal of the History of Philosophy*, Vol. 37, No. 3.

Allison, Henry. 2008. *Custom and Reason in Hume*, Oxford: Clarendon Press.

Árdal, Páll S. 1966. *Passion and Value in Hume's Treatise*. Edinburgh: Edinburgh University Press.

——. 1977. "Another Look at Hume's Account of Moral Evaluation", *Journal of the History of Philosophy*, Vol. 15, No. 4.

——. 1989. "Hume and Davidson on Pride", *Hume Studies*, Vol. 15, No. 2.

Baier, Annette. 1978. "Hume's Analysis of Pride", *The journal of Philosophy*, Vol. 75, No. 1.

——. 1991. *A Progress of Sentiments: Reflections on Hume's Treatise*. London: Harvard University Press.

Baxter, Donald. 2001. "Hume on Steadfast Objects and Time", *Hume Studies*, Vol. 27, No. 1.

——. 2009. "Hume's Theory of Space and Time in Its Skeptical Context", *The Cambridge Companion to Hume*, edited by David Fate Norton & Jacqueline Taylor, New York: Cambridge University Press.

——. 2016. "Hume on Space and Time", *The Oxford Handbook of Hume*, edited by Paul Russell, New York: Oxford University Press.

Beebee, Helen. 2006. *Hume on Causation*. New York: Routledge.

Bennett, Jonathan. 1971. *Locke, Berkeley, Hume: Central Themes*. Oxford: Oxford University Press.

Broughton, Janet. 2006. "Impressions and Ideas", *The Blackwell Guide to Hume's Treatise*, edited by Saul Traiger. Oxford: Blackwell Publishing Ltd.

Buroker, Jill. 1997. "The Priority of Thought to Language in Cartesian Philosophy", *Logic and the Workings of the Mind: The Logic of Ideas and Faculty Psychology in Early Modern Philosophy*, edited by Patricia A. Easton. Atascadero, California: Ridgeview.

Capaldi, Nicholas. 1989. *Hume's Place in Moral Philosophy*. New York: Peter Lang Publishing.

Church, Ralph. 1941. "Hume's Theory of Philosophical Relations", *The Philosophical Review*, Vol. 50, No. 4.

Cohon, Rachel. 1994. "On an Unorthodox Account of Hume's Moral Psychology", *Hume Studies*, Vol. 20, No. 2.

——. 2008. "Hume's Indirect Passions", *A Companion to Hume*, edited by Elizabeth S. Radcliffe, Oxford: Blackwell Publishing.

Collier, Mark. 2005. "A New Look at Hume's Theory of Probabilistic Inference", *Hume Studies*, Vol. 31, No. 1.

——. 2011. "Hume's Science of Emotions: Feeling Theory without Tears", *Hume Studies*, Vol. 27, No. 1.

Costa, Michael. 1990. "Hume, Strict Identity, and Time's Vacuum", *Hume Studies*, Vol. 16, No. 1.

——. 1998. "Hume on the Very Idea of a Relation", *Hume Studies*, Vol. 24, No. 1.

Costelloe, Timothy. 2018. *The Imagination in Hume's Philosophy*. Edinburgh: Edinburgh University Press.

Cottrell, Jonathan. 2019. "Hume on Space and Time: A limited defence", *The Humean Mind*, edited by Angela Coventry & Alexander Sager.

——. 2019. "The Imagination in Hume's Philosophy: The Canvas of the Mind by Timothy M. Costelloe (review)", *Journal of the History of Philosophy*, Vol. 57, No. 3.

Coventry, Angela. 2006. *Hume's Theory of Causation*. New York: Continuum.

Cruz, Maité. 2019. "Hume's Dual Criteria for Memory", *Pacific Philosophical Quarterly*, Vol. 100.

Davidson, Donald. 1976. "Hume's Cognitive Theory of Pride", *The Journal of Philosophy*, Vol. 73, No. 19.

De Pierris, Graciela. 2015. *Ideas, Evidence, and Method: Hume's Skepticism and Naturalism concerning Knowledge and Causation*. Oxford: Oxford University Press.

Dicker, Georges. 1998. *Hume's Epistemology and Metaphysics: An Introduction*. London: Routledge.

Echelbarger, Charles. 1997. "Hume and the Logicians", *Logic and the Workings of the Mind: The Logic of Ideas and Faculty Psychology in Early Modern Philosophy*, edited by Patricia A. Easton. Atascadero, California: Ridgeview.

Everson, Stephen. 1988. "The Difference between Feeling and Thinking", *Mind*, Vol. 97, No. 387.

Falkenstein, Lorne. 2006. "Space and Time", *The Blackwell Guide to*

Hume's Treatise, edited by Saul Traiger. Oxford: Blackwell Publishing Ltd.

Falkenstein, Lorne and Easton, Patricia. 1997. "Preface", *Logic and the Workings of the Mind: The Logic of Ideas and Faculty Psychology in Early Modern Philosophy*, edited by Patricia A. Easton. Atascadero, California: Ridgeview.

Fisette, Jason. 2017. "Hume on the Stoic Rational Passions and 'Original Existences'", *Journal of the History of Philosophy*, Vol. 55, No. 4.

Flage, Daniel. 1985. "Hume on Memory and Causation", *Hume Studies*, 10th Anniversary Issue.

——. 1989. "Remembering the Past", *Hume Studies*, Vol. 15, No. 1.

Fogelin, Robert. 2009. *Hume's Skeptical Crisis*. New York: Oxford University Press.

Franklin, James. 1994. "Achievements and Fallacies in Hume's Account of Infinite Divisibility", *Hume Studies*, Vol 20, No. 1.

Frasca-Spada, Marina. 1998. *Space and the Self in Hume's Treatise*. Cambridge: Cambridge University Press.

——. 2007. "Simple Perceptions in Hume's 'Treatise'", *Rivista di Storia della Filosofia*, Vol. 62, No. 3, *Supplemento: NEW ESSAYS ON DAVID HUME*.

Furlong, E. 1961. "Imagination in Hume's 'Treatise' and 'Enquiry concerning the Human Understanding'", *Philosophy*, Vol. 36, No. 136.

Gamboa, Steven. 2007. "Hume on Resemblance, Relevance, and Representation", *Hume Studies*, Vol. 33, No. 1.

Garrett, Don. 1997. *Cognition and Commitment in Hume's Philosophy*. New York: Oxford University Press.

——. 2005. "Introduction", *The Philosophy of David Hume*, Norman Kemp Smith, New York: Palgrave Macmillan.

——. 2015. *Hume*. New York: Routledge.

——. 2016. "Reason, Normativity, and Hume's 'Title Principle'", *The Oxford Handbook of Hume*, edited by Paul Russell, New York: Oxford University Press.

Gomberg, Paul. 1976. "Coherence and Causal Inference in Hume's Treatise", *Canadian Journal of Philosophy*, Vol. 6, No. 4.

Govier, Trudy. 1972. "Variations on Force and Vivacity in Hume", *Philosophical Quarterly*, Vol. 22, No. 86.

Guyer, Paul. 2009. *Knowledge, Reason, and Taste: Kant's Response to Hume*. New Jersey: Princeton University Press.

Hampshire, Stuart. 1963. "Hume's Place in Philosophy", *David Hume: A Symposium*, edited by David Pears, London: Palgrave Macmillan.

Hausman, Alan. 1967. "Hume's Theory of Relations", *Noûs*, Vol. 1, No. 3.

Hawkins, R. J. 1976. "Simplicity, Resemblance and Contrariety in Hume's Treatise", *The Philosophical Quarterly*, Vol. 26, No. 102.

Henderson, Robert. 1990. "David Hume on Personal Identity and the Indirect Passions", *Hume Studies*, Vol. 16, No. 1.

Hume, David. 2007. *A Treatise of Human Nature*. Edited by David Fate Norton and Mary J. Norton. Oxford: Clarendon Press.

Immerwahr, John. 1992. "Hume on Tranquillizing the Passions", *Hume Studies*, Vol. 18, No. 2.

Jallé, Éléonore. 2012. "Hume, Malebranche, and the Self-Justification of the Passions", *Hume Studies*, Vol. 38, No. 2.

Johnson, Oliver. 1987. "'Lively' Memory and 'Past' Memory", *Hume Studies*, Vol. 13, No. 2.

——. 1995. *The Mind of David Hume: A Companion to Book I of A Treatise of Human Nature*. Urbana and Chicago: University of Illinois Press.

Kail, P. J. E. 2007. *Projection and Realism in Hume's Philosophy*. Oxford: Oxford University Press.

Kames, Lord. 2005. *Essays on the Principles of Morality and Natural Religion.* Liberty Fund.

Kemp Smith, Norman. 1941. *The Philosophy of David Hume.* New York: Palgrave Macmillan.

Korsgaard, Christine. 1999. "The General Point of View: Love and Moral Approval in Hume's Ethics", *Hume Studies*, Vol. 25, No. 1 & 2.

Landy, David. 2006. "Hume's Impression/Idea Distinction", *Hume Studies*, Vol. 32, No. 1.

——. 2015. *Kant's Inferentialism: The Case against Hume.* New York: Routledge.

Livingston, Donald. 1984. *Hume's Philosophy of Common Life.* Chicago: The University of Chicago Press.

Loeb, Louis E. 1977. "Hume's Moral Sentiments and the Structure of the Treatise", *Journal of the History of Philosophy*, Vol. 15, No. 4.

——. 2002. *Stability and Justification in Hume's Treatise.* New York: Oxford University Press.

McDonough, Jeffrey K. 2002. "Hume's Account of Memory", *British Journal for the History of Philosophy*, Vol. 10, No. 1.

McIntyre, Jane. 2000. "Hume's Passions: Direct and Indirect", *Hume Studies*, Vol. 26, No. 1.

Merivale, Amyas. 2009. "Hume's Mature Account of the Indirect Passions", *Hume Studies*, Vol. 35, No. 1 & 2.

Michael, Frederick. 1997. "Why Logic Became Epistemology: Gassendi, Port Royal and the Reformation in Logic", *Logic and the Workings of the Mind: The Logic of Ideas and Faculty Psychology in Early Modern Philosophy*, edited by Patricia A. Easton. Atascadero, California: Ridgeview.

Mounce, Howard. 2002. *Hume's Naturalism.* New York: Routledge.

Norton, David. 1982. *David Hume: Common-Sense Moralist, Sceptical. Metaphy-*

sician. New Jersey: Princeton University Press.

Owen, David. 1999. *Hume's Reason*. New York: Oxford University Press.

Passmore, John A. 2013. *Hume's Intentions*. Cambridge: Cambridge University Press.

Pears, David. 1990. *Hume's System: An Examination of the First Book of his Treatise*. Oxford: Oxford University Press.

Penelhum, Terence. 1975. *Hume*. London and basingstoke: Macmillan Press Ltd..

Postema, Gerald. 2005. "'Cemented with Diseased Qualities': Sympathy and Comparison in Hume's Moral Psychology", *Hume Studies*, Vol. 31, No. 2.

Qu, Hsueh. 2012. "The Simple Duality: Humean Passions", *Canadian Journal of Philosophy*, Vol. 42, No. S1.

Radcliffe, Elizabeth S. 2015. "Hume's Psychology of the Passions: The Literature and Future Directions", *Journal of the History of Philosophy*, Vol. 53, No. 4.

Read, Rupert and Richman, Kenneth eds. 2002. *The New Hume Debate*. London: Routledge.

Ross, Don. 1991. "Hume, Resemblance and the Foundations of Psychology", *History of Philosophy Quarterly*, Vol. 8, No. 4.

Roth, Abraham Sesshu. 2006. "Causation", *The Blackwell Guide to Hume's Treatise*, edited by Saul Traiger. Oxford: Blackwell Publishing Ltd.

——. 2011. "The Necessity of 'Necessity': Hume's Psychology of Sophisticated Causal Inference", *Canadian Journal of Philosophy*, Vol. 41, No. 2.

Schlilesser, Eric. 2010. "Philosophical Relations, Natural Relations, and Philosophic Decisionism in Belief in the External World: Comments on P. J. E. Kail, *Projection and Realism in Hume's Philosophy*", *Hume Studies*, Vol. 36, No. 1.

Schmicking, Daniel. 2004. "Hume's Theory of Simple Perceptions Reconsidered", *Hume Studies*, Vol. 30, No. 1.

Schmitt, Frederick. 2014. *Hume's Epistemology in the Treatise*. Oxford: Oxford University Press.

Schmitter, Amy. 2009. "Making an Object of Yourself: On the Intentionality of the Passions in Hume", *Topics in Early Modern Philosophy of Mind*. edited by Jon Miller, Springer.

——. 2012. "Family trees: Sympathy, comparison, and the proliferation of the passions in Hume and his predecessors", *Emotion and cognitive life in medieval and early modern philosophy*, edited by L. Shapiro & M. Pickayé, Oxford: Oxford University Press.

Slowik, Edward. 2004. "Hume and the Perception of Spatial Magnitude", *Canadian Journal of Philosophy*, Vol. 34, No. 3.

Stewart, M. A., Frasca-Spada, Marina andKail, Peter eds. 2005. *Impressions of Hume*. New York: Oxford University Press.

Strawson, Galen. 2014. *The Secret Connexion: Causation, Realism, and David Hume: Revised Edition*. Oxford: Oxford University Press.

Streminger, G. 1980. "Hume's Theory of Imagination", *Hume Studies*, Vol. 6, No. 2.

Stroud, Barry. 1977. *Hume*. London: Routledge.

——. 1978. "Hume and the Idea of Causal Necessity", *Philosophical Studies*, Vol. 33, No. 1.

Traiger, Saul. 1985. "Flage on Hume's Account of Memory", *Hume Studies*, Vol. 11, No. 2.

——. 2008. "Hume on Memory and Imagination", *A Companion to Hume*, edited by Elizabeth S. Radcliffe. Oxford: Blackwell Publishing Ltd..

Waxman, Wayne. 1993. "Impressions and Ideas: Vivacity as Verisimilitude", *Hume Studies*, Vol. 19, No. 1.

——. 1994. *Hume's Theory of Consciousness*. Cambridge: Cambridge University Press.

——. 2005. *Kant and the Empiricists: Understanding Understanding*. New York: Oxford University Press.

——. 2008. "Hume and the Origin of Our Ideas of Space and Time", *A Companion to Hume*, edited by Elizabeth S. Radcliffe. Oxford: Blackwell Publishing Ltd.

——. 2016. "Hume's Theory of Ideas", *The Oxford Handbook of Hume*, edited by Paul Russell, New York: Oxford University Press.

Weller, Cass. 2002. "The Myth of Original Existence", *Hume Studies*, Vol. 28, No. 2.

Wilbanks, Jan. 1968. *Hume's Theory of Imagination*. Springer Netherlands.

Wright, John. 2009. *Hume's 'A Treatise of Human Nature': An Introduction*. New York: Cambridge University Press.

后　记

现在距离2021年3月4日已经过了将近两个月的时间，但我仍然记得那天下午3点左右在紫金港校区基础图书馆3楼信息空间的单元格中，在敲下一个句号并停顿了片刻之后突然意识到自己似乎写完了这本书时的感受。

最开始时没有任何感觉，脑子如同被屏蔽般一片空白。不知过了多久之后，疲倦才开始缓慢却势不可挡地从灵魂深处升腾而起直至遍布全身。随后，唯一的念头便开始盘桓于意识之中不肯散去："原来这件事还是有尽头的啊。"

也就是在那时我才意识到，那些我原以为已经被我完全排解的负面情绪，那些恐惧、焦虑、悲伤、失落、迷茫、犹豫、后悔、自卑甚至是妒忌，并没有离我而去，只是被我关在了意识最深处的那个房间之中。而牢牢守着这间屋子使得它们不至于出来扰乱我的，除了这日复一日的劳作给予我的宁静、满足、偶尔的激动和些微的成就感之外，恐怕就是"把这件事做好"的这一执念了。

如果每个灵魂都有自己的守护灵，那我的守护灵一定就是它。而且相比于我自己的变化，更让我历历在目的是它的成长和壮大。我想，它一定脱胎于我的爸爸和妈妈对我的教养，其中既有爸爸一丝不苟的要求也有妈妈的温柔体贴，但更重要的还是他们对我的"放任"和支持。不论是本科时候的两次换专业、考研时的跨专业还是之后的硕转博，以及我在期间所做的大大小小的各种决定，他们在得知我的想法后永远都是毫不犹豫地、无条件地支持我的决定。在给予我充分的物质和精神上的支持的同时，他们从不会对我施加任何压力。我想，正是在他们为我铺就的这一让我能够后顾无忧的坦途中，我的守护灵才开始降临于我身旁。

而让我的守护灵能够逐渐长大的，我想一定是哲学这片乐园。在其中我发现了无法在其他地方发现的乐趣，找到了能够为我提供源源不断动力的目标，所有这些都在不断滋养着我的守护灵，为它提供成长所必需的营养。而我之所以能够进入哲学并从中体会到乐趣，完全需要归功于我的导师章雪富教授。章老师十几年如一日坚持举办哲学原著读书会，严寒酷暑（在杭州的朋友们懂得的）从来不会成为读书会停办的理由，只要有学生想要读书，哪怕只有一两个人，读书会就会继续。我至今还记得大三的那个暑假，为了避暑和章老师在小区防空洞中点着蚊香读书，下去前章老师在路边的井盖上敲了个鸡蛋，上来的时候鸡蛋已经半熟了。我很庆幸自己从大二下学期开始就能跟着章老师读书，这一段足足有七八年之久的读书经历不仅是我最重要的哲学启蒙，也帮我形成了最基本的治学态度。成为研究生之后，章老师在学术上的指引自不待言，他所提供的充分的交流和教学机会以及对我的绝对的信任和包容也无一不是我学术道路上强有力的助力。经历时尚不觉得，现回顾过往时才顿觉其中的弥足珍贵。

但若哲学之光只能充盈于理论之中而无法同时照亮生活，那么我的守护灵一定将会只有一只翅膀，此时的我也一定已经形同枯槁。是我的女朋友郭晓梦帮我凿开我在不知不觉间筑起的与世隔绝的墙，让我曾经干瘪扭曲的灵魂开始重获生机，让我重新回到经验世界并开始思考哲学作为我的生活方式的意义。同时，与我的爸爸、妈妈和章老师一样，她也完全地信任、理解和支持我，让我能够心无旁骛地按既定的节奏行进，而不至于过早地被世俗的考虑所干扰。

我得何其幸运才能遇见这样的父母、导师和女友？从他们身上我深深体会到了爱与自由的真谛：真正的爱一定是充满包容、信任和理解的，一定是能给人提供无穷动力的；（通向善的）自由则一定是盛开在爱的土壤上的最美丽的花朵，它将能结出使灵魂得以健全的守护灵。

要郑重感谢的人还有很多：感谢徐向东老师，是您的“醍醐灌顶”让我从“闭门造车”的迷梦中惊醒，您在学术上的造诣和认真治学的态度也是我自知难以企及却仍努力追赶的目标。感谢陈玮老师，您的关照与肯定现在想起仍觉暖流于心。感谢王礼平老师，您的谦逊、真挚、对学术的热忱和对待晚辈的耐心都十分令我钦佩。感谢徐芹芹、刘露和吴茜，作为曾经的718“工友”，无法想象你们忍受了多少我的怪脾气，如果我是你们，我都不知道我还会不会理我自己。感谢徐东舜徐兄，与你的几次关于休谟哲学的交流对我助益颇多，临近毕业的这段时间我也一直在搭着你的便车。感谢我现在的室友王以振、张左余和孙凯为我最后一年的论文写作提供了舒服的外部环境。奇妙的缘分让我们走到了一起，一起经历长租公寓的暴雷，一起为了各自的目标而努力，希望我们以后都能越来越好。最后要感谢的是浙江大学击悦非洲鼓社和悦曼丁非洲鼓俱乐部的小伙伴们，和你们在一起打鼓是我在大学里除了读哲学以外最快乐的时光。

2021年4月25日

于深圳宝安区映家公寓